GABRIEL RICOME
OUVRIER TYPOGRAPHE

JOIES ET DOULEURS

RIMAILLES

SUIVIES DES

Poèmes Réalistes

Portrait de l'Auteur et Couverture
dessinés par P. CAMBON

MARSEILLE
CHEZ L'AUTEUR
73, Rue de la ...

1890

JOIES ET DOULEURS

&

POÈMES RÉALISTES

Les feuilles 1 à 6 de ce volume ont été tirées
Imprimerie Nouvelle
(Association ouvrière), R. BARRÉ, directeur, rue Cadet, 11, Paris.

Le portrait (cliché de A. BARRET) a été tiré
Imprimerie du Midi
M. SCHICKLER & P. PIGNATEL, rue Vacon, 50, Marseille.

Les feuilles 0 et 7 à 21 ont été tirées
Imprimerie de la Ruche
HENRI SARDOU, puis J. EVESQUE & Cie, rue Paradis, 68, Marseille.

Gabriel Ricome

OUVRIER TYPOGRAPHE

RIMAILLES

JOIES — DOULEURS — TRAVAIL

LIBERTÉ — PATRIE

AMITIÉ — GALANTERIE — AMOURS ET AMOURETTES — MAI!...

CHANSONNETTES — CORRESPONDANCE — MÉLANGES

Suivies des

Poèmes Réalistes

PORTRAIT DE L'AUTEUR PAR P. CAMBON

A MARSEILLE

Chez l'Auteur, Rue de la Darse, 73

1890

P. CAMBON

A

MA MÈRE

 FÉLIX GRAS

A MES AMIS

A MES CAMARADES

A MES ENNEMIS S'IL EN EST

Mes cris de *Joie* ou de *Douleur!*
(GABRIEL RICOME).

PRODROME

> Un auteur, à genoux dans une humble préface,
> Au lecteur qu'il ennuie a beau demander grâce....
> (BOILEAU).

Depuis le jour où je lui communiquai mon projet de publication de ce volume, en 1886, mon excellent ami Georges Delavande, alors directeur de feue la *Musette*, m'avait promis d'en écrire la *Préface*.

Confiant dans cette promesse, souvent renouvelée, j'annonçai cette *Préface*, et nombre de mes souscripteurs ont certainement été attirés par elle bien plutôt que par mes rimailles. Hélas ! de toutes les promesses que j'ai faites, c'est la seule que je ne puisse tenir. Au moment de s'exécuter, Delavande m'abandonne, et, par une lettre du 31 Janvier 1890, me dit de me présenter moi-même à mes lecteurs.

Certes, j'éprouvai de cette défection un chagrin véritable ; mais mon amitié ne peut en vouloir à Delavande, et, réflexion faite, il a raison !... J'aurai ainsi la satisfaction d'avoir *tout fait seul* dans mon volume.

Mais, comment faire pour suivre son conseil ?... Se présenter soi-même, c'est bien hardi !... Le *je* et le *moi* sont si vaniteux ou si pédants ! Ils obligent à faire un mauvais portrait si l'on veut éviter la prétention du *je*, et à altérer la vérité pour couvrir le *moi* d'apparences de fausse modestie.

Eh bien ! abandonnons ces deux pronoms, trop personnels, et supposons M. X... parlant de M. Z..., sincèrement et sans flatterie.

Lorsqu'un écrivain publie un ouvrage, il a un but : gloire, célébrité, fortune, ou autre. Quel est le but de l'auteur de ce volume ?

Assurément, ce n'est ni la gloire, ni la célébrité : ses pauvres rimes sont trop *pauvres* pour avoir pu faire naître ce rêve sot. La fortune ?... Est-ce qu'il ne sait pas ce que rapportent les vers, à notre époque, quand on n'est pas Hugo, de Banville ou... Coppée ?... A plus forte raison quand on n'est qu'un simple ouvrier

Ce livre n'est pas un recueil d'œuvres fantaisistes, écrites pour faire recette ; la plupart des pièces qui le composent sont des œuvres *vécues ;* ce sont presque des *Mémoires ;* il est donc utile de les compléter par des notes biographiques qui, en nous apprenant comment vint à l'auteur le goût des vers, comment il fut amené à en écrire, nous feront connaître le but de son ouvrage. Tout s'enchaîne.

Bien entendu, ces notes n'ont trait qu'au rimailleur, et laissent de côté toutes autres parties du caractère et de la vie de l'homme.

Jeté sur la Terre le 5 Novembre 1852, à Montpellier (Hérault), GABRIEL-ADRIEN-JULES RICOME avait huit ans lorsqu'il fut pour la première fois à Paris. Il avait déjà appris à lire un peu, il continua d'aller en pension jusqu'à onze ou douze ans, époque où il quitta la classe pour entrer en apprentissage chez un lithographe du passage du Caire, où il apprit... à user deux paires de chaussures en un mois, au bout duquel son patron ne lui payant pas les appointements de *quinze francs* convenus, il ne retourna plus à la *boîte*. Ce début dans la vie ouvrière, on le conçoit, ne fit pas naître en lui une grande sympathie pour les exploiteurs.

Il fut placé, en 1865, dans l'*Administration de l'Enregistrement, des Domaines et du Timbre* (1er bureau des Successions). Il resta là un an ; la paperasserie lui seyait assez, malgré la surprise, frisant le dégoût, que causaient à son jeune cœur la plupart de ces gens qui venaient, vêtus de deuil, mais la joie dans les yeux, acquitter leurs droits de succession. Son bureau recevait trois arrondissements de Paris : le 1er, bourgeoisie et haut commerce ; le IXe, aristocratie et finance ; le XIVe, peuple. Le milieu était parfait pour prédisposer un

enfant à étudier les hommes, et c'est le xive arrondissement qui attira ses sympathies. Chargé des poursuites, il fit chômer souvent l'huissier du xive et mit sur les dents ceux des i^{er} et ixe arrondissements. Le Trésor y trouva son compte : l'humanité aussi.

Un emploi meilleur lui étant offert chez un avocat, il devint « petit clerc » en 1866. Certes, l'enfant avait là un avenir : il mordait dans la chicane et le Code allait lui offrir ses secrets ; son patron, un excellent homme, prenait le « saute-ruisseau » en affection et voulait le pousser dans la carrière des Perrin-Dandin, lui faire suivre les cours d'un Collège, lui faire étudier le Droit, l'armer, en un mot, pour le *struggle for life* et le classer parmi les victorieux.

Le Sort ne le voulut pas.

L'enfant avait alors quatorze ans. Il n'avait connu jusque là, en fait de poésie, que les *Fables* de La Fontaine, et comme la plupart des enfants, n'avait guère approfondi ces admirables leçons de morale et de philosophie, trop puissantes pour les cerveaux enfantins, mais dont les images s'y gravent si bien que rien ne les efface, quand vient l'âge de raison. Ricome n'avait jamais lu d'autres vers. Un jour, un ami de son patron lui apporte le poème de François Coppée, *la Grève des Forgerons*. Il lit ces deux cent vingt-huit alexandrins et se sent battre le cœur et les tempes : il lui semblait que son crâne s'ouvrait... Pendant que l'on cause, il dévore avidement le poème une seconde fois, puis, tendant le papier à celui qui le lui avait apporté : « Tenez ! je la sais par cœur ! » et il récite la pièce devant son patron et l'ami, ébahis de ce phénomène de mémoire ; leur stupéfaction s'accrut en voyant le gamin s'élancer au balcon, et, invoquant les fleurs, les plantes sortant des pots ou des caisses, les hirondelles qui planent, le soleil qui luit, le ciel qui scintille, bâcler à haute voix une douzaine de vers !... — La prosodie était-elle observée ? La rime était-elle riche ou suffisante ? Bah !...

A partir de ce moment, adieu le Droit, la Basoche et le Palais !... L'enfant écrivait des quatrains en marge des jugements, des distiques au milieu des assignations ; et quels distiques ! et quels quatrains !... Qu'importe ! il n'avait plus qu'une pensée : écrire des vers ; ce qui con-

sistait pour lui à aligner deux phrases finissant par une assonance... Il n'en savait pas plus...

Peu après, il dût suivre sa mère à Marseille, où les appelait un deuil; l'avenir rêvé pour lui par son patron s'évanouit.

A Marseille, il étudia quelque temps la gravure sur métaux et fréquenta assidûment les écoles du soir. C'est là qu'il acquit le peu d'instruction qu'il possède.

Ses progrès en gravure ne le satisfaisant pas, il abandonna l'eau-forte et le burin et entra comme comptable dans une maison de tonnellerie, qu'il dirigea, malgré son jeune âge, jusqu'en 1870, époque où la maison fut fermée.

Ricome avait dix-huit ans et pas encore de métier. C'était chose malaisée, même à Marseille, que trouver un emploi, à cette époque néfaste de sang et de deuil où les humains, dans l'Est, se ruaient les uns sur les autres. Il allait souvent voir un proche parent, employé dans une grande Imprimerie, et, à force de toucher à une chose et à l'autre, il finit par faire partie du personnel, et devint typographe — métier qui ne contribua pas peu à augmenter son goût pour la littérature. Il collabora à une foule de petites feuilles (à Marseille, cela pousse comme les mâts dans le Port); Léo Taxil (Gabriel Jogand) en dénaturant *deux lignes* d'un article dans la *Jeune République,* causa son renvoi de l'Imprimerie. Le coup fut d'autant plus dur qu'il était immérité, et qu'il brisait la position que Ricome eût pu, comme tant d'autres, se créer dans cette maison.

Cela ne le fit pas cesser de rimailler et de lire tous les vers qui lui tombaient sous les yeux. Ces lectures lui donnèrent le goût de la déclamation ; il emmagasina des vers dans son cerveau, suivit les cours gracieux de Mᵐᵉ Baumann-Aguillon, et peu de concerts se donnaient dans Phocée sans qu'il y récitât des vers — pas les siens, par exemple : ils étaient trop...

Après deux ans de cette étude pratique, il entra au Conservatoire, et, grâce aux savantes leçons de son professeur et camarade, M. Léon Gleize-Crivelli, fut bombardé premier prix le 2 Août 1874.

Il était alors compositeur à *l'Egalité* — car, comme a dit le typo-poète Georges Nicolas :

> Le travail ne prend pas un instant à ma Muse !
> La Muse ne prend pas une heure à mon travail !

Clovis Hugues publiait quotidiennement dans ce journal sa « Petite Muse ». Ricome lui soumit quelques-uns de ses vers, et reçut du futur député d'excellents conseils ; il apprit de lui qu'il existait des *règles de versification*, et sut enfin ce qu'étaient un *pied*, une *césure*, un *hémistiche*, un *hiatus*, etc... Son goût grandit avec ces difficultés, qu'il n'avait pas soupçonnées, et la poésie devint sa passion dominante. Comme Figaro, il changea encore bien souvent de métier et fut tour à tour employé de commerce, souffleur, contrôleur, régisseur de concert, chanteur comique, courtier, redevint typographe et l'est encore, mais il demeura toujours rimailleur, n'éprouvant jamais de plus vif plaisir qu'à s'enfermer seul et épancher en rimes les pensées de son âme, les sentiments de son cœur ; mais, déplorant ce fait : sa jeunesse accidentée, qui, en lui faisant effleurer tant de choses, ne lui a pas permis d'acquérir une instruction réellement sérieuse, qui lui eût peut-être donné la faculté de faire de bons vers.

Car, ceux qui vous sont offerts ici, Lecteur, sont, à coup sûr, le dessus du panier... et que valent-ils ?... Ricome vous en offre six mille (6,151) : ce n'est pas la moitié de son bagage, mais il reconnaît tant de défauts dans l'autre moitié qu'il suit le conseil d'Alceste et « se garde de les montrer aux gens » ; et pour ceux qu'il vous offre, la Critique est dispensée de s'en occuper : les défauts qu'elle pourrait lui signaler, il les connaît ; par intuition il les voit, il les sent, il en souffre, mais il est, hélas ! incapable de les corriger : ce n'est pas un littérateur, c'est un ouvrier !

Jean-Jacques, dans ses *Confessions*, est-il plus franc ?

Mais, alors, pourquoi publier ces vers, s'ils sont si mauvais ?... Qui le pousse, comme dit encore le héros de Molière,

> A prendre de la main d'un avide imprimeur
> Le nom de ridicule et misérable auteur ?

Qui l'y pousse ?... Son but !... Ricome *croit fermement* qu'un ouvrier qui, pauvre, *sans ressources intellectuelles et financières solides*, a pu produire, par la force de sa

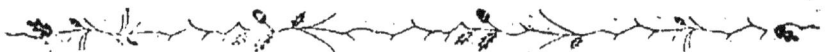

persévérance et de sa *volonté*, un livre QUELCONQUE, même médiocre comme celui-ci, a le *droit* et le *devoir* de l'offrir en exemple aux ouvriers, ses frères, pour les encourager à l'étude. Il a fait ce qu'il a pu : d'autres feront plus et mieux ! Et lorsque l'instruction sera répandue suffisamment pour que *tout ouvrier* puisse produire une œuvre, *dans n'importe quel genre et selon son tempérament*, n'aura-t-il pas une arme contre les ambitieux faiseurs de guerres et contre les exploiteurs du prolétariat ? N'aura-t-on point fait un pas vers la *solution des questions sociales* par l'ÉMANCIPATION INTELLECTUELLE DES PEUPLES ? N'aura-t-on point fait un pas vers la PAIX UNIVERSELLE, vers la FRATERNITÉ, vers l'HUMANITÉ ?...

Voilà le but !...

Le chemin est peut-être détourné, long, tortueux, pénible !... Ce doit être le plus sûr, puisque les Peuples y ont toujours trouvé des barrières.

Le but connu, le livre dira le reste.

Arrivons à la partie matérielle du volume.

Qu'on éloigne la pensée de lucre : les chiffres parlent.

Ah ! ils souriront de pitié, les favorisés de la fortune qui liront ces chiffres — s'il en est qui les lisent. Mais, ce n'est pas à eux que ceci s'adresse : ils ne comprendraient pas. Ces chiffres doivent parler aux pauvres, aux ouvriers, aux vrais travailleurs, c'est à dire aux parias, aux maudits de la Géhenne prolétarienne ; ceux-là, qui connaissent le prix d'une pièce de monnaie, qui savent ce qu'un décime coûte de sueurs, de peines, de soucis, de vexations, d'humiliations ; ceux-là, en lisant ces chiffres, ridicules pour un financier, mais énormes pour un prolétaire, comprendront *peut-être* les sacrifices, les privations que l'auteur a dû s'imposer pour tenir l'engagement pris envers ses souscripteurs.

Pour publier ses *Joies et Douleurs*, Ricome pensa que 1,000 francs (somme énorme) lui seraient suffisants. N'ayant pas le premier sou, il lança une *Emission de 500 Bons à 2 francs* qui, ouverte le 16 Décembre 1886, n'avait obtenu que 221 souscripteurs en Mai 1888, soit 442 francs. Impossible d'aller trouver un imprimeur avec cela, et quel est l'éditeur qui se serait chargé de ses rimailles ? Il résolut de s'éditer lui-même !

Mais, ne se reconnaissant pas le droit de disposer

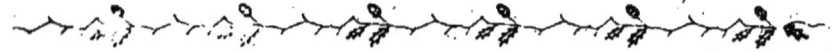

des 442 francs reçus, il adressa à ses Souscripteurs, le 31 Mai 1888, la circulaire suivante :

> Malgré tous mes efforts et les frais relativement considérables faits pour l'édition de mon volume *Joies & Douleurs,* je n'ai pu jusqu'ici réunir que 220 Souscripteurs, dont vous êtes : ce n'est pas la moitié du nombre que j'avais jugé indispensable pour mettre sous presse.
> Je ne désespère pas, pourtant, de pouvoir, dans un avenir assez proche, réaliser ma promesse. Toutefois, s'il ne vous plaisait pas d'attendre le moment où je pourrai éditer mon ouvrage, veuillez, M   , me le faire savoir, et je m'empresserai de vous rembourser le montant de votre souscription.

Deux remboursements furent faits. *Quatre* circulaires retournèrent. C'était un acquiescement complet. Dès lors, se trouvant autorisé à disposer des fonds, Ricome se mit courageusement à l'œuvre, acheta le matériel strict, se fit prêter par Delavande les vignettes de la *Musette,* et commença l'impression. Six feuilles furent tirées à l'*Imprimerie Nouvelle,* mais la maladie, puis le chômage arrivant, le tirage fut interrompu par le départ de l'auteur pour Marseille. Là, il se remit à l'œuvre, et, grâce au concours des membres du *Groupe Gutenberg,* qui presque tous souscrivirent, et votèrent en assemblée d'offrir la *Couverture* du volume ; grâce à la souscription collective de vingt-six confrères de Nice, et d'autres, les feuilles tirées s'élevèrent à 13.

Nouvel arrêt : plus de souscriptions, plus le sou pour la publicité, et presque pas de travail. Enfin, le hasard met Ricome en présence d'un ex-collaborateur de la *Musette,* Martial Haton, qui lui prête, *sans reçu et sans conditions de remboursement,* un billet de 100 francs, avec lequel nous arrivons à la feuille 19.

On vient de lire : *sans conditions ;* c'est une erreur ; Haton fit promettre de ne *parler* à personne de son acte généreux ; Ricome a tenu sa promesse et n'a rien *dit ;* mais il n'avait point promis de ne pas *écrire* l'expression de sa gratitude !

Nous voici au 25 Février 1890 ; le nombre des souscripteurs est de 349 ; il reste encore trois feuilles à imprimer ; puis viendront les frais — énormes — de brochage et d'expédition ; mais Ricome a bon espoir : si près du port, il ne peut plus échouer !... Et il aura prouvé ce que peut la *volonté !*

Dans toutes ses annonces, l'auteur a dit que cette

publication n'était pas une affaire mercantile. Combien de ceux qui l'ont lue ont cru cette déclaration ?.... Les souscripteurs ?... Et encore !... Il faut donc prouver :

Recettes au 25 Février 1890

273 Souscriptions à 2 fr...............	546	»
72 do 2 fr. 15.................	154	80
1 do 2 fr. 25 (Suisse)..........	2	25
1 do 2 fr. 75 (Turquie).........	2	75
Acompte sur Souscription Rizet............		50
do Hary (décédé).....		50
do Arquin (Paul).....	1	»
Timbres-poste de divers..................		63
Prêt du confrère Martial Haton.............	100	»
Couverture, don du *Groupe Gutenberg* (non reçu)	*Mémoire*	
TOTAL DES RECETTES...	808	43

L'ouvrage n'étant pas terminé au moment où nous établissons ces comptes, il faut diviser les dépenses en deux paragraphes : *Dépenses faites ; dépenses à faire.*

§ 1er. — *Dépenses faites au 25 Février 1890*

Achat de matériel (f^res diverses).............	194	95
Transport dudit de Paris à Marseille.........	23	40
Imprimerie Nouvelle : Impression de *bons*......	18	»
do 6 feuilles à 24 fr.........	144	»
Transport desdites de Paris à Marseille.....	16	80
Imprimerie de la Ruche : 13 feuilles à 16 fr.....	208	»
Portrait : Cliché, papier et frais de poste....	16	90
Imprimerie du Midi : Tirage dudit.............	5	»
Imprimeries diverses : Circulaires, prospectus.	35	»
Affranchissements desdits, bandes, etc.......	33	16
Réclames gratuites dans les journaux (affr^ts)	4	82
Correspondance : timbres, papier, etc.......	51	44
Remboursement des *bons* n°s 59 et 140........	4	40
Don du *bon* n° 169 *(Tombola pour les victimes de l'incendie de l'Opéra-Comique)*...............	2	»
Don du *bon* n° 348 *(Vendu pour des malheureux)*	2	»
Menus frais.............................	4	55
TOTAL DES DÉPENSES FAITES...	764	42

§ 2. — *Dépenses à faire*

Impression de 3 feuilles à 16 fr..............	48	»
Couverture du volume, environ.............	40	»
Brochage (devis de l'*Imprimerie Nouvelle*)....	100	»
Papiers d'emballage, ficelles, etc., environ...	20	»
Expédition : 350 exemplaires environ, à 35 c.	122	50
Dépôt (Préfecture et Parquet) 4 exempl^s à 2 fr.	8	»
Imprévu.....................	30	»
TOTAL DES DÉPENSES A FAIRE...	368	50
TOTAL DES DÉPENSES FAITES....	764	42
Ensemble...	1.132	92
Il faut bien ajouter ici les 100 francs à rembourser à Martial Haton..................	100	»
TOTAL...	**1,232**	**92**
Somme encaissée au 25 Février 1890.	808	43
Perte...	**424**	**49**

On remarquera qu'il n'est pas compté un sou pour la *composition typographique* du volume, l'auteur l'ayant faite lui-même. Cela vaut pourtant d'être noté, *pour mémoire*. Sans en donner le détail, la plupart des souscripteurs, typographes, pouvant en faire le décompte, et vu la quantité de « blancs », *nous ne compterons pas la mise en pages, ni les corrections, ni l'imposition ;* nous compterons seulement la *composition brute,* toutes pages pleines, sans surcharges ni gratifications :

22 feuilles in-8° couronne, soit 352 pages sur 32 *douzes* (*corps* ou *cicéros)* de hauteur et 17 de largeur, composées en 7 interligné 1 point, soit, par page, 384 points divisés par 8 points = 48 lignes × 58 1/2 cadratins = 2,784 1/2 cadratins × 60 centimes le 1,000 (tarif de Marseille) = 1 fr. 67,040. 352 pages valent donc 587 fr. 98.

Si nous les ajoutions aux 1,232 fr. 92 ci-dessus, nous aurions un total de **1,820 fr. 90** *de dépenses* contre **808 fr. 43** *de recettes.*

Perte : 1,012 fr. 47.

C'est éloquent, n'est-ce pas, Lecteur ?

Folie ! répondez-vous ?... Bêtise ! si vous voulez...

Qu'importe ! j'aurai fait preuve de *volonté;* je tiendrai la promesse faite aux **349** personnes qui m'ont donné une marque de sympathie : je suis satisfait !

Et pu s, n'est-ce pas un succès réel d'avoir placé 348 exemplaires, sur 500, d'un ouvrage, *avant qu'il ne soit fait,* alors que tant d'auteurs de talent vendent leur papier au poids ?... Et ce chiffre augmentera encore, jusqu'au 31 Mars 1890, clôture de la souscription. On le verra à la *Liste des Souscripteurs,* à la fin du volume.

Toutefois, devant cette éloquence des chiffres, j'ai modifié ma première façon de voir. Les exemplaires *non souscrits* seront vendus 3 francs, pour essayer de recouvrer partie de ma perte. Les vendrai-je ?... Hum !... Eh bien ! j'aurai cela de commun avec les auteurs sus-dits : mes *vers* envelopperont du fromage !... Ce sera la revanche de ceux-ci sur celui-là !

Autre modification : j'ai réuni mes *Poèmes réalistes* dans le même volume, au lieu de les tirer à part ; par économie d'abord, et ensuite parce que, vu les progrès de la littérature naturaliste, je me suis aperçu que mes *Poèmes,* dont je rougissais presque, honteux, dans ma naïve candeur, n'étaient que des cantiques auprès de ce qui se publie *dans les journaux,* qui sont lus par tous et toutes. Or, cher Lecteur, puisque vous permettez à Madame votre Epouse, à Mesdemoiselles votre Fille ou votre Sœur, de lire *La Terre,* d'Emile Zola, dans *a Vie Populaire ; La Glu,* de Jean Richepin, dans *la Petite Gazette ;* les *Contes* d'Armand Sylvestre et de Catulle Mendès, dans *le Gil Blas* ou *le Figaro ; Madame lPhaéton,* de Clovis Hugues, dans *la Lanterne ; la Fille d'Antonia,* d'Albert Goullé, dans *l'Intransigeant,* etc., vous seriez certes mal venu à leur interdire la lecture de mes innocents *Poèmes réalistes.* C'est pourquoi je les ai réunis aux *Joies et Douleurs,* persuadé de l'approbation des lecteurs intelligents et *de bonne foi ;* quant aux autres...

Sur ce, Lecteur, démentez l'épigraphe du prodrome.

Je vous ai ennuyés : faites-moi grâce en faveur de l'intention et du labeur accompli.

Gabriel RICOME.

Paris, 30 Juin 1888-Marseille, 25 Février 1890.

PREMIÈRE PARTIE

JOIES ET DOULEURS

AU LECTEUR

Lecteur, dans ce recueil de pauvres Poésies
— Si de ce nom divin je puis les décorer —
Enfants de mon cerveau par ma plume saisies,
Puis transcrites ici comme pour les murer,

Ne cherchez pas en vain de la littérature,
Du style, de l'esprit, non plus que du talent :
Je ressens et j'écris, rien de plus ; la Nature
Ne m'ayant accordé que l'art... d'un ignorant.

Je ne prétends donc pas au titre de Poète ;
J'écris tous mes pensers, sans but ni vanité,
Rasant la poésie ainsi que la mouette
Rase la mer d'azur d'un vol accidenté

Sans être pour cela rivale de la vague
Dont le fier grondement la fait frémir de peur ;
Et, mouette, je tremble ; et je pense ou divague,
Rimaillant tour à tour ma Joie ou ma Douleur !

Le sort veut qu'aujourd'hui mon œuvre se publie !
Que cet œuvre — imparfait, hélas ! — ait un Lecteur !...
Oh ! qu'il soit indulgent, ce Lecteur, je l'en prie,
Pour un simple ouvrier qui parle avec son cœur.

Paris, 1888.

JOIES

> Le poids d'un diadème
> Etouffe la gaîté.
> (Eugène Petit).

« Musette » — Ma Chambre de Garçon

Un Buste

Bord de Mer — Gratitude — Dragées — Mariage

« MUSETTE »

A G. Delavande,
Directeur de *La Musette*

Puisqu'aujourd'hui c'est Mardi-Gras ;
Que, solitaire en ma chambrette,
Hélas ! je ne m'amuse pas,
Bien qu'aujourd'hui soit Mardi-Gras ;
Puisque *Musette* a des appas
Pour moi, qu'on dit typo-poète,
Je vais, fêtant le Mardi-Gras,
Mirlitonner avec *Musette !*...

Delavande un soir est venu...
— Pour moi, ce fut un soir de fête !
Avec son air bon, si connu,
N'est-il point partout bienvenu ? —
Mais, du propos qu'il m'a tenu,
Vrai ! je demeure encor tout bête !
Delavande est un soir venu
Me dire : « Rimez pour *Musette !*

« La pauvrette n'a rien de vous ;
« Plus un seul biscuit sur la planche ;
« Ami, nous abandonnez-vous ?
— Me dit-il d'un ton aigre-doux ; —
« Cette semaine envoyez-nous
« Des vers où votre âme s'épanche,
« Sinon, je me mets en courroux,
« Et *Musette* aura sa revanche ! »

T'abandonner, moi, le rêveur
Qui gardais devers moi mon rêve !
Qui ne rimais que pour mon cœur,
Me contentant de ce bonheur...

T'abandonner !... Toi, le sauveur
Qui mis au jour, sans paix ni trêve,
Mes cris de *Joie* ou de *Douleur !*...
Tiens ! je ris de ton vilain rêve !

Non ! je ne t'abandonne pas,
O ma *Musette* sympathique !
Et ton cher nom a des appas
Que j'aimerai jusqu'au trépas !
La preuve, c'est que, Mardi-Gras,
Fuyant grelots et politique,
Je m'élance, heureux, dans les bras
De ma *Musette* poétique !

Musette !... Nom riant et doux
Qui, pour nous, dit : « Petite Muse... »
Clovis Hugues prit avant nous
Ce titre, modeste entre tous ;
Et Mürger, le chantre des fous,
Viveur, bohème — qu'on excuse,
Rend tout cœur sensible jaloux
De sa Musette qui s'amuse !...

Je t'aime, ô cher petit journal
Qui révélas plus d'un poète ;
Ton essor n'a rien de banal,
Car tu fuis le ton doctrinal.
Ton but est fort original
Et ton œuvre bonne et très nette :
Elever au grand idéal
Le cœur de l'Ouvrier-Poète !...

Sois sûre, feuille aux doux appas,
Que tu fais en plein ma conquête ;
Que toujours tu me charmeras,
Aussi longtemps que tu vivras...
Tes *collabos* — charmant ramas —
Souvent me mettent l'âme en fête :
Va, longtemps après ton trépas,
Je te chérirai, ma *Musette !*

Paris, 17 Février 1885.

MA CHAMBRE DE GARÇON

Elle est simple et fort petite,
Mais je l'aime bien, vraiment,
La retraite favorite
De mon triste isolement.

Son ameublement modeste
N'a rien de bien luxueux :
Chaises, table et tout le reste
Ne sont pas d'un prix coûteux ;

Mais, mon lit en bois d'érable,
Recouvert de linges blancs,
Est un ami secourable
Quand, fatigué, je m'étends.

Ma commode, ma toilette,
Mon miroir, mes blancs rideaux,
Font de ma pauvre chambrette
Un Paradis des plus beaux.

Je possède un mignon vase
Où je mets, de temps en temps,
Pour me plonger en extase,
Les gais produits du printemps.

C'est d'abord la fraîche rose
Au doux parfum pénétrant,
Tout nouvellement éclose
Pour charmer mon cœur souffrant.

Entourés de vertes feuilles
On voit les blancs résédas,
Et tout près des chèvrefeuilles
Sont les odorants lilas.

Le tout forme un amalgame
Parfumé, clair, gai, charmant,
Qui met la paix en mon âme
Et rend mon cœur plus aimant.

Le soir, ouvrant ma fenêtre,
Je vois, des toits émergeant,
L'astre des nuits apparaître
Comme un clair disque d'argent.

Là, ce sont des fleurs encore ;
Un vrai jardin suspendu
Que, le jour, le soleil dore,
Qui, la nuit, est morfondu.

Ma fenêtre est un parterre,
Nouveau pandémonium,
Où l'œillet sort de la terre
Auprès du géranium.

Elle est perchée au septième :
C'est l'entresol du matou !
Rroumiaoù !... Frère bohème,
Prends garde à toi !... Casse-cou !...

Avec ta grâce féline,
A travers deux cents tuyaux,
Cherchant Minette câline
Et ses ronrons nuptiaux,

Tu ne vois le précipice
Qui peut s'ouvrir sous tes pas
Pour, de ta nuit de délice,
Faire une nuit de trépas !

Bah ! tes pattes sont solides !
Et tu t'en vas, bond par bond,
Vers l'Hôtel des Invalides
Que je vois à l'horizon.

Adieu !... Moi, je fuis ce dôme,
Abri des dévastateurs ;
Je hais ce brillant fantôme :
Les guerriers foulent les fleurs !

Or, mes roses, leurs épines ;
Mes fuchsias, leurs bourgeons ;
Leurs clochettes purpurines,
Leurs pétales, leurs boutons ;

Cette suave nature
Aux ardentes floraisons,
Mieux que les sabreurs murmure
A mon cœur rêve et chansons !

Aussi, dans ma gratitude,
Je célèbre, Lyre en main,
Mes fleurs et ma solitude
Du boulevard Saint-Germain.

Paris, 1885.

UN BUSTE

A M. H. Bontoux,
Statuaire;
A Mme Baumann-Aguillon,
Professeur de Déclamation.

PHIDIAS : la Sculpture à la grâce virile
Qui sait rendre vivants les blocs inanimés ;
Le Paros, le Carrare, ou la glaise et l'argile
Mollissent dans vos mains : les voilà transformés !

Melpomène : Déesse et Muse juvénile
Qui charme ou fait frémir les enthousiasmés ;
Vous avez remué Lutèce, la grand'ville,
En jouant les fureurs de *Charlotte Corday*.

Or, vous avez fondu ces deux Arts si contraires,
L'un de l'autre éloignés, et qui pourtant sont frères,
En un buste parfait, vainqueur des Marsyas,

Et vous avez produit ce que vous vouliez faire,
Melpomène donnant sa tête à Phidias :
Un chef-d'œuvre... Et Phocée en sera longtemps fière !...

Marseille, 10 Mai 1876.

Improvisé le soir de la remise de ce buste par le statuaire à son aimable et gracieux modèle.

BORD DE MER

A des amis disparus

Un brillant soir d'été, la nuit, calme et profonde,
Etendant son silence et ses voiles sur l'onde,
Seul et pensif, j'allais, cherchant dans mon cerveau
Des rimes imitant les murmures de l'eau.
Je ne voyais partout que joie et gaîté franches ;
Groupes échevelés ou vêtus des dimanches ;
Jeunes filles, garçons, époux, papas, mamans,
Fouettant l'écho de chants et de rires charmants.
   J'admire un fier Triton aux formes musculeuses
Qui nage en se jouant des vagues écumeuses,
Près d'une Néréide au costume léger
Venue en cet endroit pour apprendre à nager,
Frissonnante de crainte et d'inexpérience,
Jetant des cris aigus pour avoir l'assistance
Du jeune homme charmant qui près d'elle est venu
Pour lui porter secours... ou pour mieux être vu...
   Plus loin, une famille, assise et formant cercle,
D'un grand récipient a levé le couvercle,
Et des parfums exquis s'exhalent de ce plat,
Livrant à l'appétit un sérieux combat ;
Mais, parbleu ! l'appétit n'est pas ce qui leur manque
C'est, avec la gaîté, leurs seuls billets de banque...
Ces braves ouvriers, qui ne possèdent rien,
Trouvent là le bonheur !... Ils sont heureux ?... C'est bien !
Laissons-les à leur joie et poursuivons la route :
   J'aperçois un cheval grignotant une croûte
Que lui donne un enfant mangeant un biscotin,
Tandis qu'il tend un os à son affreux mâtin

Au poil noir hérissé, crotté, couvert de sable,
Cerbère vigilant d'écurie ou d'étable,
Qui, terrible à la garde, est doux à la maison,
Et que son jeune maître a nommé : « Beau Jason ! »

※ ※ ※

Moi, j'avançais toujours, et bientôt, le silence
Succède aux bruits joyeux du rire et de la danse.
Ma rêverie avait au loin porté mes pas ;
Je pouvais m'enivrer des célestes appas
Que toujours a pour moi la douce solitude
Quand mon esprit se trouve exempt d'inquiétude !
— Dieu sait si, ce soir-là, j'avais le cœur content !... —
Je bénissais la Nuit, la Mer, le Firmament,
La Brise, le Silence et les bouquets d'Etoiles
Couvrant de reflets d'or vagues, bateaux et voiles !
J'espérais tour à tour et n'osais espérer
Qu'un pavillon ami pourrait bien s'arborer...
Comme pour raviver cet espoir dans mon âme,
Je me vis entouré de lumière et de flamme,
Et la Lune, émergeant de deux blocs de rocher,
Semblait dire, joyeuse : « Ami, vas les chercher !... »

※ ※ ※

Tout à coup, du lointain, une voix bien connue
Arrive à mon oreille en traversant la nue...
J'écoute, rayonnant, pour saisir quelques sons,
(Car mon cœur connaît tant *sa* voix et *ses* chansons !)
Mais, je n'entends plus rien... rien, que la mer immense,
Dont la vague murmure à ma vague démence
Ces mots, remplis d'espoir, que mon âme a compris :
« O rêveur ! sois heureux, cours : voici tes amis ! »

※ ※ ※

Marie est fatiguée et mon bras la repose ;
De l'autre, je conduis la gracieuse Rose,
Et tous trois, précédant les vieux parents joyeux,
Nous allons, nous chantons et nous sommes heureux !

Mais, hélas ! tout plaisir, ici-bas, a son terme :
Bientôt sur ces amis leur porte ouvre et se ferme...
Avant que le dernier n'en ait franchi le seuil
Je reçois un doux mot, un rapide coup d'œil
Qui dit que le bonheur n'est point une chimère
Lorsque l'on est certain d'une amitié sincère,
Et qu'il faut, quelquefois, fort peu pour être heureux,
Quand on a pour amis de bons cœurs, de doux yeux !

Non ! les jours de bonheur ne sont pas de vains leurres
Puisque, longtemps après ces agréables heures,
Je chercherais en vain un souvenir amer
De ce beau soir d'été sur le bord de la mer !

Marseille, samedi 8 Juillet 1876.

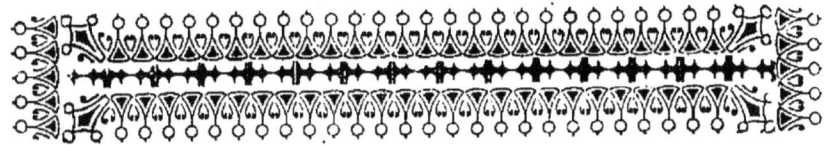

GRATITUDE

A M. E. A...

Le sort, qui bien souvent me fit verser des larmes
Semble vouloir bannir tous mes sujets d'alarmes
En m'apportant la paix, la gaîté, le bonheur
Que l'ouvrier loyal trouve dans son labeur.
Le hasard — ce vrai Dieu — m'a conduit à Versailles
Foyer des souvenirs, ville des fiançailles
Du fier Peuple français avec la Liberté !
Salut à tes fleurons, immortelle Cité !
Tes beautés éloignant de mon cœur la tristesse
Et mettant dans mes vers de longs cris d'allégresse,
Je te devais d'abord ce salut fraternel !
Mais, malgré tes splendeurs, ton prestige éternel,
Je ne veux pas ici raconter ton histoire ;
Parler de tes grands rois, non plus que de leur gloire ;
Encenser leur courage ou blâmer leurs amours ;
Railler les Montespans ; flétrir les Pompadours ;
Je ne veux point parler de tes superbes marbres ;
De tes beaux boulevards aux gigantesques arbres ;
De tes deux Trianons aux lascifs souvenirs ;
De ton Hameau charmant aux délirants plaisirs ;
Je laisse ton grand Parc, chef-d'œuvre de Le Nôtre,
Et ta Pinacothèque aux vers savants d'un autre,
Car je ne veux chanter qu'un humble petit coin
Que le travail heureux entretient avec soin :
Là, rien de luxueux, mais partout le bien-être ;
Rien de monumental, mais, de chaque fenêtre
La légère gaîté s'élançant vers les cieux,
Ainsi qu'une alouette en son vol gracieux !

Oui, je veux esquisser cette fourmilière
Où se meut, tout au fond, la famille ouvrière,
Et, pour que le dedans nous paraisse meilleur,
Dépeindre longuement son doux extérieur :
Rien ne nous parle, ici, de la farouche usine
Où l'esclave-ouvrier vient courber son échine,
Vient maudire son joug du matin jusqu'au soir,
Exécrant le *bourgeois* qui lui vend son pain noir !
Ici, tout est joyeux : un ravissant parterre
Aux enivrants parfums embaume l'atmosphère,
Et la rose s'épand près du magnolia ;
Le vif géranium, le pourpre dahlia
Unissent leurs bourgeons aux pistils des clochettes ;
Sous les acacias poussent les violettes
Que viennent picoter de gais moineaux pillards ;
Ces charmants maraudeurs, effrontés et criards,
Trouvent toujours par là quelque bonne provende,
Car en plus du raisin, du lis, de la lavande,
Ils dérobent le mil du riche poulailler
Où l'on entend la poule avec le coq piailler.
Plus loin, le blanc pigeon, s'échappant de la fuie,
Vient caresser, joyeux, sa belle qui s'ennuie,
Et la baisant du bec sans plus amples discours,
Il roucoule, glou-glou ! ses heureuses amours !...
 Spectacle aussi riant : voici sur la verdure
Un grand cheval de bois, sa petite voiture,
Un fusil pacifique, un paisible étendard,
Une poupée, un seau, qui, jetés au hasard,
Annoncent la gaîté d'une tendre famille...
Des clameurs de bambins, des ris de jeune fille,
Aux jouets précurseurs donnent bientôt raison ;
Voyez-les, radieux, courant sur le gazon :
C'est Jacques et sa sœur, la mignonne Suzanne,
Que surveille en leurs jeux la gracieuse Jeanne,
Tandis que la maman, du cœur comme des yeux,
Admire avec amour ses chérubins, ses dieux !
— Quel plus riche tableau peut rêver un poète ?
Comment ne pas chérir cette nature en fête
Qu'éclaire l'astre-roi de ses puissants rayons
Quand l'hiver fuit, chassé par de tels aiguillons !
Comment ne pas sentir que l'âme émerveillée
Franchit d'un plein essor la voie ensoleillée,

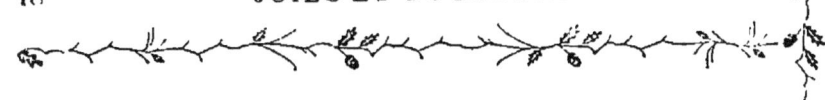

En voyant exulter — quatuor triomphant —
La Fleur, la Jeune Fille, et la Mère et l'Enfant !...
  Mais, quittons cet Eden ; pénétrons sous la voûte
Qui s'offre sous nos pas, nous indiquant la route
Qui doit nous amener à la ruche en travail.
Là se trouve parqué dans un vaste bercail
Un troupeau travailleur sur qui Gutenberg plane
Comme un fier alcyon sur la mer Océane !
Nous entendons ronfler, terrible, la vapeur ;
Nous voyons s'échapper, rougeâtre, la lueur
Du feu phosphorescent qui chauffe l'atmosphère ;
Nous entendons rouler dans un bruit de tonnerre
La machine, la presse aux multiples ressorts,
Sous l'œil du Conducteur secondant ses efforts.
Par-dessus ce fracas, que le chant assaisonne,
Les lazzis vont leur train et le rire résonne,
Se mêlant aux coups secs des marteaux alourdis
S'abattant pesamment sur le fer des châssis.
C'est une Imprimerie !... Art sublime, art magique,
Où le Compositeur, vrai courant électrique
Saisissant la pensée au sortir du cerveau,
L'apporte à l'Univers comme un géant flambeau !
Tout est bourdonnement : chacun se hâte, lutte !
Le *compositeur* gronde et se débat, en butte
Aux rappels successifs d'un *metteur* empressé ;
Le *correcteur* tempête et devient convulsé
Parce que l'on omet son point ou sa virgule ;
Le *conscience,* calme, arrange un opuscule,
Tandis que le *pressier,* en tirant son barreau,
Raille le *papetier* qui rogne un bordereau.
La Maison s'élargit et prend plus d'importance :
Voici le Serrurier, que le Maçon devance,
Suivant le Charpentier et ses énormes bois ;
Le Plombier, le Zingueur et le Peintre aux abois
Avec le Menuisier font un assaut d'adresse ;
C'est un fourmillement, une lutte en vitesse !
C'est l'Art, c'est l'Industrie et le Progrès vainqueurs !
C'est le bruit, la tempête... et c'est la joie aux cœurs,
Car, pendant ce travail, pendant cet œuvre immense,
Dans cet enfantement plein de magnificence
Du *Livre* irradiant, astre plein de splendeur,
L'ouvrier vit heureux, content de son labeur !

C'est qu'il est dirigé par un maître... sévère...
Mais souvent juste, bon et que chacun révère ;
C'est que ses ouvriers pour lui sont des amis ;
C'est qu'à leur dévoûment il a des droits acquis
Par son cœur tolérant et par sa grandeur d'âme ;
Et ma Muse sincère en ce moment l'acclame
Parce qu'on vit, chez lui, non pas en serviteurs,
Mais en associés, en collaborateurs.
Continuez, patron : c'est là la bonne route !
Honorez l'Ouvrier !... Il est faible, sans doute !
Mais par lui vos bienfaits seront récompensés,
Car il travaillera sans jamais dire : Assez !
Car il vous bénira, chantera vos louanges ;
Car il se dévoûra pour vos chers petits anges,
Afin qu'en l'avenir, à l'abri du malheur,
Ils donnent, comme vous, du pain au Travailleur !
Acceptez donc les vœux, au jour de votre fête,
Qui vous sont adressés dans cette œuvre imparfaite :
Ils sont bien mieux écrits au fond de notre cœur,
Qui désire pour tous la paix et le bonheur !
Prenez, en souvenir, cette brochure infime,
Modeste expression de notre joie intime,
Sans oublier pourtant qu'en acceptant ceci
Vous ne nous devez pas le plus petit merci,
Car à vous le donner nous n'avons nul mérite,
Ayant, pour l'imprimer, — manière peu licite —
Perdu beaucoup de temps chez vous, dans l'atelier ;
Abusé d'une presse ; usé votre papier ;
Nous en faisons l'aveu : nous sommes bien coupable !
Mais tout cela s'est fait dans un but si louable,
Qu'en excusant nos torts, du cadeau vous riez,
Songeant que nous l'offrons... mais que vous le payez !

Versailles, Octobre 1883.

DRAGÉES

A ma filleule Octavie E...

Deux étés bientôt seront sur ta tête ;
Ta naissance fut un rayonnement
De joie et d'amour : pourtant, nulle fête
Ne vint célébrer un doux sacrement.

Ce bonheur renaît : un tout mignon frère,
Rose et bien portant quoique frêle encor,
S'en vient partager le sein de ta mère
Et mêler aux tiens ses fins cheveux d'or.

On va baptiser ce cher petit être,
Et tu recevras la même onction ;
Je suis ton parrain : je vais te remettre
Des cadeaux brillants, pleins d'affection.

Comme au temps jadis, où de tendres fées
Formulaient des vœux pour leurs nourrissons,
Nous allons pour toi dresser des trophées
Dont nos sentiments sont les écussons.

Nos présents sont tous dans une corbeille
Faite d'idéal, — facile à tresser, —
Et son flanc contient plus d'une merveille
Dont nous l'emplissons... sans rien débourser !

Ton père, d'abord, y mit la semence
Qui vint t'engendrer en fêtant l'amour...
Quel don précieux !... Par lui je commence,
C'est tout naturel : tu lui dois le jour.

JOIES. — DRAGÉES

Il te donne encore, en plus de la vie,
Son amour sans borne et son dévoûment,
Ses labeurs, son sang : mignonne Octavie,
Peux-tu désirer plus d'attachement ?

Ta mère a déjà donné sa souffrance ;
Ses cris de douleur et ses chants d'espoir ;
Son lait nourricier ; sa caresse immense...
Elle ajoute encore au cadeau : Devoir !...

Elle sortira de notre corbeille
Des trésors plus doux qu'ambroisie ou miel,
Et te donnera la sainte bouteille
Où tu vas puiser l'amour fraternel !

Voici le présent de bonne grand'mère :
Son expérience et ses longs vieux ans ;
Puis, pour l'avenir, sa conduite austère,
Qui t'amènera ses fiers cheveux blancs !

Ah ! ne fermons pas si tôt la corbeille !
Elle resplendit d'un brillant rayon
Eclairant ton front d'une aube vermeille
Qui compensera l'absent million !

Ce cadeau princier, digne d'une reine,
Doit te mettre au rang d'une déité !
Admire le don que te fait marraine :
Grâce, esprit, douceur, tendresse et beauté !

La corbeille, hélas ! va se trouver vide :
Il n'y reste plus qu'un pauvre rêveur
Qui cherche à cacher sa précoce ride
Sous le feu brûlant de son jeune cœur !

Prends ce cœur, enfant, parrain te le donne !
J'ai besoin d'amour chaste, pur, sans fiel ;
Je me morfondais à n'aimer personne :
Je vais t'adorer... Béni soit le Ciel !...

Paris, 20 Août 1885.

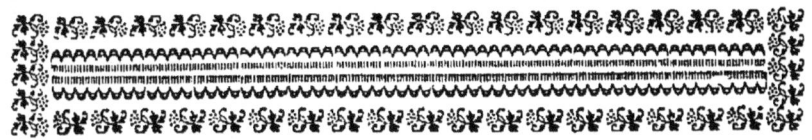

MARIAGE

A ma cousine Victorine Ricome,
épouse Auguste Gely,
Mariée le 5 Février 1887.

Te voilà mariée, aimable Victorine.
Ce simple alexandrin fait de moi presque un vieux !
Tandis que le bonheur vient à toi, radieux,
Moi, je vais vers la tombe, ô ma chère cousine !

Je te croyais encore une petite enfant ;
J'entrevoyais parfois ton maillot et ton lange ;
Tes cris de chérubin, tes vagissements d'ange
Résonnaient à mon cœur comme un clair olifant !

Puis, je te revoyais un peu plus grandelette,
Fillette aux jupons courts, au babil enfantin,
Courant sur les galets, aux brises du matin,
Plus pure qu'Amphitrite et déjà plus coquette !

La mer hâlait ton teint que le soleil brûlait,
Ce soleil sans rival, ce soleil de Phocée,
Cet astre incandescent célébré par Alcée,
Qui mûrit les beautés sous son ardent reflet !

Tu n'avais que cinq ans ; moi, j'étais presque un homme ;
Je dus abandonner ton rire gracieux
Pour chercher le travail plus loin, sous d'autres cieux...
— Le sort le veut ainsi pour nous, bêtes de somme... —

Et je restai dix ans absent et loin de toi ;
Mes pensers te voyaient frétillante gamine,
Espiègle, gai lutin, despote qui domine
Les cœurs des père et mère asservis sous sa loi.

JOIES. — MARIAGE

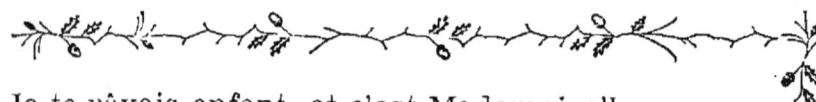

Je te rêvais enfant, et c'est Mademoiselle
Qu'un jour j'ai retrouvé dans mon pays natal,
Dans mon beau Languedoc au savant piédestal,
Dans Montpellier pour qui ma strophe se cisèle !

Je te revis grandie et le tu-toi craintif
N'osait plus s'envoler de mon cœur vers le vôtre,
Car, vous aviez quinze ans... et cela rend tout autre :
On respecte la vierge et son charme attractif !

Mais, chez nous, ouvriers, qui narguons l'étiquette,
Le *vous* semble poseur, et je te tutoyai ;
Et pendant un grand mois, heureux, je te choyai,
Et tu me caressas à la bonne franquette !

Puis, parti de nouveau, quand à toi je pensais,
Mon cœur t'imaginait gracieuse et gentille,
Plus tout à fait enfant, pas encor jeune fille,
Et je ne songeais pas à de plus grands attraits !

Et voilà qu'aujourd'hui vous êtes mariée !
On vient de célébrer votre joyeux hymen !
Vous venez de donner votre cœur, votre main,
Et le chaste oranger a vu sa fleur noyée !

Adieu donc au tu-toi que donnait le cousin !
L'époux peut exiger qu'on vous nomme Madame
Et je dois m'incliner, car vous êtes sa femme :
Il a sur vous des droits de seigneur suzerain !

Mais demeurez pour moi la déesse Euphrosine
Que je faisais sauter, enfant, sur mes genoux ;
Et si je vous revois, sans danger pour l'époux
Tu peux me tutoyer : j'ai vieilli, ma cousine !

Paris, 8 Février 1887.

DOULEURS

> Hélas ! si jeune encore,
> Par quel crime ai-je pu mériter mon malheur ?
> (RACINE).

Sur une Tombe — Premier Cheveu Blanc

Tristesse — Orpheline

Psychologie — Follette — Veillée funèbre

Fatalité

SUR UNE TOMBE

A feu Louis-Etienne Milano
dit Milan
Membre des *Touristes du Midi*, de Marseille,
décédé, à vingt ans, le 5 Avril 1875.

Sombre et fatal Destin, que tes coups sont terribles !
Que les arrêts du Sort, de la Mort, sont horribles !
Voici donc un enfant, un frère, un doux ami,
Chéri de tous les siens, n'ayant nul ennemi ;
Encor dans le beau temps où la vie est un songe ;
Où chaque déplaisir est traité de mensonge ;
Où l'homme pour toujours pourrait se croire heureux,
Et par ce seul espoir n'être point malheureux ;
Et voilà cet enfant, encore à son aurore,
Qui tenait à la vie et devrait vivre encore,
Abattu d'un seul coup par une main de fer
Qui, brusquement, l'arrache à ce qui lui fut cher.
Il est mort à vingt ans !... Au printemps de la vie !...
A peine éclose, hélas ! cette fleur est ravie !
Sont-ce donc là tes coups, impitoyable Mort ?
Es-tu vraiment, dis-moi, messagère du Sort ?
N'avais-tu pas assez, pour assouvir ta rage,
Du vieillard dont le front est ravagé par l'âge,
Ou bien du paria qui, toujours triste et gueux,
Pleure, gémit sur terre et maudit les heureux ?
Qu'avais-tu donc besoin de faucher cette tête ?
De changer en linceul ces clairs habits de fête (*)
Que depuis si longtemps il avait préparés
Pour rire avec les siens, pareillement parés ?

(*) L'uniforme des *Touristes du Midi*.

Faucheuse aveugle, ô Mort, tu ris de mon reproche !
Tes coups se font sentir, affreux, de proche en proche !
Ton apparition toujours nous fait pleurer,
Car durs sont tes décrets qu'on ne peut conjurer.

Si mes vers sont mauvais, mon regret est sincère.
La Muse me trahit, mais le Juge sévère,
S'il existe, là-haut, et voit au fond des cœurs,
Lira dans ma pensée et comprendra mes pleurs !...
Tu nous fuis à vingt ans !... C'est l'âge où le poète
Ecrivait quatre vers que pour toi je répète
En les changeant un peu : — Permets-le moi, Gilbert ?
A deux, nous dirons mieux combien il nous fut cher :

« Au banquet de la vie, infortuné convive,
　　« *Tu* parus un jour et *tu* meurs !
« *Tu* meurs ! *Mais* sur la tombe où *ton* cercueil arrive,
　　« *Nous viendrons tous* verser des pleurs ! »

Marseille, 7 Avril 1875, 2 h. matin.

　　Pièce lue le même jour, au cimetière Saint-Pierre, devant la bière ouverte et le cadavre démasqué (usage provençal), en présence de la famille du défunt et de la Société des *Touristes du Midi.*

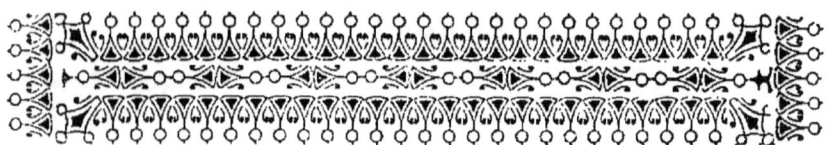

PREMIER CHEVEU BLANC

27 JUIN 1876

Une amie, en voyant ma chevelure épaisse,
Porte la main, un jour, près de mon front brûlant
Et dit d'un air chagrin : « Au milieu d'une tresse,
« Mon ami, j'ai trouvé, voyez... un cheveu blanc ! »

Saisi d'un vague effroi, je prends de sa main douce
Ce brillant fil d'argent, du Temps premier sillon,
Et le couche aussitôt comme sur de la mousse,
Triste, sombre, pensif, au fond d'un médaillon.

Et chaque fois qu'hélas ! sur lui mes yeux se jettent,
— Ayez, si vous voulez, un sourire moqueur —
De sinistres pensers à mon esprit se prêtent,
Et je me dis tout bas, bien bas, au fond du cœur :

« Déjà les cheveux blancs ! A vingt-quatre ans à peine !
« Quoi ! déjà la vieillesse et déjà le malheur ?
« De si peu de bonheur ma vie est-elle pleine ?... »
Et mes yeux sont baignés de larmes de douleur !...

Marseille, 15 Juillet 1876.

TRISTESSE

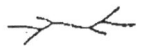

A Mlle Wilhelmine du Chesnay

C'est en vain que mon front soucieux et morose
Cherche encore à jouer avec la rime d'or ;
C'est en vain que je cherche un sujet blanc ou rose :
    Mon cœur est mort !

En vain vers le doux mot, vers la suave chose,
Mon esprit endormi veut prendre son essor ;
En vain mon noir pinceau cherche l'hypotypose :
    Mon cœur est mort !

En vain je veux pincer les cordes de ma lyre ;
En vain je veux chanter le baiser, le sourire :
    Mon cœur est mort !

Mon être, sans amour, souffre un cruel martyre !
    Mon cœur est mort !
Donc, ma Muse et mon Luth n'ont plus un vers à dire !

Marseille, 11 Août 1877.

ORPHELINE

Ecrit pour Mlle Clémentine C...

Je viens te visiter dans ce champ funéraire,
O père vénéré que la mort m'enleva ;
Je viens baigner de pleurs ta pierre tumulaire,
Porte du sombre seuil où tout le monde va...

Dix ans que je n'ai plus tes conseils, ô mon père !
Que je suis orpheline et que Dieu me priva
D'épancher mes douleurs dans le sein de ma mère :
Morts tous deux, le devoir dans mon cœur se riva !

Mais, je suis seule, et n'ai, pauvre enfant inhabile,
Pour préserver ton nom de toute tache vile,
Que l'amour filial dont est rempli mon cœur !

N'ayant pour tout soutien que ma vertu docile,
Pour que ton souvenir me garde du malheur,
Père, veilles sur moi du Ciel, ton pur asile !

La Panouze, près Marseille, 25 Août 1878.

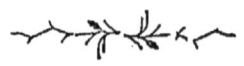

PSYCHOLOGIE

A Victor Robert

S'IL est vrai qu'un Etre suprême
Donne la pâture aux oiseaux ;
Qu'il soit tout puissant ; qu'il nous aime ;
Qu'il donne sève aux arbrisseaux ;

S'il est vrai que ce Père tendre
Ait pour nous tous un cœur égal
Toujours tout prêt à nous entendre,
A nous garder contre le mal ;

S'il nous a placés sur la terre,
Pauvres verseaux, pour y ramper,
Et s'il peut, d'un coup de tonnerre,
Tout détruire et tout reformer !

S'il est vrai que cette Puissance
Soit *infinie* et s'IL voit *tout !*
S'IL sait tout, et si la souffrance
Inspire à son cœur le dégoût,

Comment se fait-il que sur terre
Il laisse un être humain — c'est moi —
Paria, maudit, pauvre hère,
Banni de la commune loi ?

Qu'ai-je fait pour que l'existence
Soit pour moi l'éternel enfer ?
Pour que mes jours, dès mon enfance,
Ne soient qu'un noir breuvage amer ?

S'il est vrai qu'un Dieu de clémence
Juge les bons et les méchants ;
S'il pèse en sa juste balance
Les purs et les mauvais penchants ;

S'il est vrai qu'il soit Bonté même,
Amour sans bornes, Roi des rois ;
Si son Sacrement du Baptême
Nous garantit de douces lois ;

Si vraiment il voit ma souffrance,
Pourquoi ne veut-il l'alléger ?
Pourquoi sa divine puissance
Ne peut-elle me protéger ?

Quel est le crime de ma race
Qui voua ma vie au malheur ?
Quelle honte, que rien n'efface,
Etend sur moi son doigt vengeur ?

Pourquoi faut-il qu'un long martyre
Soit l'apanage de mes jours ?
Et que j'ignore le sourire
Pour souffrir et pleurer toujours ?

Répondez-moi, Dieu de justice,
Si vous existez dans les cieux :
Quelle est donc la faute, le vice,
Qui de moi font un malheureux ?

N'ai-je point l'âme droite et bonne ?
N'ai-je point le cœur haut et pur ?
Ai-je fait du mal à personne ?
Pour le bien ne suis-je point mûr ?

N'ai-je point la volonté ferme
De remplir mes humains devoirs ?
N'aurais-je point en moi le germe
Du bonheur et de ses espoirs ?

Faudra-t-il que mes jours s'écoulent
A pleurer sans cesse et gémir ?
Que mille douleurs se déroulent,
Venant sur moi s'appesantir ?

O Dieu bon, ô Dieu de clémence,
Vous pouvez tout : Oyez mes vœux !
Mettez un terme à ma souffrance !
Ayez pitié d'un malheureux !

Répondez-moi, saint et bon Père
Ne me laissez pas blasphémer !
Daignez exaucer ma prière :
Mon cœur est prêt à vous aimer !

Oh ! je viens d'élever mon âme
Et de sincèrement prier !
J'attends qu'un Dieu puissant m'enflamme !
Mon cœur va le glorifier !

J'attends !... Quoi !... rien en moi ne vibre ?...
J'écoute... et n'entends nulles voix ?...
Mon cerveau reste en équilibre
Et tous mes sens sont sans effrois ?...

Donc, aucune puissance occulte
Ne m'entend : le fait est certain !
L'Etre Suprême et tout son Culte
Ne sont qu'œuvre de sacristain !...

Le Créateur de toute chose :
Invention de charlatan !
Et sa puissance grandiose :
Un petit pot d'orviétan !

Rien ne répond à ma demande :
Pas de Tout-Puissant en ce lieu !
Je ne crains plus qu'un Dieu m'entende !
Non ! Je nie : Il n'est pas de Dieu !

Puisqu'il n'est pas de Dieu, descendons sur la terre,
Et cherchons d'où me vient ce malheur qui me suit ?...
Terrible question !... Sa profondeur m'atterre !
En moi le Doute reste et nul rayon ne luit !...

Vertige !... Je m'y perds !... Dans le fond de mon être
Je cherche vainement à m'expliquer mon sort !
Le bonheur à mes yeux ne peut donc apparaître ?
Ne puis-je donc avoir que des pensers de mort ?

Partout je suis honni !... Mille portes se ferment
Sitôt que je parais... Pauvre être déclassé !...
Et sous mes pas les fleurs que l'on sème et qui germent
Meurent avant d'éclore après que j'ai passé !...

D'autres ont de la joie et moi j'ai de la peine !
D'autres ont du plaisir, et moi, de la douleur !
D'autres ont une amante, une épouse sereine :
Les dédains m'ont donné de la rage à plein cœur !...

D'autres vont exultant leurs aimantes maîtresses :
Si j'offre mes soupirs, je me vois refuser !
D'autres ont des baisers et de folles caresses,
Et moi, j'ai soif d'amour et ne peux l'apaiser !...

O rage ! ô désespoir ! ô fureur ! ô folie !
N'être rien sur la terre, hélas ! qu'un cerveau creux !
Passer mes plus beaux ans dans la mélancolie !
Souffrir ! pleurer ¡ gémir ! n'être qu'un malheureux !

O Muse ! arrête-moi ! Muse, écrase ma plume !
Assez, ô Poésie ! Arrête mes élans !
Tes vers brisent mon cœur ainsi que sur l'enclume
Le fer rouge est broyé par les marteaux géants !

Paris, 4 Avril 1882.

FOLLETTE

A ma Mère, qui l'a aimee.

Noire de corps et blanche de la patte ;
Câline autant qu'une amoureuse chatte,
  Son poil était un pur satin ;
Et son œil langoureux, plein de douce tendresse,
Semblait à tout propos appeler la caresse
  Sur son petit museau lutin.

  Lorsque j'errais au fond de la vallée,
  Au clair sentier ou dans la sombre allée,
    Ma chienne accompagnait mes pas ;
Et si je gravissais quelque abrupte colline,
Ou quand j'en descendais, au soleil qui décline,
    Elle ne m'abandonnait pas.

  Souvent, assis sous un grand pin vert sombre
  Et rimaillant, à l'abri de son ombre,
    J'avais le cœur empli d'émoi...
Quand j'avais ébauché quelque vibrant poème,
Fou, je le déclamais, et Follette elle-même
    Applaudissait d'un tendre aboi.

  Elle agitait son ondoyant panache ;
  Semblait railler et m'appeler ganache
    Quand le sujet manquait d'attrait ;
Mais lorsque je voguais en pleine fantaisie ;
Quand mon luth résonnait d'ardente poésie,
    Son jap claquait à chaque trait !

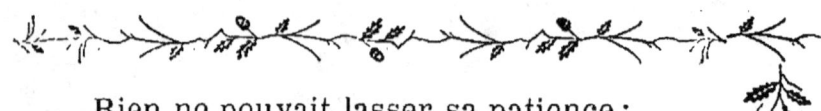

Rien ne pouvait lasser sa patience ;
Elle semblait avoir la prescience
   Qu'au poète il faut l'auditeur ;
Acceptant le destin qui l'avait désignée,
Elle écoutait mes vers, victime résignée
   A ce métier d'adulateur !

   Je ne l'ai plus ; elle est morte, Follette !
   Mon épagneule à la mignonne tête
      Repose sous un dur rocher ;
La lavande et le thym couvrent la bestiole ;
Sur ce tombeau, la nuit, la claire luciole,
      Lampe des bois, vient se coucher.

   Adieu, Toutou !... Mon âme désolée
En souvenir t'élève un mausolée
      Qui ne s'effondrera jamais !
Tu subissais les chants et les pleurs de ma Lyre...
N'est-ce pas suffisant pour clamer, en délire :
      Je te regrette !... Je t'aimais !...

Paris, 22 Février 1886.

VEILLÉE FUNÈBRE

A mes amis Delavande et son épouse

Qui ne la connaît pas, la funèbre veillée
Que chacun a passé près de quelque ami mort ?
La mort !... c'est si banal !... De chacun c'est le sort !
Et cette triste fleur par tous est effeuillée !

C'est simple, monotone, et le sombre tableau
De tous est si connu que le peindre est folie !
Je veux pourtant brosser, en ma mélancolie,
Ces noirs préparatifs de la mise au tombeau.

Un ménage ouvrier ; intérieur modeste
Où se mêlent travail, amour, honnêteté ;
Une femme, un époux, un cher enfant gâté...
— Bientôt ils seront deux, la Nature l'atteste...

La mère de l'épouse est étendue et dort
Du sommeil éternel dont nul ne se réveille...
Un cierge tremblotant près de son grabat veille,
Eclairant le cadavre et le vert buis de mort.

Le cancer a rongé cette pauvre existence,
Et tous les dévoûments n'ont pu vaincre le mal ;
Et malgré mille soins, le dénoûment fatal
Seul a pu mettre un terme à l'horrible souffrance !

La fille et son époux se sont multipliés,
Passant les jours, les nuits au chevet de leur mère
Pour retarder l'instant de la douleur amère...
Maintenant, la fatigue enfin les a pliés :

DOULEURS. — VEILLÉE FUNÈBRE

Ils dorment... Deux amis veillent près du cadavre,
Attendant le retour des rayons du soleil.
La flamme du foyer lance un éclat vermeil,
Et la flamme du cierge une lueur qui navre.

Le vent souffle au dehors ; le froid saisit les cœurs
Des deux veilleurs de nuit accomplissant leur tâche ;
Ils ne se parlent pas : plaisanter serait lâche !...
Le cadavre commence à jeter des odeurs...

Des livres, des journaux encombrent une table ;
Pour rester éveillé l'on marche à pas de loups ;
Une bouteille est là, qu'on vide à petits coups ;
Au loin s'entend un chien... Hurlement lamentable !

Comme cette nuit-là s'écoule lentement !
Il semble que le Temps, pour cette fois, recule !
Avec quelle lenteur avance la pendule !
Son bruit semble pleurer un air d'enterrement !

Le jour paraît enfin, et dans la ville immense
La vie à pleins débords renaît avec ses cris ;
La Nature s'emplit de chansons et de ris ;
Les cloches, au lointain, dissipent le silence !

Et nous, nous disputons le cher cadavre aux vers ;
Et pendant que là-bas le corbeau se prépare
A venir entonner sa lugubre fanfare,
L'ami feuillette un livre et moi j'écris ces vers !

Paris, 8 Novembre 1886.

FATALITÉ

A Auguste Keüfer

Vivre pour autrui : la Famille, la Patrie, l'Humanité.
(AUG. COMTE).

Arrête, arrête, ô Mort, cette moisson terrible !
Mort, arrête tes coups ! brise ta faux horrible !
    Sombre mangeuse d'innocents
Cesse de te repaître à ce festin infâme
De mignons chérubins dont tu dévores l'âme
    Sous tes crocs cruels et puissants !

Destins ! dieux vagabonds, faudra-t-il vous maudire
Et pousser contre vous des cris d'éternelle ire ?
    Destins aux serres de vautour,
Faudra-t-il donc nourrir contre vous la rancune ?
Serez-vous aveuglés ainsi que la Fortune ?
    Capricieux comme l'Amour ?

Lancerez-vous le Croup sur toute la famille ?...
Le fils à peine froid, vous ravissez la fille,
    Sombres pourvoyeurs des tombeaux !...
En six jours, deux enfants conduits au cimetière !...
Quelle affreuse douleur suit la peine première !
    Deux tombes près de deux berceaux !

Comme tu dois souffrir, toi, le meilleur des pères,
Qui rêvais pour les tiens des jours gais et prospères !
    Et combien est peu mérité
Ce rude châtiment qu'inflige la Nature
Au Lutteur de la Paix à la devise pure :
    « La Famille et l'Humanité ! »

DOULEURS. — FATALITÉ

Combien tu dois gémir sur ces pertes fatales !
Combien tu dois pleurer sur ces pierres tombales !
  Ah ! combien doit saigner ton cœur !...
Il me semble te voir auprès de ton épouse,
Vous embrassant tous deux d'une étreinte jalouse
  De vous cacher votre rancœur !

Allons ! homme, sois fort !... Songe à la pauvre mère !
Tu souffres ?... Sa douleur est-elle moins amère ?
  Son cœur ne se brise-t-il pas
En voyant les apprêts des tristes funérailles
De la chair de sa chair, du fruit de ses entrailles
  Que vient lui ravir le trépas ?

Oh ! je respecterai son long sanglot austère...
On ne console pas la douleur d'une mère !
  Mais, toi, vaillant que rien n'abat,
Je voudrais en mes vers te rendre l'espérance ;
Je voudrais, tout au moins, assoupir ta souffrance,
  Et je t'appelle au bon combat !

Car il te reste encore une famille immense
Qui réclame tes soins pour garder sa puissance :
  C'est notre Fédération !
C'est cette œuvre de Paix que gagne la Discorde...
Ah ! s'il dépend de nous que partout on s'accorde :
  En avant, frère ! à l'action !

Courage !... Haut le cœur !... Sois viril, héroïque !
Montre dans tes malheurs une grandeur stoïque !
  Cache à tous tes yeux éplorés !
Car, si tu ne peux plus baiser deux têtes blondes,
Il te reste à chérir d'amours aussi profondes
  Plus de six mille Fédérés !...

Paris, 18 Mars 1887.

T., s. v. p.

Lettre d'Auguste Keüfer

Paris, le 2 Avril 1887.

Mon cher Ricome,

Je viens de lire dans la *Musette* la petite pièce de vers que vous nous avez dédiée à l'occasion de l'accablant malheur qui vient de nous frapper, mon épouse et moi. L'expression des cruelles émotions que nous avons éprouvées est si saisissante dans ces vers, qu'ils nous deviennent précieux et ils feront partie des douloureux souvenirs que nous laissera cette triste période d'affreuses tortures.

Ce tableau si réel nous prouve combien votre âme est sensible aux malheurs de vos amis. La lecture fréquente de votre touchante poésie nous procurera une délicate consolation dans notre culte intime pour les deux chers disparus ; cette lecture nous fera aussi conserver plus vivace le souvenir des poignantes souffrances que nous avons supportées.

Merci, mon cher Ricome, du précieux témoignage de votre sympathie ; mais croyez bien que je ne mérite pas votre belle appréciation finale.

Acceptez ma forte et amicale poignée de main.

Ate Keüfer
5, rue Boissonnade

TRAVAIL

Le travail ne prend pas un instant à ma Muse ;
Ma Muse ne prend pas une heure à mon travail.
(Georges Nicolas).

Le Punch Fédéral — Vive la Fédération !

Le Groupe Gutenberg, de Marseille

LE PUNCH FÉDÉRAL

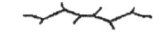

6 JANVIER 1886

Au Comité Central (sortant et entrant réunis)
de la *Fédération française des Travailleurs du Livre*
(1885-1886).

> *En buvant ces rasades franches*
> *Que nous verserons à gogo,*
> *Nous chanterons à nos revanches,*
> *Bravant des patrons l'embargo !*
> (Georges Delavande).

Fuyant les appels du sommeil
Après la tâche journalière,
Notre réunion plénière
A travaillé pour le réveil,

Car elle vient de discuter
Pour l'unité fédérative ;
Et plus la lutte fut active,
Plus d'ardeur on mit à lutter !

Puis, le labeur ayant pris fin,
Dans une agape fraternelle
On a fêté l'œuvre éternelle,
L'œuvre qui veille sur le pain !

Et, bien qu'on ait sablé du punch,
Pendant que rutilait sa flamme,
Les pensers heureux de notre âme
Nous grisaient bien plus que ce lunch !

Jusqu'à deux heures de la nuit
Resserrant notre chaîne étroite,
L'Amitié, charmeresse adroite,
Agite son flambeau qui luit !

Et la flamme du punch bleuit ;
Et dans le choc riant du verre
On entend que, vibrant tonnerre,
La Fédération bruit !...

On chante : c'est la Liberté
Qu'un vaillant troubadour chansonne,
Et l'écho, qui dans nos cœurs sonne,
Lui répond : Solidarité !

Heureux de la sincérité
Qui dans ce doux moment nous lie,
On déguste jusqu'à la lie
La coupe de Fraternité !

Et l'on fait abjuration
Des dissensions intestines
Puisqu'un seul cri sort des poitrines :
— Vive la Fédération !...

Paris, 7 Janvier 1886.

Ecrit après la séance d'installation du Comité Central de 1886-1888, dans lequel j'ai eu l'honneur de représenter les sections de province, élu par 1,177 voix. — Réélu à l'expiration du mandat, tête de liste, par 1,575 suffrages, l'état de ma santé m'obligea à décliner ce nouvel honneur.
On a déjà vu, et l'on verra encore dans la suite de cet ouvrage, des allusions ou des pièces ayant trait à cette Fédération. Pendant deux ans, ce fut toute ma vie : je me donnai à elle avec l'ardeur et la conviction d'un apôtre du Bien et du Juste. Hélas ! le résultat fut, pour moi, la perte de bien des illusions, de la santé, des diverses places que j'ai occupées dans les imprimeries — conséquence : la misère — et, comme coup de pied de l'âne, les insultes d'un journal corporatif... *ouvrier !...* — Ça coûte, le devoir !...

VIVE LA FÉDÉRATION !

2 septembre 1881 — 27 juillet 1886

Aux Typographes fédérés de Paris

Ennemis vrais de la discorde,
Plaignons ceux qui la font chérir.
(Honoré Varlet).

Ô fils de Gutenberg, salariés modestes ;
Hommes au cerveau vif, aux mains franches et lestes ;
Prolétaires d'élite aux grands et nobles cœurs ;
Ouvriers de l'esprit ; doux collaborateurs
Des penseurs éclairés qui parlent à la foule ;
Qui prenez la pensée au sortir de son moule
Et la jetez aux vents de l'immense Univers
Pour donner le savoir au bon comme au pervers ;
Travailleurs dont la tâche est utile entre toutes ;
Tenant le monde entier constamment aux écoutes
Des bruits qui vont sortir de vos noirs ateliers ;
Soldats industriels ; du progrès familiers,
Typographes, vos droits sont grands à la couronne
Qu'à tous ses bienfaiteurs l'Humanité festonne !
Et pourtant Gutenberg seul reçoit les honneurs !...
Que fait-on pour aider ses chers propagateurs ?...
On les prend par la faim !... — La vorace Industrie
A saisi leur grand art, et de l'Imprimerie
A fait un noir Pactole où coule la sueur
De l'ouvrier mêlée à l'or de l'exploiteur !

Peine et douleur pour l'un ; lucre et bonheur pour l'autre :
C'est la loi du Progrès !...
De cent métiers, le nôtre
Devait un des premiers atténuer ce mal.
La France le voulut et Paris-Syndical,
Le Paris-Typographe à la pensée ardente,
Résolut de fonder une œuvre assez puissante
Pour résister aux coups du Sort et du Malheur !
L'ouvrier avili secouait sa torpeur,
Et, relevant son front que pâlissaient les veilles,
Lançait de longs regards vers les aubes vermeilles !
La lutte commença !... Combat de tous moments !...
Le Patronat craignait ces nombreux groupements
Donnant de la puissance aux classes prolétaires
Pour défendre, garder, augmenter leurs salaires !
Mais, Paris combattit et Paris fut vainqueur !
Et la Typographie acclama de tout cœur
L'œuvre de paix, d'espoir, l'œuvre qui nous délivre :
La *Fédération des Travailleurs du Livre !...*

Noble idée !... O Paris ! elle est digne de toi !
Désormais, l'ouvrier pourrait braver la loi
Des petits tyranneaux amis de l'esclavage !
La Fédération, jeune, mais déjà sage,
Saurait sauvegarder les intérêts de tous :
Calmes sans défaillance et fermes sans courroux,
Ses défenseurs tendraient son drapeau grandiose
Au passé ténébreux comme à l'avenir rose ;
La foi dans sa puissance entrerait dans les cœurs ;
Ses bienfaits commençant, maints sophistes moqueurs
Devraient bientôt traiter de puissance à puissance ;
Le Capital viendrait même à résipiscence,
Et de l'Est à l'Ouest comme du Sud au Nord,
Ouvriers et Patrons se mettraient tous d'accord !
Tel est le noble but poursuivi par notre œuvre !
PAIX, UNION, TRAVAIL, voilà notre *Grand-Œuvre !...*
Peut-on demander moins ?... Etre plus modérés ?...
Avoir moins de désirs que nous, ô Fédérés !...
Nous atteindrons ce but, car notre cause est juste !
La Fédération dans les esprits s'incruste ;
Et quand nous serons tous sous son noble étendard,
A nous est l'avenir : nous aurons un rempart !...

Hélas ! pourquoi faut-il que la nature humaine
Qui contient la bonté renferme aussi la haine ?
Pourquoi tous les esprits n'ont-ils un même but :
Le Bien ! Un seul devoir : lui payer leur tribut !
Mais, c'est demander trop !... La faiblesse de l'homme
Le met à la merci de sentiments, en somme
Inhérents à son être et bien plus forts que lui.

Si, dans l'obscurité, quelque lumière a lui,
Un courant d'air léger peut suffire à l'éteindre...
Des hommes égarés ont essayé d'atteindre
Le drapeau fédéral et l'ont mis en danger !
Ce Phare de salut qu'ils devaient protéger ;
Ce vrai Palladium des Travailleurs du Livre
Pour qui tout Typographe a le devoir de vivre,
A failli s'ébranler sous les coups répétés
D'aveugles conservant moins d'animosités
Pour leurs vrais ennemis ravalant leurs salaires
Qu'ils n'en ont conservé pour de francs adversaires
Dont tout le crime était de penser autrement.
Et la Discorde arrive et jette son ferment !
Et la lutte devient âpre et plus menaçante !
La Fédération, jusqu'alors florissante,
Confiante en ses chefs toutefois, a frémi,
Voyant que l'on se bat sous l'œil de l'ennemi !...
Les Fédérés alors pénètrent dans la lice :
Le scrutin est ouvert !... O suprême Justice !
Suffrage universel, quel sera ton arrêt ?
Urne aux flancs rebondis, donne-nous ton secret !
Par tes scellés brisés, ô Boîte de Pandore,
Les maux du temps passé vont-ils sortir encore ?
Guerre ou Paix ? Bien ou Mal ? Que vas-tu prononcer ?
Paris, le fier Paris, voudra-t-il acquiescer
Au lâche déshonneur, à l'ignoble infamie
Qu'on lui propose au nom de son autonomie ?
Urne, parle, réponds, sans hésitation...

— Hurrah !... Vive à jamais la Fédération !!!

Paris ne pouvait pas abandonner sa cause !
Il vient de l'affirmer dans une apothéose
Aux feux resplendissants ainsi qu'un clair soleil !
Paris demeure encor le Phare sans pareil

Sur qui restent fixés les regards de la France !
Du fédéral emblème il garde la défense !
Frères, rallions-nous autour de ce drapeau !
C'est lui seul qui vaincra !... Arrachons le bandeau
Qui couvre encor les yeux des vaincus de la veille !
Donnons-nous tous la main ! Que, prudent, chacun veille,
Et nous aurons la paix, la concorde, l'amour
De tous les amis vrais de la vie au grand jour !
Vainqueurs, soyez cléments ; que ce succès insigne
Ne vous enivre pas ; poursuivez cette ligne
Que traça la Sagesse et qui vous a faits forts !
Faites votre devoir, et que tous vos efforts
Tendent au bien commun. A l'œuvre, et qu'on travaille !
Nous avons des blessés atteints par la bataille :
Pansons leur triste plaie*, et qu'il soit constaté
Que *Fédération* dit *Solidarité !*

Paris, 29 Juillet 1886.

---

* Allusion aux grévistes des maisons Mouillot *(Moniteur* et *Journal Officiel),* mis sur le pavé par le Comité Syndical de la 21e section fédérative (Paris-Compositeurs), qui avait cherché a désagréger la *Fédération française des Travailleurs du Livre* en faisant voter l'adhésion facultative ou obligatoire pour ses syndiqués à cette Fédération. L'obligation fut votée par 917 voix contre 666 et 92 bulletins nuls sur 1,675 votants. — C'est le lendemain de ce succès que cette pièce fut écrite. L'idée m'en fut fournie par mon confrère Auguste Keüfer.

LE GROUPE GUTENBERG

(DE MARSEILLE)

*Pièce lue au Banquet Syndical du 1ᵉʳ Avril 1888, Salons Pain,
par Louis Cortès*

Aux Travailleurs du Livre de Marseille

L'isolement mène aux abîmes ;
Seuls, vous serez toujours victimes
De quelque abus.
(Eugène Paris).

Gutenberg, inventant l'art de l'Imprimerie,
Mit à néant la Nuit en créant la Clarté ;
Nous, ses obscurs enfants, mûrs pour la Liberté,
Nous devons seconder cet immortel génie.
Il a créé le Livre : à nous d'en profiter !
A nous de nous instruire et de nous faire libres !
A nous de réveiller dans tous les cœurs des fibres
Qui, pour l'amour du Bien, sachent tout affronter !

Humanité !... Quel mot !... Qu'il est beau ! Qu'il est large !
Seul, il renferme tout... mais surtout, la Bonté...
Les sentiments heureux semblent sonner la charge
Quand retentit ce mot si pur : Humanité !...
Arrière les combats ! arrière les querelles !
Plus de dissensions : tout est bon devant lui !
Les glaives sont brisés ; les seules chanterelles
Ont de tendres accords quand ce grand mot a lui !

Ce mot, c'est le but du Groupe
Tout nouvellement fondé,
Très faiblement secondé
Par la réfractaire troupe
De tous les indifférents
Qui, pour motifs différents,
(Trop souvent quelque fadaise !)
Laissent l'art péricliter,
Et leur pain blanc s'émietter !...
— Où sont les Quatre-vingt-treize !...

On se battait !... Car, alors,
Nous étions loin d'être forts :
Il fallait trouver la Force !
Mais, grâce à l'instruction,
L'ouvrier, la nation,
Dépouillent leur rude écorce.
Le raisonnement suffit ;
Et le Peuple, ce granit,
Dans le droit prend sa puissance ;
Et son ardeur au travail
Donne la paix au bercail,
Et fait prospérer la France !

Voulez-vous, voulez-vous poursuivre ce grand but ?
Le *Groupe Gutenberg* vous entr'ouvre sa porte...
Changez cet embryon en phalange si forte
Que tout groupe ouvrier lui doive un doux tribut !
Accourez, groupez-vous, ô Travailleurs du Livre !
Que le Burin s'allie avec les Composteurs ;
Unissez pierre et plomb !... Et que ces deux facteurs
Soient les traits-d'union, car tous deux nous font vivre !
Que le même étendard abrite les Fondeurs ;
Que Relieurs, Brocheurs soient heureux de ses fastes ;
Qu'on voie en rangs pressés Clicheurs, Galvanoplastes,
Photograveurs, Margeurs, Conducteurs, Correcteurs !
Pour faire un tout, le Livre a ces nombreuses branches ;
La Lumière est le fruit de ces arbres divers :
Groupons tous ces rameaux ; prévenons les revers
Que n'éviterait pas chacune de ces tranches !

Venez, et que des cieux le grand Senefelder
Voie unis ses enfants et ceux de Gutenberg !
Que, la main dans la main, on marche à la conquête
De l'idéal bonheur, et que chacun s'apprête
A voir vaincre, soumis au même gouvernail,
Le Capital-Levier et la Force-Travail !...
   Le *Groupe Gutenberg* veut la paix. Agréable,
Il doit gagner les cœurs ; doit pour tous être aimable ;
Assurer l'amitié, puis — *utile dulci* —
En donnant le plaisir, chasser le noir souci ;
Secourir l'affligé ; distraire la famille :
Pour les vieux la chanson, aux jeunes le quadrille ;
Utiliser le temps, louable ambition,
A nourrir les cerveaux de saine instruction ;
De la philanthropie arborant les insignes,
Le Groupe veut donner ses appuis aux plus dignes
Et, sans lucre pour lui, par un faible tribut,
Atténuer les maux !... Tel est son noble but !...
Ah ! secondez, amis, les dévoûments sincères
De ceux qui les premiers songèrent aux misères,
Voulurent les chasser et par amour du Bien
Tentèrent de nouer un tendre et doux lien !...
L'un est mort à la tâche : Honneur à sa mémoire !
Que béni soit son nom, et que, plus tard, l'histoire,
Livre toujours ouvert, gloire où le Bien prévaut,
Honore comme vous le dévoué Giraud !

   Et, sortant des noirs abîmes
   Pour gravir les hautes cîmes,
   Fous de solidarités,
   Vous serez — suprême gloire —
   Dans l'avenir — fier prétoire —
   De vos frères écoutés.

   La Fédération sainte
   Vous ouvrira son enceinte,
   Et, vous pressant dans ses bras,
   Mère à la forte mamelle,
   Fort que rien ne démantèle,
   Fera s'enfuir les hélas !

Hardi ! Travailleurs du Livre !
Notre œuvre doit nous survivre !
Donnons l'assaut au Progrès !
Combattons pour ce principe ;
Que l'ouvrier s'émancipe :
Et la paix suivra de près...

Nos armes sont invincibles !
Amour, Bonté sont nos cibles ;
Notre fusil : Liberté !
Travail est notre mitraille,
Et sur nos champs de bataille
Tonne la Fraternité !...

Marseille, 29 Mars 1888.

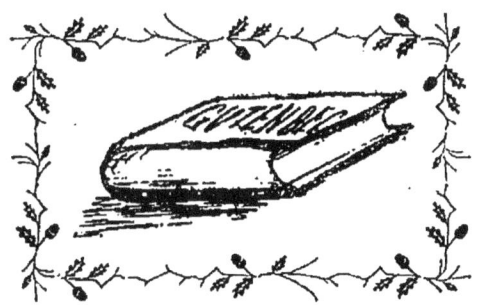

LIBERTÉ

> Liberté ! Liberté chérie,
> Combats avec tes défenseurs
> (ROUGET DE L'ISLE).

Gardons-la ! — Excuses — L'Oiseau mort

Instruisons !

GARDONS-LA !

A feu Gilly la Palud

> Nous entrerons dans la carrière
> Quand nos aînés n'y seront plus.
> (ANDRÉ CHÉNIER).

Quatre-vingt-neuf me fit voir une femme
Aux traits puissants, à la mâle beauté,
Dont le regard fit tressaillir mon âme,
Et qui jeta dans mon cœur la bonté.
Je me sentis transporté d'allégresse,
Et, lui jurant un amour éternel,
Je lui voulais exprimer ma tendresse...
Mais, vision, elle s'envole au Ciel...

Qui donc es-tu, toi, superbe déesse,
Que j'entrevis ; qui, sitôt, disparus ?
Pour toi je sens mon cœur battre sans cesse...
Hélas ! hélas ! ne te verrai-je plus ?

Quarante-huit — ceci, c'est de l'histoire —
Me la montra passant comme un éclair,
Quand du canon — de sinistre mémoire —
La grande voix retentissait dans l'air.
Je m'élançai soudain à sa poursuite,
Car je voulais à tout prix la saisir,
Mais aussitôt elle reprend la fuite
En me disant : « Espère en l'avenir ! »

Oh ! j'en suis sûr, c'est bien cette déesse
Qui ranimait mes esprits abattus ;
Tous mes désirs vers elle vont sans cesse...
Hélas ! hélas ! ne la verrai-je plus ?

Vingt ans plus tard, pendant l'affreuse guerre,
Je déplorais du pays le malheur,
Quand j'aperçus cette femme si chère
Me souriant et me montrant son cœur ;
Ivre d'amour, dans ses bras je m'élance ;
A mes transports me livrant, je lui dis
Les sombres maux qu'a souffert mon enfance,
En espérant des jours cent fois bénis...

Dis-moi ton nom, magnifique déesse
Que je ne vis que trois fois en cent ans ?
A qui, toujours, je penserai, sans cesse !
Oh ! dis ce nom qu'avec bonheur j'attends ?

Je suis, ami, celle qu'on martyrise,
Mais que tes vœux, cette fois, ont conquis ;
Celle qui fut à tes désirs promise ;
Celle par qui maintes fois tu vainquis.
Je suis ta Sœur, ta Mère, ton Amante ;
Je suis l'Amour, la Gloire, la Bonté ;
Je suis le Droit, la Justice clémente ;
Je suis enfin, Peuple, la *Liberté !!!*...

Veille sur moi, car souvent on m'outrage :
Tes ennemis m'ont toujours détesté ;
Mais ton amour égalant ton courage,
Tu garderas longtemps la Liberté !

Marseille, 16 Avril 1876.

EXCUSES

A Mme veuve Gaston Crémieux

Vous m'avez demandé, madame, un acrostiche
Par ma Muse amicale avec soin ciselé.
Je promis, sans songer qu'une Muse plus riche
Devant ce beau labeur peut-être eût reculé...

Pourtant, j'allais rimer le dernier hémistiche :
Une lettre m'arrête... et tout fut annulé ;
Mes efforts furent vains pour clore mon pastiche ;
Le mot ne sortait pas du cerveau martelé.

Votre nom glorieux, terminé par un *x*,
Se dresse devant moi comme une étoile fixe
Qui voudrait m'empêcher d'escalader les cieux...

Inhabile à finir cet ouvrage préfixe,
Mon esprit est vaincu par ce labeur prolixe
De vouloir s'exercer sur ce grand nom : Crémieux !

Marseille, 2 Juin 1876.

Le 4 Avril 1871, le général Espivent de La Villesboisnet — depuis, sénateur inamovible — ayant bombardé la Préfecture de Marseille, s'empara de Gaston Crémieux, chef du mouvement insurrectionnel. Traduit en Conseil de Guerre, Crémieux fut condamné à mort et fusillé sur l'Esplanade du Pharo, après avoir attendu de M. Thiers *pendant sept mois* — horrible torture ! — sa grâce dans la prison Saint-Pierre. Son dernier cri fut : *Vive la Rép...* Les balles achevèrent la phrase !...

L'OISEAU MORT

A Clovis Hugues

> A toi merci, cher maître
> A qui moi, le pauvre être,
> Je pus parfois soumettre
> Quelques vers mal rimés.
> Prends cette dédicace,
> Et, sans que rien te lasse,
> Jette dans ma besace
> Tes conseils estimés !
> (G. R.).

Je t'avais vu sortir, un jour, de ta coquille,
Petit, mignon, couvert d'un ravissant duvet
Qui donnait à ton corps une couleur jonquille...
Comme tu promettais de devenir coquet !...

Puis, je t'ai vu grandir ; j'ai vu pousser tes ailes ;
J'ai de tes premiers chants entendu les accords ;
Souvent tu m'as ravi par tes chansons nouvelles ;
Tu m'as fait oublier les douleurs, les discords,

Et, comme un vil tyran, je te gardais en cage,
Croyant que tu trouvais joyeuse ta prison
Parce que tu charmais l'écho du voisinage,
Et que je te comblais d'alpiste et de mouron !

Mais, qu'est-ce que le grain ?... Un oiseau de ta race
Peut-il vivre longtemps, privé de liberté ?...
Il lui faut le grand air, le soleil d'or, l'espace,
Les ruisseaux, les buissons et les nids de l'été.

Doux, résigné, deux ans tu supportas ta chaîne;
Captif, tu gazouillais de vifs refrains joyeux;
Rien ne faisait prévoir une fin si prochaine :
Pourtant, te voilà mort, petit oiseau des cieux !

Oh ! combien ton trépas met en mon cœur de peines !
Combien j'ai de regrets de t'avoir enchaîné !...
L'égoïste est puni !... Mon sang bout en mes veines,
Car ce sont mes plaisirs qui t'ont assassiné !...

Quoi ! tu n'existes plus ?... Et ton jaune plumage
Ne scintillera plus aux rayons du soleil !
Je n'écouterai plus tes trilles, ton ramage !
Tu n'assisteras plus, folâtre, à mon réveil !

Pauvre petit oiseau !... Quand je vois ton cadavre
Etendu, roide et froid, au fond de ta prison,
Mon esprit s'obscurcit... Un souvenir me navre :
Je songe aux proscrits morts dans une calaison !

Combien, ainsi que toi, plongés en des abîmes
Où la vie et l'espoir passent en peu de temps,
Ont chanté des chansons... pour oublier des crimes
(Par un autre commis), qu'ils expiaient longtemps !

Ils souffraient comme toi, ces doux martyrs fidèles,
Coupables d'aimer trop leur chère Liberté,
Car d'ignobles tyrans, dans leurs excès de zèle,
Firent de ces grands cœurs un peuple déporté !

Comme toi, prisonniers dans ces immenses cages :
Cayenne, Nouméa, Ducos, Nouka-Hiva,
Ils firent tristement entendre leurs ramages
Jusqu'au jour où la mort, sombre, les enleva...

Sur eux, comme sur toi, bien des larmes amères
S'épandirent — trop tard, car le mal était fait !
Mais les cris de douleur des enfants et des mères
Maintiendront dans mon cœur l'horreur de ce méfait !

Et quand mes yeux verront, triste et vide en ma chambre,
Cette cage, qui fut ta prison, ton tombeau,
Mon âme évoquera les martyrs de Décembre,
Ainsi que toi jetés en pâture au corbeau !...

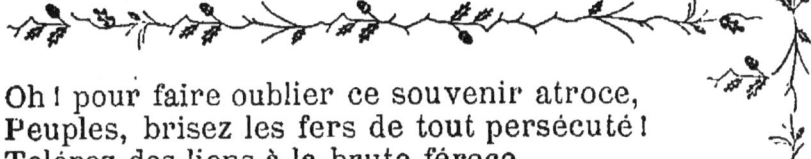

Oh! pour faire oublier ce souvenir atroce,
Peuples, brisez les fers de tout persécuté !
Tolérez des liens à la brute féroce,
Mais, à l'homme, à l'oiseau, laissez la Liberté !

Oui, que la Liberté sur l'Univers s'étende !
Par elle, les humains se trouveront unis ;
Ils s'aimeront entre eux, afin que l'on entende
Dans les cœurs les chansons et dans les bois les nids !

Marseille, Août 1876.

INSTRUISONS!...

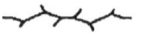

A mon professeur Léon Gleyze-Crivelli

> Si quelqu'un vous dit que vous
> pouvez vous élever autrement que
> par l'instruction... fuyez-le.
> (FRANKLIN).

Un soir, j'errais tout seul, — j'aime la solitude ! —
J'allais, comme je fais souvent, par habitude ;
Songeant... A quoi ?... A tout !... A rien !... Au bien, au mal,
A la joie, au plaisir, aux ivresses du bal,
Aux riches, puis aux gueux ; je songeais aux cohortes
De chagrins, de douleurs, de maux de toutes sortes
Qui sur le genre humain s'abattent chaque jour ;
Mille pensers divers m'animaient tour à tour ;
Bref, je causais... à moi. Quand on est seul, on cause
Avec soi-même, car, l'esprit veut quelque chose
Qui le berce toujours, sans cesse, à tout moment :
Vous l'avez remarqué vous-même, assurément ?...
— Je rêvais donc ainsi, quand, au coin d'une rue,
Un ami m'aperçoit, m'aborde, me salue,
Et dit : — « Mon cher, je sais que vous faites des vers,
Et je suis enchanté de ce petit travers ;
Je vais vous demander, et cela, sans emphase,
Pour un noble sujet de monter sur Pégase ;
Il faut faire, *presto*, quelques vers bien sentis
Qui devront profiter aux enfants tout petits ;
Vous allez rimailler deux ou trois paraboles
Faisant des partisans pour le *Sou des Ecoles*. »

J'écoutais. Son air franc, son langage badin,
Qu'accompagnait gaiment un sourire malin,
Flattaient ma vanité de poète novice,
Et je ne songeais pas au sombre précipice
Qu'il allait devant moi creuser en un moment
En me disant soudain, là, tout négligemment,
Ce mot, grand et profond, ces splendides paroles :
« Faire des partisans pour le *Sou des Ecoles !...* »

Qui ?... Moi, le rimailleur, aborder ce sujet ?...
Traiter la question qui fut longtemps l'objet
Vers lequel s'élevaient les plus grands des génies ?
Quand Hugo nous montra les beautés infinies
De l'œuvre qui contient l'avenir idéal !...
Lorsqu'il nous a dépeint, de son vers magistral,
Le passé, le présent, l'avenir ; la souffrance
De tout le genre humain plongé dans l'ignorance ;
Lorsqu'il nous a tracé notre plus grand devoir :
Instruire les enfants, leur donner le Savoir !...
Qui ?... Moi, simple ouvrier qu'une rime effarouche,
Après le grand penseur j'irais ouvrir la bouche ?...
Après que maint savant pour cette œuvre écrivit
Tout ce qu'on peut penser et tout ce qui s'est dit ;
Quand tous les grands esprits, littérateurs, poètes,
Illustres écrivains, de cette œuvre interprètes,
Pour vanter ses bienfaits se sont mis aux abois,
Après eux je viendrais faire entendre ma voix ?...
Non ! ce serait folie !... Et d'ailleurs, quelle chose
Que tous vous n'ayez lue, en vers ou bien en prose,
Viendrais-je vous conter pour vous mieux éclairer ?
Vous savez ce qu'il faut dans les cerveaux ancrer
Pour chasser loin de nous la stupide ignorance,
Faire des hommes vrais, régénérer la France :
Science !... Instruction !... — Arrière l'éteignoir
Sur nos jeunes cerveaux jetant un voile noir !...
Place pour la Clarté !... Place pour la Lumière !...
Place pour le Progrès !... Place pour sa bannière !...
Voici l'Instituteur, qui, le *Livre* à la main,
Eveillant nos esprits, sauve le genre humain !...

Ah ! qu'autour de son front on tresse une auréole,
Car, pour nous, le vrai Dieu, c'est le Maître d'Ecole !...
C'est lui qui formera le cœur de nos enfants ;
C'est lui qui du Progrès sonne les olifants ;
Lui qui supprimera les prisons, les entraves ;
Fera riche le pauvre et libres les esclaves ;
Lui, qui nous donnera la sainte Egalité
Puisqu'il tient l'étendard de la Fraternité !

Ah ! mes amis, donnons, pour le *Sou des Ecoles*,
Ce sou — que l'on dépense en vains plaisirs frivoles ;
Donnons, car chaque obole est une goutte d'eau
Qui suinte de la source, et, suivant le ruisseau,
S'en va tout doucement vers cette mer immense
Aux flots calmes et purs : la mer Intelligence !...
Mer sans borne et sans fin, toujours prête à grandir :
Ses eaux sont la Science, et son fond, l'Avenir !
Donnons tous notre Sou, pour qu'il aille au Pactole
Rejoindre les flots d'or et construire l'Ecole ;
Donnons, pour que plus tard l'enfant, homme à son tour,
Conserve pour le Bien un cœur empli d'amour ;
Donnons, pour que, sauvé par l'Ecole laïque,
L'enfant garde en son cœur une vertu civique !
Qu'ils seront grands, plus tard, et dignes, ces fleurons
De la noble couronne attachée à nos fronts !
A tous donner la paix ; anéantir la guerre ;
Rendre à jamais unis les peuples de la terre !
Est-il un but plus beau ?... Pourtant... si nous voulions...
Ah ! ne lésinons pas !... Donnons des millions
S'il les faut !... Donnons tout pour l'œuvre pacifique !
Donnons, pour l'Avenir et pour la République !...

Marseille, 3 Juillet 1879.

PATRIE

> C'est un sceptre aussi que la lyre !
> Dieu, dont nos âmes sont l'empire,
> A mis un pouvoir dans les chants.
> (Victor Hugo).

Un Dévouement — La Cantinière

UN DÉVOUEMENT

A Jules Vacher

Nous l'avons eu, votre Rhin allemand !
(ALFRED DE MUSSET).

Donc, ils étaient vainqueurs. Les Allemands, en maîtres
Se répandaient chez nous, guidés par quelques traîtres ;
Se prévalant partout de leur droit du plus fort,
Ils sèment sur leurs pas la rapine et la mort.
Ils arrivent, un soir, franchissant les Ardennes,
Dans un petit village, appelé Vaux-Vilaines,
Qui ne peut résister longtemps aux légions
De Germains inondant ses faibles bastions.
Quelques soudards, épris de vin et de carnage,
Quittent leur campement et vont par le village,
En quête de bombance... ou de quelque méfait ;
Ils pénètrent, bruyants, chez les frères Maillait,
Deux braves jeunes gens de qui la pauvre mère
Depuis six mois bientôt repose au cimetière,
Et qui cherchent, privés du baiser maternel,
Leur consolation dans l'amour fraternel.
François est le plus jeune, et son bras déjà rude
A fait voir aux Teutons qu'il avait l'habitude
De défendre ses droits, son pays et son bien ;
En courage, l'aîné ne le lui cède en rien,
Et ce n'est que par force et l'angoisse dans l'âme
Qu'ils se sont résignés à la besogne infâme
De servir de valets à leurs haineux vainqueurs.

Cependant, les soudards réclament des liqueurs,
Du vin, de quoi manger !... La menace à la bouche
Ils s'installent, hurlant, jurant. Une cartouche
Est mise en un fusil et prête à faire feu
Si l'on n'obéit pas... ou si l'on tarde un peu !...
Nos deux frères, émus, l'œil creux et le teint hâve,
Dévorent leurs sanglots et dépouillent leur cave
Pour obéir aux vœux de ces grossiers uhlans.
Comme leur cœur bondit en de cruels élans !...
Ils se taisent, pourtant, et, sombres, se retirent...

Les soldats aussitôt s'attablent, se détirent...
Leur grand sabre traînant, leur plein verre à la main,
Ils entonnent, joyeux, un bachique refrain...
Les bons vins, les chansons font désirer l'orgie !
Ils sont repus ; la salle est une tabagie :
Il leur faut plus encor !... Et l'un d'eux, se levant,
Titube, prend un verre et dit en hoquetant
(Car l'ivresse déjà remplit son triste office
Et marque leurs propos de l'empreinte du vice) :

« Ça manque te femelle !... Est-ce bas fotre afis ?...
Qui sait !... En fouillant pien les regoins tu lochis
Beut-être on druferait quelque gente donzelle
Qui ferserait l'amur bar sa touce brunelle !...
Eh ! tarteifle !... foyez !... aggroché sur ce mur
Ce rafissant bordrait !... Son àche est ein peu mûr !...
Qu'imborde !... En attendant qu'on droufe la bersonne,
Meingott ! drinque afec nous ! allons, pois, la mignonne ! »

(Sans doute on l'a compris : cette brute raillait
Le portrait vénéré de la mère Maillait).
Des lèvres de la veuve il approche son verre...
Deux cris frappent les airs :

    « Misérable ! — Ma mère ! »

Ce sont les deux Français, qu'une indicible horreur
Saisit, à cet affront qui leur brise le cœur.
Le plus jeune, François, perdant toute prudence,
Comme un tigre en fureur sur l'ivrogne s'élance,
Le saisit au collet, soufflette l'insolent,
Qui s'abat lourdement, ivre-mort, pantelant.

Ses dignes compagnons, voyant une bataille,
Courent sus à François qui leur a cherché maille ;
Mais, Jules, son aîné, lève son poing fermé,
Et son bras vigoureux a bientôt désarmé
Les soldats avinés qui, pour eux, ont le nombre
Et l'inégalité d'une lutte dans l'ombre ;
Si bien que nos héros, pressés de toute part,
Allaient être écrasés, quand survint par hasard
Un gendarme allemand qui fit cesser la lutte.
Il se fait expliquer d'où venait la dispute,
Et Jules et François, perdus par ce renfort,
Furent ses prisonniers... les vaincus ayant tort !...

Quel sort les attendait ? On le conçoit sans peine :
Jugés sommairement — une parade vaine,
Un semblant de justice apte à masquer l'horreur
Des inhumains exploits de nos tristes vainqueurs,
Et nos braves héros, coupables de colère,
Coupables de défendre un portrait de leur mère,
D'avoir le cœur français — et c'est leur plus grand tort ! —
Comme deux criminels sont condamnés à mort !

Vaux-Vilaines avait un petit presbytère
Où vivait un curé, qui de la pauvre mère
Avait fermé les yeux à son dernier soupir
Et l'avait consolée au moment de mourir.
Il se nommait Marteau. Chérissant ses ouailles,
Il eut, pour les sauver, affronté les mitrailles
Et bravé mille morts... — En France, le sang bout :
Soldat, prêtre, ouvrier, les héros sont partout ! —
  Le prêtre avait promis à cette pauvre femme
De veiller sur ses fils, de protéger leur âme,
De les sauvegarder au moment du danger.
Ce danger est venu : c'est l'instant d'y songer...
Il revêt aussitôt sa poudreuse soutane,
Prend en main son bâton pour lui servir de canne,
Et vole sur-le-champ au quartier-général ;
Prie, implore, dépeint tout l'amour filial
Qui remplissait le cœur des deux malheureux frères :
Hélas ! rien ne fléchit ces juges trop sévères !

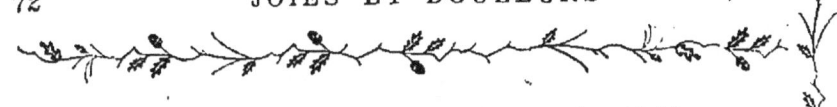

Alors, à bout d'efforts, relevant son front blanc,
Fier, sublime, il leur dit :

« Puisqu'il vous faut du sang,
Eh bien ! prenez le mien !... Celui de la vieillesse
Est stérile, infécond, et le sang jeune engraisse
Le sillon du sol franc qui rougit sous vos pas !
Par prudence pour vous ne l'ensemencez pas :
La récolte serait le fier vengeur qui tonne !
Allons ! prenez ma vie et que Dieu vous pardonne ! »

Les Allemands, blêmis par l'imprécation,
Et pour l'humble héros pleins d'admiration,
N'osèrent pas souiller tant d'héroïque audace,
Et des frères Maillait accordèrent la grâce.

Versailles, 1884.

Le fait est absolument historique et les noms sont vrais. Le curé Marteau est mort en Avril 1883, à Vaux-Vilaines (Ardennes).

LA CANTINIÈRE

A Louis Morin

> ... Je ne sais pas pourquoi
> Un peuple écoute un roi qui l'appelle à la guerre.
> Il serait fort aisé pourtant de dire : « Non !
> Nous ne sommes point faits pour nourrir le canon !... »
> (EMILE BERGERAT).

Avez-vous vu, parfois, passer une revue ?
Vous êtes-vous sentis éblouir à la vue
Des sabres, des fusils, des chevaux hennissants ?...
La musique guerrière aux airs retentissants ;
Tous ces hommes bronzés au mâle et beau visage,
Dont l'honneur n'a d'égal que le vaillant courage,
Et qui, pour leur pays toujours prêts à mourir,
Ne lui demandent pas même le souvenir ;
Tous ces fiers bataillons à la démarche altière ;
Ces casques, agitant leur farouche crinière ;
Tous ces braves soldats, ces nobles défenseurs,
Lorsque nous les voyons font tressaillir nos cœurs...
Soit !... Et malgré ce fait, je n'aime pas l'armée,
Dont l'institution des grands est acclamée !
Gouffre où viennent périr les esclaves soumis,
Le peuple, atrophié par les abus commis !
Je maudis la Caserne où meurt l'intelligence !
Où l'on ne met aux cœurs que haine et que vengeance !
Où l'on forge des fers pour la Fraternité !
Où l'homme à l'homme dit : Frappe l'Humanité !
Patrie !... Avec ce mot on fait l'homme barbare !
C'est de l'ambitieux l'éternelle guitare !
On fausse les esprits ; on endurcit les cœurs,
Et cela prend le nom de Régiments vainqueurs !...

Mais, — je suis un rêveur ! — j'approfondis les choses,
Et pour juger des faits, je recherche les causes
Et crois voir que l'amour le plus cher au soldat ;
Celui qui le soutient et l'anime au combat ;
Qui lui fait affronter la mort et la mitraille ;
Qui lui fait oublier l'horreur de la bataille,
Ce n'est pas seulement le clocher disparu,
Le vieux père souffrant, ni le frère perdu.
Ni la patrie en deuil, dont les sombres alarmes
Appellent ses enfants en masse sous les armes.
Non. Il ne se bat pas pour cette croix d'honneur,
Hochet qu'on lui promet de placer sur son cœur...
Entend-t-il le clairon, les fanfares guerrières ?
A-t-il le fol orgueil de nos grandes bannières ?
Non !... Tout cela n'est pas ce qui donne du cœur !...
S'il combat vaillamment ; s'il est parfois vainqueur,
C'est que l'homme, qui naît et qui vit par la femme,
Pour elle seule agit : elle guide son âme ;
Soldat, il craindrait d'être, à ses yeux, un poltron ;
Homme, il se bat, il tue, il meurt... en fanfaron !...

Dans ce but, l'intrigant créa la Cantinière...

Son rôle est d'évoquer la tendresse : la mère,
La sœur, la fiancée ou l'épouse... enfin, tout
Ce qui doit maintenir les cœurs vaillants debout !...
Comme elle sait, aussi, s'acquitter de sa tâche
Et garder son honneur sans reproche et sans tache !
Il faut la voir, toujours trimant et soignant tout ;
Surveillant la marmite et la soupe qui bout ;
Et, dans son campement, en bonne ménagère,
Alignant la vaisselle en rang sur l'étagère.
Puis, l'heure du repas sonnant pour l'affamé,
Le pot-au-feu bouillant avec soin écumé,
Remettant à chacun une soupe, un sourire ;
A celui-ci, de plus, un petit mot pour rire ;
Gracieuse avec tous ; avec tous plaisantant ;
Soignant chaque soldat comme son propre enfant.
Mais, s'il se trouve là quelque main mal-apprise
Qui tente à la sourdine une sotte entreprise,
Elle lève le coude... et, d'un revers de main,
Dit à ce galantin : « Vous reviendrez demain ! »

Mais, regardez-la donc en un jour de parade :
Voyez !... Qu'elle a bon air sur cette promenade !
Comme elle marche au pas près de son étendard !
Belle, propre, coquette, et sans poudre ni fard :
Ses noirs souliers luisants, ses fines guêtres blanches;
La tunique de drap dessinant bien les hanches,
Le bidon au côté, sur l'oreille un chapeau,
Elle va, martiale, et suivant son drapeau.
Elle n'a pas besoin de craindre la critique :
Elle pourrait donner une fière réplique !
Et quand les curieux s'arrêtent pour la voir
Elle peut s'écrier : « Je remplis mon devoir !
O femmes ! vous devez envier mon beau rôle !
Vous avez leur amour ? moi, je suis leur idole !
Dieu vous donna des droits et moi je les acquis.
Vous êtes mères, soit ; eux, se croient tous mes fils ! »

Devoir triste pourtant, idole meurtrière,
Elle, femme au cœur bon qu'on emploie à la guerre !
Symbole de la Paix qu'on transforme en appât;
Car, la femme est toujours au cœur de qui se bat !
Elle est de bonne foi : c'est pourquoi je l'admire ;
Mais rien n'empêchera mon âme de maudire
Les ennemis du Bien qui trouvent ces détours
Pour que l'Humanité se haïsse toujours !

Supposons, maintenant, une affreuse bataille ;
Quand la poudre, le feu, le fer et la mitraille
Tonnent de toutes parts... -- La noble femme est là,
Encourageant chacun, versant à celui-là;
Elle entend un blessé qui râle et dont la bouche
Laisse échapper parfois un blasphème farouche :
Elle accourt ; à sa voix, le soldat ranimé,
Oubliant ses jurons, est presque consolé.
Elle panse aussitôt ses sanglantes blessures ;
Relève son moral par des paroles pures ;
Remplissant deux devoirs de cœur et de bonté,
Elle est Chirurgien et Sœur de Charité !...

Elle est virile aussi :

                    On sonnait la retraite !...
Nos bataillons épars fuyaient... Une défaite...

Le camp évacuait... Du feu de toutes parts...
Le drapeau, renversé, n'est plus sur les remparts !
Un désastre !... Soudain, sortant de l'ambulance,
Marthe la Cantinière, une femme de France,
S'informe auprès des siens : Son pauvre régiment
Eperdu, décimé, s'éloigne tristement,
Car, le porte-drapeau, pour disgrâce dernière,
Est mort en défendant les plis de sa bannière
Qui, malgré ses efforts, est au camp ennemi.
Elle apprend ce malheur, et, jetant un grand cri :
— « Je la retrouverai, soldats ! » — Elle s'élance...
Folle de désespoir, mais belle d'assurance,
Elle arrive aux remparts et voit son cher drapeau
Aux mains des ennemis... Ce n'est plus qu'un lambeau !...
Prompte comme l'éclair, elle fond avec rage
Sur un groupe interdit. Rêvant sang et carnage
Elle frappe partout, longtemps, de ci, de là,
Si bien que le dernier combattant s'en alla,
Fou de terreur, laissant sur le champ de bataille
Le cher drapeau français, criblé par la mitraille,
Qui, par ce fol exploit, est devenu vainqueur,
Et que notre héroïne emporte sur son cœur !...

Mais, ce jour de combat fut néfaste pour elle :
Un coup de mousqueton l'atteignit sous l'aisselle.
Pourtant, quoique affaiblie et perdant tout son sang,
Elle eut la force encor de retourner au camp,
Où nos pauvres soldats étaient remplis d'alarmes
Devant l'horrible affront qu'avaient subi leurs armes.
Elle veut ranimer leurs cœurs et leurs élans
Et, mourante, leur crie : — « En avant ! mes enfants !
Voyez ! ils m'ont tuée !... Amis, sus !... qu'on me venge !...
Prenez de ce drapeau cette dernière frange ;
Que chaque grain leur coûte une larme de sang !...
Marchez, vaillants soldats !... Que chacun à son rang
Conserve dans son cœur l'honneur et l'espérance !...
Qu'il meure, comme moi, pour sauver notre France ! »

Et ces pauvres moutons, fous d'admiration,
Moururent en hurlant : « Vive la Nation !... »
Admire qui voudra l'esprit de chauvinisme :
J'aime l'Humanité sans nationalisme !

Marseille, 15 Septembre 1875.

AMITIÉ

> J'ai fait, pour vous rendre
> Le destin plus doux,
> Ce qu'on peut attendre
> D'une amitié tendre.
> (Mme Deshoulières).

Erratum

Vie publique et Vie privée

Adieux — Le Théâtre-Michel à Auguste Médoni

Toussaint

A Théophile Hacquard — A Francis Romain

Malentendu — Désir

ERRATUM

*A Jean Blaize,
sur son article du premier numéro de la Sève*

Tu commets une erreur — tu la verras sans peine.
    Ton oubli me met en humeur :
Ami, nous étions cinq, au « Café de la Plaine, »
    Vous, poètes ; moi, vil rimeur.

Vous quatre, vifs cerveaux, pleins d'audace sereine ;
    Moi, l'ouvrier, simple auditeur ;
Vous, sentant les talents germer dans votre veine ;
    Moi, coryphée et non acteur.

Pygmée ou Mirmidon, j'en étais de *la Sève !*
Comme vous, je voudrais la voir, sans paix ni trêve,
    Atteindre au faîte du bonheur,

Et, vers quelques hauteurs que l'emporte le rêve,
J'étais à son aurore, et tout fier je me lève
    Pour en revendiquer l'honneur !

Marseille, Septembre 1880.

T.; s. v. p.

La Sève

Extrait de la PETITE CORRESPONDANCE *de* « La Sève »
n° 2, 19 Septembre 1880

« M. RICOME : Nous regrettons fort de ne pouvoir insérer
« votre beau sonnet. Mais il est trop flatteur pour nous.
« Nous vous en remercions chaudement, et nous regrettons
« fort que des empêchements vous aient fait délaisser
« notre groupe qui, certes, cher poète et ami, se rappelle
« que vous étiez un de ses fondateurs. »

Les cinq Jeunes, fondateurs de la revue littéraire *La Sève*, réunis au Café Pélissier, Plaine Saint-Michel, à Marseille, étaient Jean BLAIZE qui devint littérateur ; Jean LOMBARD, publiciste, qui devint conseiller municipal et fut candidat à la députation ; Auguste MARIN, qui joignit à sa qualité de placier celle d'auteur dramatique *joué ;* Gabriel RICOME, qui demeura ouvrier typographe, et Léon VIAN, conducteur de travaux, mort à l'isthme de Panama.

Quant à *la Sève,* elle vécut un peu plus que « ce que vivent les roses » et eut le temps de donner l'essor à pas mal de jeunes talents ignorés. — Honneur à toi, ami Blaize, qui en fus le promoteur.

VIE PUBLIQUE & VIE PRIVÉE

A Germain Pons, dit *Duval*
artiste lyrique

Tu nous fais tes adieux ; tu quittes ce théâtre
Où pendant cinq grands mois tu t'es sacrifié ;
Tu vas te reposer, chez toi, près de ton âtre,
Des efforts où ton cœur fut tant mortifié !...

Ton repos est conquis, ami ; tu le mérites...
Beaucoup t'ont critiqué, — c'est si facile, hélas !
Mais, moi, qui sais ta vie, évitant les redites,
J'approuve, et ne dis rien... de ce qu'on ne sait pas...

On blâme... sans savoir ce que fût ton courage,
Dans ta position, le bonheur étant loin,
Pour vider ce calice empli d'un noir breuvage :
— Chanter, rire en public... et pleurer sans témoin !...

Marseille, 13 Décembre 1876.

ADIEUX D'ARTISTE

Au même

> Ami des arts et de l'étude
> Qui fais la pourpre et les faisceaux
> Toi, par qui le sage se venge
> Des critiques, des cabaleurs,
> Des ignorants et des railleurs,
> Reçois cet hymne à ta louange.
> (DESMAHYS).

Pour la seconde fois, ce théâtre en liesse
 Vient de te prodiguer ses palmes et ses fleurs
Au milieu des bravos et des cris d'allégresse
D'un public bienveillant pour les joyeux chanteurs.

Déjà, l'hiver dernier, mon luth aux notes tendres
Vibrait pour célébrer tes lyriques adieux ;
Mon cœur d'ami, brûlant comme un feu sous les cendres,
Evoquait tes malheurs ; et, les larmes aux yeux

Je formais mille vœux, aussi purs que sincères,
Pour que le mot « Bonheur » ne fût pas vain pour toi
Je te plaignais, hélas ! en douze vers austères,
Car, je connais ta vie et tes pensers, crois-moi !

Mais, ce temps noir n'est plus. Puis, la vie artistique
Où sont lancés tes pas apaise ton chagrin :
Le succès te sourit ; aucun joug despotique
Ne pèse plus sur toi, ne t'arrête en chemin...

Libre, tu prends ton vol, et ton talent en herbe
Franchissant d'un coup d'aile et vallons et coteaux,
Tu laisses loin de toi Marseille la Superbe
Pour chercher le renom, le succès, à Bordeaux !

Va, tu réussiras, j'en suis certain d'avance !
Sois ferme, courageux ; en travaillant, longtemps,
Pense à ton avenir, et garde l'espérance,
Car elle contribue à nos succès, souvent.

Courage, cher martyr ; les Arts te soient propices !
Conserve mes souhaits en souvenir de moi ;
Grandis par le travail, fais tous les sacrifices,
Puis, reviens glorieux : l'Avenir est à toi !

Marseille, 2 Octobre 1877.

LE THÉATRE MICHEL A ALBERT MÉDONI

A L'OCCASION DE SON ENTRÉE AU CONSERVATOIRE DE PARIS

Pièce dite par M. Bouvy, *au Théâtre Michel, le 23 Novembre 1879*

> Travaillez, prenez de la peine :
> C'est le fonds qui manque le moins.
> (La Fontaine).

Parfois, un jeune aiglon, sentant pousser ses ailes,
Et voulant s'élancer vers des sphères nouvelles,
Prend un timide vol hors du nid maternel.
La Force lui donnant son signe originel,
Ses ailes grandissant et devenant puissantes,
Il voudrait parvenir aux cimes flamboyantes,
Mais, ses efforts sont vains ; il n'est encor qu'aiglon,
Il doit borner son vol de la plaine au vallon.
Cependant, son désir, le seul but de sa vie,
C'est de franchir ces monts que son regard envie ;
C'est de pouvoir planer sur le lointain sommet
Que seuls purent gravir le Christ et Mahomet ;
C'est de monter si haut, en un mot, que la Terre
Disparaisse à ses yeux, et qu'il fasse son aire
D'un magique nuage irradié, vermeil,
D'où ses regards iront défier le Soleil !
  Certes, de cet aiglon le rêve est magnifique
Et digne de l'oiseau du Jupiter antique...
Mais, pour toucher au but, que de monts à gravir,
D'espace à dévorer, de distance à franchir !...
Qu'importe !... Avec le temps, le travail, le courage,
L'aiglon arrive un jour sur son brillant nuage !...

Il veut !... Il y parvient !... Il est près de Jupin !...
Il domine l'espace !... Il est un Aigle, enfin !...

Le jeune aiglon, c'est toi.

      Tu vivais à Marseille,
Cette mère des arts qui sur les talents veille ;
Tu fis tes premiers pas au *Théâtre Michel*,
Où l'on appréciait ton jeu, si personnel ;
L'ambition te vint, et le Conservatoire
Te couronnant bientôt, tu songeas... à la Gloire !...
Les Cercles, les Salons, les Concerts, les amis,
Tour à tour t'accueillaient, car ils t'avaient compris.
Enfin, tu débutas, un beau soir, au *Gymnase*,
Où l'on te vit jouer, gaîment et sans emphase,
Et classiques sacrés et modernes auteurs,
Et tu glanas encor mille bravos flatteurs.
Comme le jeune aiglon, sentant pousser tes ailes,
Tu voulus t'envoler, voir des sphères nouvelles ;
Comme lui, ton regard veut fixer un soleil
Aussi resplendissant que l'astre sans pareil :
L'Art !... Prisme éblouissant aux lueurs sans rivales !
Aux rayons aussi purs que les feux des Vestales !
Dont la chaleur enivre, et conduit les mortels
Aux trônes de la Gloire et des dieux immortels !
Ce but devant les yeux, tu courus vers Lutèce,
L'artistique cité rivale de la Grèce,
Où les arts sont choyés et les talents admis ;
L'artiste protégé par mille cœurs amis.
Fier, confiant en toi, pénétrant dans l'enceinte,
Tu vins prendre ta place à la bataille sainte,
Et ton talent entrait à peine dans Paris
Que l'Art le couronnait !... Tu parus : tu vainquis !...

Ami, reçois ici nos compliments sincères.

Mais, ne te berce pas par de folles chimères !
De faciles succès sont des pièges trompeurs,
Et l'Art veut qu'on se livre à de plus durs labeurs.
Ces faciles succès ne sont que les prémices
Du plaisir de l'étude et des talents... factices ;
Mais, pour interpréter Mascarille ou Scapin,
Cléanthe, Lagingeole, Orgon, Perrin Dandin,

Il faut que le travail pèse sur ton épaule;
Que ton esprit se forme aux leçons de l'Ecole.
Courage!... Marche, ami!... Tu suis le bon chemin!...
L'Art est encor bien haut, le but encor lointain,
Mais déjà tu gravis les degrés de l'échelle
Qui devra t'élever à la Gloire immortelle !
Monte ! monte toujours!... Nous te suivons des yeux;
Nous tresserons des fleurs pour ton front glorieux !
Monte !... Et rappelle-toi qu'en la vieille Phocée,
En ce berceau vermeil, ta gloire fut bercée;
Ajoute à ta couronne un fleuron chaque jour,
Mais songe, en la couvant d'un regard plein d'amour.
Que ce n'est pas pour toi tout seul que tu travailles;
Que de cette moisson nous fîmes les semailles ;
Que nous sommes tous fiers en voyant tes lauriers.
Et que de ta statue en nous sont les piliers !
Songe que, dans Marseille, un tout petit Théâtre
De ton talent naissant fut longtemps idolâtre ;
Songe que ton succès ne t'est pas personnel,
Car tu dois tes lauriers au *Théâtre Michel!*...

Marseille, 17 Novembre 1879.

Six ans plus tard, Albert Médoni était artiste au *Théâtre de l'Odéon* il avait profité des conseils.

Médoni n'est pas le seul dont le petit *Théâtre Michel* puisse s'enorgueillir : Ayr, de la *Comédie-Française*; Pujol, du *Gymnase*; Boyer, l'éminente basse.; Sarah Hamburg, l'aimable professeur de déclamation; la diva Jeanne Hadingue, qui anglicanisa son nom; Germain Pons, bien connu au Café-Concert, sous le pseudonyme de Duval, comme rivalisant avec le populaire Henri Plessis ; et tant d'autres, moins connus, sont sortis de cette pépinière d'artistes amateurs, dont le regretté Laurent Michel, mort en 1883 ou 1884, fut, pendant plus de vingt ans, le sympathique et généreux Mécène.

Honneur à sa mémoire !

TOUSSAINT

A trois petites amies

Non ! ma jeunesse n'est pas morte !
Il n'est pas mort, *le souvenir* !

(HENRY MURGER).

Toussaint ! Veille des Morts ! Lugubre anniversaire
Où l'esprit se reporte au problème inconnu ;
Où le cœur est couvert d'un voile funéraire ;
Où l'âme se sent triste ; où la mort est à nu.

Sombre jour où le deuil s'avance à mainte porte ;
Où quelque souvenir vient glacer la gaîté ;
Jour qui nous fait haïr le Temps, qui nous emporte,
Et qui, par nul de nous, ne peut être arrêté.

Fête des noirs tombeaux, il n'est que la tristesse
Qui puisse être chantée en tes heures sans fin ;
On ne peut célébrer la joie et la jeunesse
Lorsqu'on a le cerveau sombre et l'esprit chagrin.

Tous, nous avons un coin dans quelque cimetière
Où nous allons, parfois, en cachette pleurer...
Religieux, athée, on sait quelque prière
Qu'en ce jour de douleur on ne peut abjurer.

Mon âme s'effondrait en strophes larmoyées,
Quand sonnent près de moi des rires argentins,
Et trois anges joyeux aux ailes éployées
Viennent sécher mes pleurs sous leurs regards mutins.

Pendant de longs moments j'ai goûté les extases
Que jette dans les cœurs une chaste amitié,
Et mes esprits rêveurs ne trouvaient point de phrases
Pour dire aux chérubins merci de leur pitié.

Je ne pus t'exprimer, mignonnette Marie,
Le bien que me faisait ton babil enfantin,
Mais je conserverai dans mon âme ravie
L'aimable souvenir d'un charmant diablotin ;

Tant que j'existerai, Clémentine, Eugénie,
Je chanterai vos noms et vos cœurs adorés ;
Et la fête des Morts sera fête bénie ;
Et ces lugubres jours, de beaux jours désirés.

Je bénirai le ciel, qui, malgré mes disgrâces,
Vous courba sur mon front, anges consolateurs ;
Je vous verrai toujours, semblables aux Trois Grâces,
Enivrant mes esprits par vos airs enchanteurs.

Merci, chères enfants, car ma sombre tristesse
S'est enfuie au contact de ce trio vermeil ;
Car vous avez rendu mon âme à la jeunesse,
Et mis en mon ciel noir un rayon de soleil !...

Marseille, 2 Novembre 1880.

A THÉOPHILE HACQUARD

QUI M'OFFRAIT DES DESSINS POUR CE VOLUME

Quoi ! tu veux m'illustrer, aimable et cher artiste !
Ce projet est pour moi, certes, rempli d'appas !
Merci. -- Mais un penser reconnaissant m'attriste :
C'est que mon nom obscur ne t'illustrerait pas !...

Paris, 9 Avril 1887.

A FRANCIS ROMAIN

QUI RECUEILLIT DES SOUSCRIPTIONS POUR CE VOLUME

O vous, propagateur de la Muse ouvrière,
Qui pour mes pauvres vers avez eu du souci ;
Qui fîtes des efforts pour les mettre en lumière,
Prenez tout ce qui tient dans ce doux mot : Merci !

Paris, 20 Juillet 1887.

MALENTENDU

A Mme Noémi M..., veuve Gaston C...

> Honni soit qui mal y pense.
> (Devise de l'Ordre de la Jarretière).

Vous renvoyez sous enveloppe
Deux billets écrits de ma main :
Il me faudrait être myope
Pour ne pas voir votre dédain.

C'est un congé de bonne forme ;
Un jugement net et formel.
Mais un jugement se réforme,
Et j'ai le droit de faire appel !

Puisque ma prose vous offense,
Je ferai cet appel en vers :
Les vers comportent la licence
Sans être pour cela pervers.

D'une encre — qui rougit, sans doute ! —
Vous soulignez, par ci, par là,
Quelques mots... Ceci me déroute !...
Que peut signifier cela ?...

Qu'avez-vous pu trouver, madame,
Qui choque dans « *mon vif désir* » ?
Que contenait mon télégramme
Dont votre front ait à rougir ?

« Un travail imprévu m'*oblige*... »
Oblige est-il mot malséant ?
Pour le croire il faut un prodige
De malveillance, assurément !

Je parlais « *d'amitié sincère,* »
« *Constante* » même, et je soutiens
Que personne ne vous révère
Par des respects égaux aux miens !

Et « *nos relations anciennes*
D'amitié », de joyeux voisins
Aux visites quotidiennes,
Eurent-elles quelques venins ?

« *Par un mot* ». Quoi ! ceci vous fâche ?
C'est à périr de désespoir !
Ne fallait-il pas que je sache
L'instant où j'aurais pu vous voir ?

Mais comment lûtes-vous mes lettres ?
Et quelle laide intention
Vous ont donc montré les mal-êtres
De votre imagination ?

Moi, vous offenser ? — Oh ! madame,
C'est m'injurier doublement,
Je vous le jure sur mon âme,
Que de le penser seulement !

Mais, vous fîtes cela pour rire ?
C'est pour m'éprouver, sûrement ?
C'est pour voir si ce qui m'inspire
Est vraiment un pur sentiment ?

C'est pour voir si l'amitié sainte
Que je vous ai toujours porté
Saura résister à la crainte
De me croire démérité ?

Vous offenser !... Quelle folie !
Moi, qui vous vénère à genoux !
Moi, qui voudrais donner ma vie
Pour apaiser votre courroux !

Ah! ne le pensez pas, madame!
J'aime en vous mon cher souvenir;
C'est au passé plus qu'à la femme
Que j'eusse voulu revenir...

Mais, c'en est fait!... Votre colère
Repousse ma loyale main ;
Votre esprit — ô douleur amère! —
M'accable de tout son dédain !

Il est cruel, je vous l'assure,
De me voir ainsi maltraité,
Quand ma pensée était si pure...
(Je le dis sans causticité !)

Et si j'écris le mot *excuse,*
C'est pour vous faire remarquer
Que l'offense dont on m'accuse
N'étant pas, n'en doit impliquer.

Si votre amitié me renie,
— Simple erreur de votre raison —
La mienne n'étant point bannie,
Malgré vous, de votre maison,

Demeurera, toujours, quand même,
Près de vous et de vos enfants,
Attendant le moment suprême
De vous prouver ses dévoûments.

Paris, 2 Juin 1882.

DÉSIR

A la mignonne Blanche Cuignier,
âgée de douze ans.

Le gai rossignol, sous l'épais feuillage,
Altéré d'amour, chante un doux refrain
Pour faire accourir au fond du bocage
L'objet de son cœur, qu'il appelle en vain.

Sous les verts rameaux, qu'un rayon colore,
Coule un ruisseau clair, au bruit argentin,
Où vient miroiter le soleil qui dore
Son brillant cristal de glace sans tain.

Lassé de chanter, l'oiseau, sur sa branche,
Perdant tout espoir de se voir chérir,
Vole au clair ruisseau, dans son sein se penche,
Boit, s'enivre et part... sans le voir tarir!...

Et moi, sans ternir, fleurette innocente,
De ta chasteté le ruisseau d'azur,
Je voudrais pouvoir — ivresse croissante! —
Boire l'amitié dans ton cœur si pur.

Paris, Août 1885.

GALANTERIE

> Ah ! qu'en termes galants ces choses-là sont mises
> (Molière).

Calembour — Méprise

Parfumerie — Deux Acrostiches

Ex-Abrupto

CALEMBOUR

A Mlle Rose Roman

Oui, j'aime, au mois de Mai, rêver dans la campagne,
Errant par les sentiers, cueillant dans les buissons
La rose au doux éclat dont le parfum me gagne ;
Ecoutant des oiseaux les joyeuses chansons.

Puis, j'aime, un soir d'hiver, au coin d'un feu qui flambe,
Enivrer mon esprit d'un livre intéressant,
Pendant que du foyer la flamme brille et tremble,
Et que je sens venir le sommeil languissant.

Mais, ce que j'aime mieux que la flamme joyeuse ;
Que le livre nouveau de l'auteur « dans le ton » ;
Mieux que l'oiseau jaseur, sa chanson amoureuse ;
Mieux que le doux parfum de la fleur en bouton,

C'est de me réchauffer au feu de vos prunelles ;
C'est de rester charmé par votre esprit brillant ;
C'est d'écouter, rêveur, vos simples villanelles ;
C'est de trouver en vous un « tout » émerveillant !

Car, vous les possédez, ces qualités célestes :
La flamme de l'amour ; du rossignol le chant ;
Votre esprit est fécond en peintures agrestes,
Et je retrouve en vous la Rose et le Roman.

Marseille, 20 Mars 1876.

MÉPRISE

A Mlle Marie L...

Dans vos yeux où, jadis, j'avais cru lire : Amour,
Rêve, Plaisir, Bonheur, Joie, Ivresse, Espérance !
Je ne vois maintenant, quand je vous fais ma cour,
Que ce mot décevant, affreux : Indifférence !...

J'écrivais ce quatrain : Elle voulut le lire...
Il jeta dans son cœur un ferment de pitié,
Et son regard s'est joint à sa bouche pour dire :
« Vous avez oublié dans vos vers : Amitié ! »

Marseille, 18 Août 1876.

PARFUMERIE

A Mlle *Charlotte A...*

(Ecrit pour son amant, qui signa, l'oison !)

Parfois, un arbrisseau, malade en sa racine,
Voit son sommet porter un rameau jaunissant ;
Le jardinier accourt, le bois mort élimine,
Donne sève à l'arbuste et le rend florissant.

Cet arbuste, c'est toi, ma Charlotte divine !
Le feuillage jauni : ton premier cheveu blanc ;
Et moi, ton jardinier, — ne souris pas, mutine ! —
J'apporte en ce cristal un remède excellent.

Puise dans ce flacon, nouvelle eau de Jouvence ;
Sature ton ébène avec sa pure essence,
Et ces filets d'argent fuiront en peu de temps.

Et, tandis que cette eau donnera sa puissance,
Nos cœurs conserveront leur chaude effervescence,
Et nos amours auront un éternel printemps !

Toulouse, 24 Mars 1880.

DEUX ACROSTICHES

Ecrits pour Albert C..

Madrigal

A IMABLE dame respectée,
N e vous fâchez pas de ces vers,
A imants autant que peu pervers,
S ous une forme presque athée...
T out en eux chante vos appas !
A h ! combien semblent doux vos lacs !
S oyez femme et non Immortelle ;
I naccessible moins que belle,
E t l'Amour vous tendra les bras !...

Aveu craintif...

A BEILARD fut longtemps d'Héloïse amoureux...
N 'est-ce pas naturel ?... Il ne fut pas heureux !
A mant infortuné !... Fulbert à l'âme dure
S urprenant certain soir le couple, en fut jaloux,
T rancha le... beau discours au moment le plus doux.
A ussi, me rappelant, craintif, cette aventure,
S age et prudent, je souffre en secret tous mes maux :
I l faut pour l'avenir me garder à carreaux,
E t ne pas faire ouvrir vos ciseaux, ô Censure !

Paris, 23 Mai 1887.

Qui croirait que ces deux sots acrostiches ont fortement contribué au mariage d'un Prote d'Imprimerie et d'une Institutrice ?... Pourtant, ce n'est qu'à cause de cette particularité que je les insère ici.

EX ABRUPTO

(ÉCRIT SUR LE CARNET DE SATIN BLEU D'UNE INCONNUE)

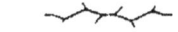

A Mlle Louise Roumel

Le mignon carnet d'une jeune fille
Est entre mes mains par un pur hasard,
Et je dois orner son vélin blafard
Par des vers riants où l'esprit pétille !

Ce labeur me plait !... Verrai-je sa fin ?
Je l'essaie, au moins... Pourtant, je frissonne...
Je ne connais pas l'aimable personne
Qui lira mes vers sous le bleu satin...

Je rime... Pour qui ?... Vraiment, je l'ignore !
Le sincère ami, — cause de ces vers, —
Est fort paresseux — entre autres travers !
Il devait rimer : on attend encore !

Il me l'avoua : je morigénai ;
Il me défia : j'acceptai la lutte !
Peut-être ai-je eu tort ?... Je vais être en butte
Aux comparaisons... Cela n'est pas gai !

Je sais, en effet, que ce petit livre
Doit être un recueil de morceaux de choix !
Rien qu'à ce penser, ma Muse aux abois
Chancelle... On dirait une Bacchante ivre !

Songez donc !... Me voir précéder Musset,
Hugo, Lamartine, Alighieri, Tasse !
— Précéder ?... — Oui-dà : J'écris la Préface...
Ça se met devant, comme chacun sait...

Que puis-je rimer qui ne fasse rire
Devant les beaux vers de Goethe ou Schiller ?
Pourrai-je approcher... seulement... Gilbert ?
Puis-je sans effroi regarder Shakespeare ?

Si mes vers pouvaient devenir galants...
En les fouillant bien, en cherchant la rime,
Je pourrais, bravant ma pensée intime,
Ciseler des vers tendres ou touchants ;

Mais, je ne sais pas à qui je m'adresse !
J'ignore le nom de la déité
Dont je dois chanter la fière beauté !
Comment ne pas faire une maladresse !

Je puis me tromper si je dis ses yeux
Tels que je les vois dans mon brillant rêve :
Embrasant les cœurs débordants de sève,
Doux, clairs et profonds, bleus comme les cieux !

Je puis me tromper si je dis les tresses
De ses longs cheveux -- écheveau châtain
Tombant jusqu'au pied coquet et mutin,
Qui va trottinant, plein de gentillesses !

Je puis... Mais je puis bien paraitre un sot
En continuant ce panégyrique !
Allons ! finissons sur ce trait comique !
Surtout, terminons par quelque bon mot.

Ne m'en veuillez pas, ô mademoiselle,
D'avoir épandu sur votre carnet
Plus de mauvais vers qu'en veut un sonnet :
C'est le seul trésor de mon escarcelle

Et j'en suis prodigue ; — et, riche à son tour,
Mon cœur généreux — ce cœur de poète —
Pour vous, inconnue, ardemment souhaite
Les ors du Crésus qui se nomme : Amour !

Paris, Octobre 1886.

⁕AMOURS & AMOURETTES⁕

> Amours nouvelles !
> Changer de belles,
> Changer tous les huit jours !
> Quoi qu'on en dise,
> C'est ma devise :
> Amours, courtes amours !
> (H. Meilhac & L. Halévy, *Barbe-Bleue*).

Bal de Malmousque — Désillusion

Trin de Saint-Giniez — Trin du Vallon de l'Oriol

Hasard — Charité

Wergiss mein nicht — Remenber

Quinze Août — Café-Concert — Caprice

Un Cheveu — Espoir

BAL DE MALMOUSQUE

17 JUILLET 1876

A Mlle Blanche A.

C'ÉTAIT un jour heureux, un jour plein d'allégresse ;
Les derniers bruits du bal invitaient les danseurs ;
Le hasard m'a conduit vers une enchanteresse
A l'esprit vif, brillant, aux yeux gais et jaseurs.
De la valse bientôt la cadence m'enivre ;
Au quadrille, à coup sûr, j'ai perdu la raison...
Au galop... Finissons !... Je ne veux pas poursuivre...
Les pensers libertins ne sont pas de saison !...
Mais comment oublier cette heure bien-aimée
Où ton bras sur mon bras s'appuyait tendrement ?
Comment ne pas sentir mon âme consumée
Et tout mon être en feu, Muse du Sentiment ?...
Oh ! je te garderai ce nom divin de Muse !
Blanche n'est qu'ici-bas !... La Muse vit aux cieux !...
Pour chanter une femme en vain ma lyre s'use
Car, Blanche étant poète, il faut chanter les dieux !

Vous en souviendrez-vous de ces magiques phrases
Qui s'envolaient gaiment, quand nous longions la mer ?
Vous en souviendrez-vous des sublimes extases
Où flottaient nos esprits envolés dans l'éther ?
O femme ! oubliras-tu les suaves paroles
Que ta bouche angélique a laissé choir sur moi ?
Songeras-tu, parfois, aux tendres paraboles
Qui me rendirent fou d'espoir, d'amour, d'émoi ?

Toi-même tu l'as dit : au-dessus de la vie
Matérielle, triste et pleine de douleur,
Est celle du poète !... Existence bénie
Où l'on ne voit, ne sent, ne parle que du cœur !
Le cœur, c'est l'idéal !... C'est le moteur suprême
Qui, seul, commande en maître à notre sentiment !
C'est par lui que l'on vit !... C'est par lui que l'on aime !...
C'est par lui que l'esprit se met en mouvement !
Ah ! ne l'enchaînes pas !... S'il parle, s'il palpite,
Si ton cœur poétique a bien compris le mien,
Va, laisse-le venir !... Qu'il accoure bien vite !
Et que l'amour des dieux nous tresse un doux lien !
Réunissons nos cœurs !... Et que la Poésie
Qui nous a rapprochés nous serve de Mentor !
Qu'elle soit pour tous deux le seul but de la vie !
Nos esprits se joindront pour ce sublime effort !
Tous deux, nous rêverons des magiques chimères
Qui donnent le bonheur aux esprits langoureux !
Ensemble, nous lançant vers les plus hautes sphères,
Gravissant l'Hélicon, nous sacrant demi-dieux,
Nous oublirons, s'il faut, le rang, le sexe, l'âge ;
Nous ne serons jamais que deux amis émus
Qui s'en iront, heureux, le front dans un nuage,
Cueillir la rime d'or au Temple de Momus !
Quand l'Inspiration couronnera nos Muses ;
Qu'un poème par nous sera fait par moitié,
Le fleuve du Bonheur ouvrira ses écluses,
Et Dieu même par nous sera pris en pitié !

Marseille, 18 Juillet 1876.

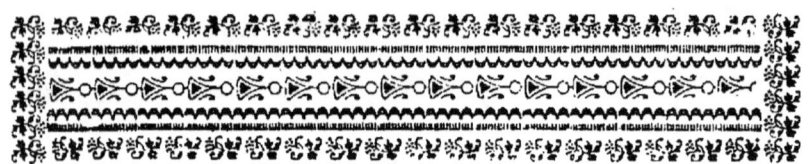

DÉSILLUSION

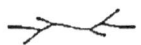

A la même

Je m'étais donc bercé d'une folle chimère ?
Et l'espoir que j'avais doit-il s'évanouir ?
J'ai cru d'avoir trouvé l'affection sincère :
Je vois qu'il faut garder un simple souvenir...

Quoi ! tu ne réponds pas, ô Muse, à ma demande ?
Sans doute ton désir n'est pas conforme au mien ?...
Tu ne veux m'accorder cette faveur, trop grande,
D'unir nos deux esprits par un tendre lien.

Adieu donc !... Cet espoir, qui ranimait ma vie,
Doit sortir de mon cœur sans regrets superflus,
L'amitié d'homme à femme étant une folie !...
Ma chère Muse, adieu !... Je ne te verrai plus !...

Marseille, 24 Juillet 1876.

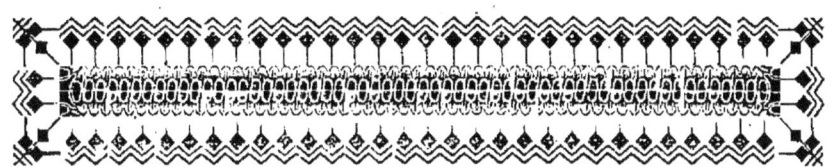

TRIN DE SAINT-GINIEZ

29 JUILLET 1876

A mes amis
Adrien Sylvestre
(décédé le 28 Fevrier 1888),
Blanche A... & Juliette S...

Avec la mignonne Blanchette
Au teint blanc et rose, à l'œil noir,
Nous sommes à certaine fête
Pour nous divertir, certain soir.

L'orchestre exécute un quadrille :
Blanche fredonne une chanson ;
Mon œil lit dans son œil qui brille :
Nos cœurs battent à l'unisson !

Le paysan lourdement danse :
Sur l'herbe, agiles, nous sautons ;
L'oiseau s'endort dans la nuit dense :
Sous les rameaux noirs nous rêvons.

Nous folâtrons dans la prairie,
L'esprit libre, le cœur content,
Et notre camaraderie
Bannit tout penser attristant.

Nos corps enlacés l'un à l'autre,
La main dans la main, cœur sur cœur,
Nul plaisir n'est égal au nôtre :
La danse est pour nous le bonheur !

Blanche, Adrien et Juliette
Formaient un trio plein d'accord ;
Mais l'harmonie est incomplète
Quand on n'a pas le quatuor :

Donc, vous m'avez pris pour quatrième...
— Choix que je n'espérais, vraiment ! —
D'un cœur sincère qui vous aime
Recevez le remerciment.

Que la douce Amitié nous lie ;
Que ses nœuds tendres et charmants
Nous fassent chérir la folie
Qui nous berce en ces gais moments,

Et nous pourrons longtemps encore
Goûter ces chers amusements
Qu'un feu de jeunesse colore
En donnant des enivrements

Pareils aux charmes extatiques
Que doivent avoir les élus
Chantant les célestes cantiques
Tant épelés et si peu lus !...

Dans les prés nous irons ensemble,
Juliette auprès d'Adrien,
Moi, soutenant le bras qui tremble
De Blanche s'appuyant au mien ;

L'Amitié, fleur souvent fanée,
Pour nous reverdira toujours,
Et la Nature, chaque année,
Nous préparera de beaux jours ;

Et lorsque nos éclats de rire
Proclameront notre bonheur,
En nous voyant on pourra dire :
— Ils sont quatre et n'ont qu'un seul cœur !

Marseille, 31 Juillet 1876.

TRIN DU VALLON DE L'ORIOL

6 AOUT 1876

A Mlle Blanche A...

Devant Dieu qui m'entend, je t'aime et je te fuis !
(FRANÇOIS PONSARD, *Le Lion amoureux*).

Ma Lyre, fonds en p'eurs!... Espoir, va sur les cîmes
Où les simples mortels ne portent point leurs pas!...
Ma Muse m'abandonne, et de profonds abîmes,
S'entr'ouvrant devant moi, m'arrachent ses appas!...

En elle je voyais la Muse faite femme
Qui devait éveiller ma verve et mes accents ;
A qui j'aurais livré mon esprit et mon âme
Sous forme d'amitié — premier des sentiments !

Je croyais que deux cœurs qui sont vraiment poètes
Pouvaient se réunir dans des accords divins,
Et que la Poésie, en couronnant nos têtes,
Devait nous élever au-dessus des humains !

Mais, Molière l'a dit : « La femme est toujours femme ! »
La versatilité pour elle a tant d'appas !...
Et les grands mots : Constance, Affinité, Cœur, Flamme,
Ont des immensités... qu'elle ne comprend pas...

Or, puisque votre cœur ne veut pas me comprendre ;
Que vous ne voulez pas, ô Muse, être ma sœur ;
Que vous me refusez cette amitié si tendre
Qui m'aurait apporté l'ineffable douceur,

Je m'éloigne de vous, et jamais ma présence
N'attristera vos jeux non plus que vos regards ;
Je veux vous oublier !... Peut-être que l'absence
D'un voile couvrira ces souvenirs blafards

Qui ne m'apparaîtront que comme un divin rêve
Venu me visiter ces trois superbes nuits
Où j'étais près de vous, plein d'ardeur et de sève,
Au milieu des plaisirs, des fêtes et des bruits.

Mais, n'oubliez jamais qu'un tendre ami fidèle
Vous est toujours acquis et vous donne sa foi.
Si vous voulez, un jour, des preuves de son zèle,
Blanche, souvenez-vous ; amie, appelez-moi !...

Marseille, 7 Août 1876.

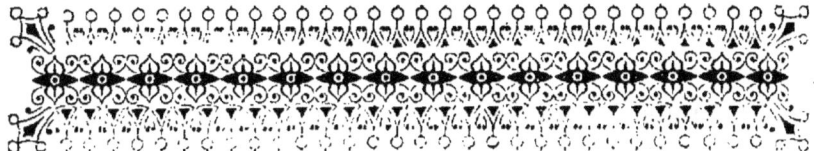

HASARD

A la même

Quoi ! malgré le serment que j'ai fait à moi-même :
Malgré tous mes efforts pour ne plus vous revoir,
Ce serment est faussé !... Ma joie en est extrême !...
Le Hasard — lui toujours — nous rapproche hier soir !

Quel trouble en vous voyant ! Quelles timides craintes
Envahirent mon cœur en m'approchant de vous !
Oh ! quelle émotion en écoutant vos plaintes !
Quoi ! vous me regrettiez ?... Combien ce mot est doux !

Quoi ! vous pensiez à moi, chétif, infime atome,
Rien qu'on voyait hier, qu'on oublie aujourd'hui !
Vous vous entreteniez, parfois, de ce fantôme
Qui, croyant vous déplaire, hélas ! vous avait fui !

Oh ! merci mille fois !... Oh ! que vous êtes bonne !...
Blanche, j'ai bien souffert... mais vous m'avez guéri !
Je renais à l'espoir !... L'instant du bonheur sonne !...
Vous m'avez regretté !... Que ce mot soit chéri !...

J'ai vu vos beaux yeux noirs regarder sans colère
Le rêveur, exilé par son espoir perdu !,..
J'ai, sur vos lèvres d'or — coupe d'ivresse, verre
Où se boit l'amour — pris un baiser... rendu !...

De votre douce voix l'éclat pur et sonore
A fait vibrer mon luth des accords les plus doux,
Et tandis que la Nuit allait chercher l'Aurore,
Les étoiles des cieux m'entretenaient de vous !

Oh ! puisque vous trouvez à me voir quelques charmes ;
Que c'est avec plaisir que vous venez à moi,
Repoussons loin de nous tous les sujets d'alarmes,
Et que nos cœurs unis n'aient plus de désarroi !

Puisque nos deux esprits sont faits pour se comprendre,
Eloignons le Hasard, ce dieu trop ennuyeux
Qui nous sert bien, c'est vrai, mais qui fait trop attendre
Les instants de bonheur où je vois vos beaux yeux !

Muse, plus de hasards !... Entre nous, plus de craintes !
Entière liberté pour nos doux sentiments !
Qu'ils aillent fièrement, sans détours et sans feintes ;
Nous, obéissons-leur : suivons leurs mouvements !

Dites-moi franchement : « Venez, venez, mon frère,
— C'est le seul titre encor que j'ose me donner —
Venez donc recueillir l'affection sincère
Qu'envia votre cœur... dût-elle vous damner ! »

Et quand vous aurez dit cette adorable phrase
Qu'un ange, à vous pareil, en rêve a murmuré,
Achevez de jeter en mon âme l'extase
En disant : « Venez là !... » — Soyez-y : j'y serai !

Marseille, 19 Septembre 1876.

CHARITÉ

A la même

Alors qu'on est si belle on doit être si bonne !
(François Coppée, *Le Passant*).

J'ERRAIS, seul et rêveur, dans cette mer : la Foule,
Regardant tout sans voir et l'esprit cahoté,
Bousculé par ses flots, ainsi que par la houle
    Un grain de sable est emporté.

Soudain, je fus tiré de ma mélancolie
Par un frisson étrange et rempli de douceur,
Un doux pressentiment, espèce de folie,
    D'un plaisir charmant précurseur.

Je perce du regard et la foule et l'espace,
Cherchant ce qui causait ce trouble de mes sens...
Qu'on juge de ma joie : un ange est là, qui passe :
    C'est Blanche et son parfum d'encens !

Sa démarche modeste et peu prétentieuse
Me fascine, m'enivre et m'attache à ses pas ;
Je la voyais aller, aimable et gracieuse,
    Mais elle ne me voyait pas.

Je me disais tout bas : — L'adorable personne !
Combien doit être heureux qui possède son cœur
« Alors qu'on est si belle on doit être si bonne »
    Qu'elle doit plaindre le malheur !

Comme pour confirmer cette bonne pensée,
Devant elle apparaît une chétive enfant
Au teint pâle, en haillons, décharnée et blessée,
    Dont la main vers elle se tend...

Blanche arrête ses yeux sur la main qui l'implore :
Elle voit d'un regard l'affreuse vérité...
D'un rouge de pitié son front pur se colore,
    Son cœur s'emplit de charité !

Puis, émue à l'aspect de l'horrible souffrance
Qu'endure la fillette aux membres mutilés,
Elle arrête sa course et vers l'enfant s'élance...
    (Ainsi font les anges ailés).

Elle jette aussitôt sa généreuse obole
Dans la main qu'on lui tend et s'enfuit vivement,
N'osant pas écouter l'enfant qu'elle console
    Et qui chante un remercîment !...

Vous avez secouru la pauvre estropiée
Qui bénit sûrement votre cœur bienfaisant ;
Vers l'humble charité votre âme s'est pliée :
    Honneur au cœur compatissant !

Mais, de grâce, étendez cette œuvre fraternelle ;
Je suis un mendiant : donnez-moi de l'espoir !
Pour moi, Blanche, soyez aussi bonne que bel'e.
    Et laissez-moi parfois vous voir.

Puisqu'à des inconnus vous donnez une aumône ;
Et puisque le malheur vous met tout en émoi,
Oh ! soulagez mon cœur qui vous élève un trône !
    Ma Blanche, ayez pitié de moi !...

Marseille, 27 Avril 1877.

WERGISS-MEIN-NICHT!

A M.lle Louise W...-L.., artiste lyrique

Hélas ! c'en est donc fait !... Ton baiser, ta caresse,
Ta beauté, tes transports, tout va s'évanouir !...
Je ne t'aurai donné le doux nom de maîtresse
Qu'en rêves azurés qui me feront mourir !...

Je ne t'aurai voué mon amour et ma flamme
Que pour te posséder quelques rares instants !...
Je ne t'aurai donné les trésors de mon âme
Que pour te divertir en de trop courts moments !...

Je n'aurai pu vider la coupe des ivresses
Que pour meurtrir mon cœur et le faire souffrir !...
Tu ne m'auras donné tes suaves caresses
Que pour me mieux tuer !... Hélas ! tu vas partir !

Tu pars, et dans l'oubli des folles amourettes
Je serai relégué comme un vulgaire amant.
Car, chacun exaltant tes grâces si coquettes,
Tu ne songeras plus à mon cœur trop aimant !

Moi, de nos doux ébats gardant longue mémoire ;
De tes brûlants baisers me souvenant toujours,
Je nourrirai mon cœur de l'espoir... illusoire
De te voir revenir à nos folles amours !

Toi, quand tu sortiras, joyeuse, d'une fête
Où coulaient le plaisir, le nectar et le miel,
Tes sens surexcités oublieront le poète
Qui fit entre tes bras un court voyage au ciel !...

Marseille, 24 Janvier 1877.

REMEMBER !

A la même

Qui ose a peu souvent la fortune contraire.
(Régnier).

Qu'il est loin le passé ! Qu'elle est près la souffrance !
Qu'ils sont loin les beaux jours où ton cœur et le mien,
Pleins de bonheur tous deux, de joie et d'espérance,
Avaient un même amour comme tendre lien !

Hélas ! depuis six ans, l'éternelle Nature
A tout bouleversé, suivant les lois du Temps :
Les arbres sont grandis, et leur claire verdure
Meurt quand l'automne vient pour renaître au printemps.

Les monts se sont couverts de blancs manteaux de neige
Qu'un rayon de soleil balaya sur-le-champ ;
L'amant, gai rossignol gazouillant un arpège,
Voit l'implacable deuil interrompre son chant.

Six ans !... Tout est changé : l'arbrisseau devient chêne,
L'amour devient le vice et le vice vertu ;
La colline est vallon ; la forêt devient plaine ;
Le riche est mendiant ; le pauvre a de l'écu.

Rien n'est stable, tout fuit dans un éclair rapide ;
Tout se transforme et part sur l'aile des autans ;
Ce qui ne change pas est la chose stupide !
La chose intelligente obéit à tous vents !

Et toi, femme, et surtout, femme d'intelligence,
Tu te gardes d'avoir trop de fidélité ;
Tu repousses bien loin l'imbécile constance,
Tu la foules aux pieds : Vive ta liberté !

Toi — je te l'ai prédit — dans les ris et les fêtes
Tu te plais à créer de nouvelles amours ;
Ton avarice, à toi, c'est d'avoir des conquêtes
Et, nouvel Harpagon, d'en amasser toujours !

Tout change !... Mon cœur seul a la même pâture ;
Stupide, il est constant et se conserve pur ;
Fidèle, de ce titre il a fait sa parure,
Et n'a qu'un seul amour : tes grands yeux pleins d'azur !

Ne te souvient-il plus de nos tendres caresses
Et de nos baisers fous, tant donnés que reçus ?
Ne te souvient-il plus de nos douces ivresses ?
De nos espoirs riants et quelquefois déçus ?

Ne te souvient-il plus de ces nuits de folie
Où l'orchestre et le bal charmaient nos cœurs épris ?
Où tu me demandais : « Me trouves-tu jolie ? »
Où mes yeux dans tes yeux buvaient le Paradis !

Ne te souvient-il plus des divines paroles
Que ta lèvre à mon cœur murmurait tendrement ?
Ne te souvient-il plus des chères paraboles
Que je devinais bien et répétais gaiment ?

Et tous ces riens joyeux, toutes ces douces choses :
Ces baisers, ces soupirs, ces serrements de mains,
Ces frais bouquets de fleurs, le parfum de ces roses,
Ces regards amoureux, ces sourires divins ;

Tous ces détails charmants qui mettaient en délire
Mes esprits enivrés seraient-ils oubliés ?
Non, n'est-ce pas, amie ? Et ton cœur — ce porphyre ! —
Voudra charmer encor mes sens sous toi pliés ?

Car, pour avoir encor ta suave caresse ;
Pour apposer ma lèvre à ton front rayonnant ;
Pour goûter sur ton sein cette lubrique ivresse ;
Pour prendre sur ta bouche un baiser résonnant,

Oh ! je voudrais pouvoir vendre mon âme au Diable !
Je voudrais à jamais me damner et souffrir,
Pour effleurer encor cette coupe adorable,
Y boire un trait d'amour et, cela fait... mourir !...

Marseille, 11 Novembre 1881.

QUINZE AOUT

A lle *Marie L...*

ALLEZ, riantes fleurs, lui souhaiter sa fête ;
Dites-lui bien les vœux que pour elle a mon cœur ;
Portez-lui tendrement ma louange discrète ;
Peignez-lui mes souhaits de paix et de bonheur !

Et si d'un doux regard vous faites la conquête ;
Si sa lèvre au bouquet emprunte la senteur ;
Si vos tons chatoyants plaisent à la coquette ;
Si vous plaidez, enfin, pour son adorateur ;

Dites-lui que le Ciel est un piètre poète,
Puisqu'il ne lui fait voir les fleurs de sa palette
Que le jour du Quinze Août : tous les ans une fois !

Et que, favorisé, ma chance est plus complète,
Car, chaque jour de l'an où, joyeux, je la vois,
Elle, ma fleur, mon Ciel ! — c'est pour moi jour de fête !

Marseille, 12 Août 1870.

CAFÉ-CONCERT

A la même

Un soir, au Casino, songeant — mon habitude —
A tes beaux yeux, jadis si bienveillants pour moi,
J'écoutais un refrain quand, pris d'inquiétude,
Je me sentis le cœur saisi d'un vague émoi.

Il semblait qu'un malheur allait sur moi s'étendre...
Un gouffre sous mes pas allait-il s'entr'ouvrir ?
Je cherchais vainement, sans rien pouvoir comprendre,
Quel noir pressentiment me faisait tant souffrir...

J'eus besoin de passer derrière une coulisse :
La herse d'un portant jetant son clair rayon,
Mon regard ébloui vers les planches se glisse...
Il aperçoit, gisant, ouvert... mon médaillon !

Je me baisse aussitôt, prestement le ramasse :
Il était vide, hélas ! et tes soyeux cheveux
Qui, depuis près d'un an, dormaient à cette place,
Étaient perdus !... — C'étaient tes timides aveux

Et j'y tenais... — Cherchant, suppliant pour qu'on m'aide,
Mon angoisse, mes yeux exprimaient ma douleur,
Et je n'écoutais plus le chant ni l'intermède ;
Je n'entendais plus rien, tant battait fort mon cœur !

Je passai la nnit là, sans repos et sans trève ;
Et, durant tout le jour, souffrant cent mille morts,
Je n'articulais plus qu'une parole brève :
« Ses cheveux ! ses cheveux ! » C'étaient de vains efforts !

Je ne retrouvai rien... Mais, le soir, à l'entr'acte,
L'un des garçons — celui qui *fait* les petits bancs —
Me dit : — Môsieu l'Artiss', voulez-vous faire un pacte ?
J'ai trouvé vos cheveux ! — Votre prix ? — C'est 20 francs !

Il tenait dans ses doigts le vieux papier jaunâtre
Qui couvrait tes cheveux d'ébène — cher trésor !...
J'arrachai ce papier au garçon de théâtre
Et, joyeux, lui jetai ma seule pièce d'or !

Oh ! sans aucun regret... car je possède encore
Et puis toujours chérir ce souvenir de toi ;
Ce gage d'un amour éteint à son aurore,
Car, tu ne m'aimes plus !... Mais, je t'adore, moi,

Et, tant que je vivrai, je garderai deux choses,
Souvenirs du beau temps où je fus presque heureux,
Dons faits, l'un par tes yeux, l'autre par tes doigts roses :
Mon amour idéal et tes charmants cheveux !

Marseille, 5 & 8 Mars 1877.

CAPRICE

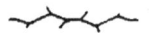

A Adeline Du Quenne

> Tel, dans sa fureur, se venge le soir,
> Qui s'en repent fort dès qu'il se réveille.
> (RÉGNIER DESMARAIS, ou DESMARETS).

En toi j'avais placé la moitié de moi-même ;
Je t'aurais consacré ma vie et mon amour ;
Je t'aurais répété ce mot divin : « Je t'aime ! »
Du matin jusqu'au soir et de la nuit au jour !

Car tu me captivais et j'étais sous le charme...
A toi je me donnais et sans restriction !
Mon cœur ne voyait plus aucun sujet d'alarme,
Et par toi se laissait emplir de passion.

Comme je t'adorais ardemment, ô maîtresse !
Combien j'étais heureux quand, sans le sou, sans pain,
Je goûtais sur ton sein la royale caresse
Que n'aurait pu payer tout l'or d'un souverain !

Faut-il que nos moments de tendres causeries,
Nos désirs amoureux, nos baisers, nos fureurs,
Se changent tout à coup en sottes brouilleries
Détruisant notre ivresse et brisant nos bonheurs ?

As-tu donc oublié les jours, les nuits d'ivresse
Où nos deux corps lascifs, enchaînés par l'amour,
S'enlaçaient, se tordaient, rompus, mais qui sans cesse
De ces transports brûlants appelaient le retour ?

Faudra t-il — pour ton chien ! un simple et sot caprice —
Que nous nous regardions comme deux ennemis ?
Faudra-t-il que nos cœurs se ceignent d'un cilice,
Quand Amour les avait l'un l'autre raffermis ?

Non, tu ne voudras pas être à ce point cruelle !
Non, tu ne voudras pas braver mes douces lois !
Non, tu ne voudras pas te montrer si rebelle
Et résister encore à mes pleurs, à ma voix !

Reviens ! reviens à moi ! Qu'avant que soit l'aurore
L'Amour nous ait revu dans nos ardents ébats !...

. . . .

Ciel ! te voici chez moi !... Tu m'aimes donc encore ?...

. . . .

— Je t'aime ! ô mon amant !... Ouvre-moi donc tes bras !

Paris, 21 Juillet 1882.

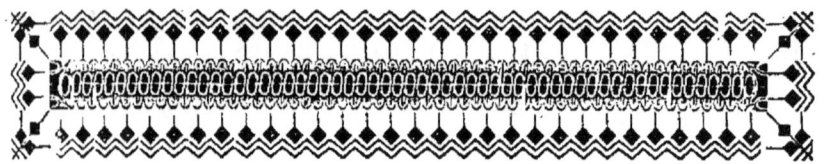

UN CHEVEU

A Mlle Louise Roumet

.... Un rien, mais qui soit bien à vous
(François Coppée, *Le Passant*).

J'aurai votre amitié ; j'aurai votre sourire ;
Dans votre clair œil bleu lira mon sombre œil noir ;
Mes rêves, près de vous chantant toute leur lyre,
Ajouteront l'ivresse au plaisir de vous voir !

Je devrais être heureux !... Pourtant, — faut-il le dire ? —
Ces biens, qui tout d'abord étaient mon seul espoir,
Ne me suffisaient pas... car, mon âme désire
Lorsqu'elle a du bonheur, plus encore en avoir...

J'aurais voulu de vous un souvenir palpable :
Un rien, mais bien à vous ; une chose durable
Que je conserverais, qui me rendrait heureux !

Devinant mon désir, voulant m'être agréable,
Vous me faites présent d'un de vos longs cheveux !
Pouvais-je souhaiter un sort plus enviable ?...

Paris, 6 Septembre 1888.

ESPOIR *

A la même

Aimer en trop haut lieu une dame hautaine.
(RÉGNIER).

Tu vas vibrer, mon vers amer,
Et faire voltiger la rime
Comme l'alcyon, sur la mer,
Vole de l'éther à l'abîme !

Rime, poète, et chante encor !
L'Amour veille dans la Nature !
Il vit... et ton cœur n'est point mort !
O réveil de la créature !

Chante les buissons encor verts ;
Les chênes tous remplis de sève,
Ombrageant l'ardeur de tes vers
De leur feuillage plein de rêve !

Jette-toi dans les durs combats !
A toi la force ; à toi l'audace !
Le sol tremblera sous tes pas
Puisque l'Amour avec toi passe !

Sois plus fier que le fier lion
Qui rugit contre un vent d'orage
Puisque, sans être un Arion,
L'Amour te sauve du naufrage !

---

* Imité de Clovis Hugues, préface aux *Symptômes*, de Jean Blaize.

Eloigne les pleurs de tes vers ;
Ne gémis plus sur ta misère ;
Job est riche... il a l'Univers :
Le baiser de la femme chère !

Son front s'est penché vers ton front,
O rêveur ! et son cœur qui t'aime
Eloignera de toi l'affront ;
De toi chassera l'anathème !

Comme Dante, en l'enfer plongé,
Tu t'es cru dans le fond du gouffre ;
Mais, elle, d'un mot, a figé
La douleur en ton cœur qui souffre !

Son amour te rendra puissant ;
Infime, tu seras superbe
Si tu peux, au prix de ton sang,
Faire d'elle l'auguste Verbe !

Et tu riras du sort moqueur !
Tu vivras ta propre épopée !
Pour Elle t'enfonçant au cœur
Jusqu'à la garde de l'épée !

Rien ne bornera ton chemin !
Qui pourrait t'arrêter en route
Si tu peux, au creux de sa main,
Boire le bonheur, goutte à goutte !

Oh ! déchiffre dans ses beaux yeux
Quelles seront tes destinées ;
Escalade l'azur des cieux ;
Vas-y ravir les étoilées !

Mais, surtout, trouve le bonheur
Qui doit la rendre radieuse ;
Trouve l'idéal de son cœur ;
Trouve ce qui la fait heureuse ;

Et quand, au retour du printemps,
Tu t'en iras par les vallées
Avec elle, de temps en temps,
Rêvant dans les claires allées,

Les petits oiseaux chanteront
Dans leur ravissante musique ;
Les grands arbres verts frémiront ;
Et, comme eux, tu seras lyrique !

Tous deux, écoutant les grillons
Cachés sous l'herbe aux mièvres poses,
Vous suivrez les gais papillons,
Ces volages amants des roses !

Et tous deux, grisés chaque jour
Par une ivresse aux vives flammes,
Vous verrez le divin Amour
Verser le bonheur dans vos âmes !...

Paris, 8 Octobre 1887.

MAI!...

> ... Je te hais ! Fuis, mois de Mai !
> Je vois mes chagrins, non tes roses !...
> (Gabriel Ricome).

Mai !...

Oui !... — Plaisirs de Coquette — Bonheur

Triomphe

Encor lui !... — Mois maudit !... — Renouveau !...

Vilain mois de Mai

MAI!...

A Elles !...

Facit indignatio versum.
(L'indignation fait jaillir le vers).
(Juvénal).

Hélas !... Ce mois de Mai, tant vanté des poètes,
Doux amants des lilas ou du vol des mouettes,
Va commencer son cours... Et j'en suis plein d'émoi,
Car, joyeux pour beaucoup, il est triste pour moi.

Les rimeurs — c'est l'usage — ont acclamé ses fêtes ;
Ses guirlandes de fleurs dont ils parent leurs têtes ;
Le chant de ses oiseaux ; les bruits de ses forêts ;
Les fruits d'or que Pomone a pour eux tenus prêts ;
Ils ont souvent pincé les tendres chanterelles
Pour l'amoureux rêvant sous les branches nouvelles ;
Pour le plaisir, la joie envahissant leur cœur ;
Pour ce sentiment fou qu'ils nomment... le bonheur !
Il ont, au mois de Mai, célébré la Nature
Qui leur donne les fleurs, les doux nids, la verdure ;
Ils ont tant fait, enfin, tant chanté, tant écrit,
Qu'il semble qu'aujourd'hui rien ne puisse être dit.

Sans doute qu'aucun d'eux n'eut d'amours malheureuses
Pendant ce mois des fleurs aux senteurs vaporeuses ;
Sans doute que, pour eux, tout fut brillant, vermeil,
Pendant ce mois chéri des rayons du soleil ;
Mais si, pendant trois fois, dans leur âme ravie,
L'amour eut pénétré, plein de force et de vie,
Et si, pendant trois fois, atroce disséqueur,
Mai leur eut arraché des lambeaux de leur cœur,

Sans doute que ce mois, pour eux rempli d'ivresse,
Eut mis en leur esprit et névrose et tristesse,
Et qu'au lieu d'adorer le nom fleuri de Mai,
Ils diraient : « Sois maudit, mois dans lequel j'aimai! »

J'avais dix-sept printemps.

     Un beau jour, de bonne heure,
Une fille inconnue arrive en ma demeure,
Et, troublant mon sommeil d'un rire cristallin,
M'éveille en s'écriant : « Levez-vous, mon cousin ! »
J'obéis, fort surpris d'une telle visite,
Ne sachant pas encor si je veille, et bien vite,
Sentant mes sens saisis de frissons inconnus,
Je cours vers cette enfant, image de Vénus...
Notre premier regard fut un rayon de flamme
Embrasant des tisons dans le fond de notre âme,
Et quand nos chers parents nous firent embrasser,
Je compris que mon cœur ne pourrait plus cesser
D'adorer ma cousine aux tresses opulentes,
Aux lèvres de carmin, aux prunelles ardentes ;
Je compris que l'amour pénétrait en mon cœur
Et je bénis le Ciel : Je croyais au bonheur !...

Tout un an s'écoula. — Bien souvent, ma cousine
Me faisait admirer les vers de Lamartine ;
Nous lisions tous les deux ce poète divin ;
Nous admirions l'amour du prêtre Jocelyn ;
Suivant de cet amour toutes les nobles phases,
Nous rêvions, mollement plongés en des extases !
Oh ! que j'étais heureux !... Je le croyais, du moins !
Moi, je n'enviais rien !... Je n'avais nuls besoins !...
Mon amour était pur comme un ciel sans nuage !...
Mais, Rose, qui sentait battre sous son corsage
Un cœur plein de désirs lubriques, immoraux,
Voyant que j'hésitais à causer tous ces maux
Qui chassent pour jamais l'honneur d'une famille,
Fut chercher des amants et devint... une fille !...

Mai me l'avait donnée et Mai me la reprit !
Voilà pourquoi ce mois sera toujours maudit !

***

Mes vingt ans approchaient.

      Un jour, à la Panouze,
(C'était, il m'en souvient, en Mai soixante-douze),
Zélia, ma voisine, assise à mes côtés,
Recevait mes aveux vrais, ardents, transportés !
Zélia partageait cette suave flamme
Et jura que jamais je n'aurais d'autre femme.
Tous deux, pendant un an, nous tinmes nos serments ;
Mais, le sort envieux préparait nos tourments :
Des obstacles sans fin rompirent notre chaine,
Et notre affection dût se changer en haine...
En haine ?... Non, vraiment ! car, moi, j'aime toujours
A me remémorer mes sincères amours.
Bref, on nous sépara... juste à la même date
Que je hais depuis lors, et que le printemps flatte :

Mai me l'avait donnée et Mai me la reprit !
Voilà pourquoi ce mois sera toujours maudit !

Enfin, ce mois de Mai, plein de magnificence,
Pour la troisième fois frappa mon existence ;
Mon cœur brisé, meurtri, sanglant, tout ulcéré,
Pour la troisième fois se trouva déchiré
Par mon dernier amour... Amour ineffaçable,
Car il me fit goûter une joie ineffable,
Lui, que j'avais espoir de faire partager ;
Lui, que le mois de Mai vint encore égorger !...

Mes vingt-quatre ans fuyaient.

      Vers le milieu d'Octobre,
Avide de travail, et de vains plaisirs sobre,
J'étudiais, un soir, quand — suave douceur ! —
Elle vint me pr'er d'être son professeur.
Son air si gracieux, son visage angélique,
Ses yeux clairs et brillants, pleins de grâce pudique,

Réveillèrent mon cœur, endormi, mais non mort,
A la suite des coups qu'avait frappé le sort.
Cependant, je me tus ; je ne fis rien paraître ;
Je voulais de ce cœur désormais être maître,
Et pendant plusieurs mois je sus rester muet ;
Mais je ne pus longtemps porter ce lourd secret...
Un soir, de son front pur un cheveu qui s'envole
Vint briller à mes yeux ainsi qu'une auréole...
Un cheveu ! ce n'est rien !... Et pourtant, quel plaisir
Lorsqu'entre ses deux doigts je la vis le saisir,
M'englober de ses yeux au charme inexprimable
Et m'offrir ce cheveu, cher souvenir aimable !...
Oh ! comme je le pris avec joie et bonheur !
Comme je le cachai tendrement sur mon cœur !
Ivresse !... Mon amour ne voyait plus d'entraves :
Elle le partageait !... Et parmi tant d'esclaves
Empressés et soumis à son air enchanteur,
C'est à moi, bien à moi, qu'elle livrait son cœur !...
Voilà ce que je crus ; voilà quelle pensée
Germa dans mon esprit ! — Oh ! croyance insensée ! -
Dès lors, me croyant sûr de garder son amour,
Moi, j'avouai le mien et commençai ma cour.
Loin de me repousser, elle me favorise
Et par mille bontés me transporte, me grise :
Une fleur aujourd'hui ; demain, c'est un baiser ;
Ou c'est mon bras offert qu'on ne veut refuser ;
Un serrement de mains, une douce parole,
Un sourire, un regard, un mot en parabole ;
Un portrait dérobé qu'elle laisse en mes mains ;
Enfin, ces mille riens qui pour d'autres sont vains,
Mais qui, pour l'amoureux, valent plus qu'un empire
Et mettent son cerveau dans un complet délire !
Oh ! j'étais trop heureux !... Le mois de Mai survint
Et mon bonheur s'en fût !... Oui, le quinze ou le vingt,
Marie, en se jouant, me dit que dans son âme
Il n'exista pour moi jamais aucune flamme,
Et que si j'avais cru qu'elle eût un peu d'amour,
Je m'étais fort trompé ; qu'à partir de ce jour
Je devais renoncer à cette douce ivresse
De l'avoir pour amante, ou pour femme ou maîtresse !
 O supplices cruels !... ô tourments des damnés !...
Maux que doivent souffrir les tristes condamnés

Attendant au cachot l'instant de leur supplice,
Pendant que le bourreau cherche l'heure propice,
Qu'êtes-vous donc, vraiment, auprès de la douleur
Qui s'empara de moi quand j'appris ce malheur ?
Oh ! combien j'ai souffert !... Non, je ne puis le dire...
En songeant à ces maux toute ma verve expire,
Et je ne puis songer qu'au sombre mois de Mai
Qui me brisa le cœur chaque fois que j'aimai !...

Oui, j'adorai Marie et Mai me la ravit,
Voilà pourquoi ce mois sera toujours maudit !...

Qu'ils viennent, maintenant, les gais faiseurs de phrases,
Chanter au mois de Mai leurs longues périphrases ?
Qu'ils viennent aujourd'hui me vanter les douceurs
Des trente mortels jours pour moi pleins de noirceurs !
Qu'ils viennent agiter près de mon front morose
La branche de lilas, le pistil de la rose !
Qu'ils viennent exalter les rayons du soleil,
Les bois pleins de parfums, le papillon vermeil !
Et je leur répondrai que ce mois des verdures
Ne m'ayant rien offert que d'affreuses tortures,
Tant que j'existerai, je maudirai ce mois
Qui m'a ravi la joie et l'amour à la fois !...
Car je sens maintenant que ma sève est tarie
Et que je n'aimerai jamais plus de ma vie :
Un caprice ambiant, frivole et passager...
Mais jamais amour vrai ne pourra m'engager.
Je t'ai juré, Marie, une flamme éternelle :
Je tiendrai mon serment, et malgré moi, cruelle !...
Coquette, tu broyas mon cœur déjà meurtri...
Qu'il s'éteigne en jetant encore ce grand cri :

Mois de Mai, je te voue une haine implacable,
Car envers moi tu fus horriblement coupable :
Trois fois mon cœur aima ; trois fois tu le meurtris !
C'est par toi qu'il est mort... Oh ! Mai ! je te maudis !...

Marseille, 1er Mai 1876.

OUI!...

A Mlle Zélia R...

> Heureux qui, près de toi, pour toi seule soupire!
> (BOILEAU).

A LA PANOUZE, un jour, je connus une fille
Qui sut me captiver et l'esprit et le cœur ;
Et tous deux, bien souvent, cachés sous la charmille,
Nous nous disons : « Je t'aime! » et c'est là le bonheur!

Elle a nom : Zélia... Son teint — le lis, la rose —
Est comme le reflet d'un cœur fervent et pur,
Et son sein virginal, où ma tête repose,
N'a d'égal en candeur que ses grands yeux d'azur.

Telle je l'ai connue et telle je l'adore...
Qu'importent la richesse et les brillants atours!
Plus blonde que les blés, plus chaste que l'aurore,
Elle a toute mon âme, elle a tous mes amours!

Mais, toi, m'aimes-tu bien, ô Zélia chérie?
Du grand fleuve Bonheur poursuivrons-nous le cours?
Ton cœur est-il à moi?... Me donnes tu ta vie?...
. . . .
Oh! redis-moi ce : « Oui! » car je doute toujours!...

Marseille, 24 Mai 1873.

PLAISIRS DE COQUETTE

A Mlle Marie L..

Je ne t'ai point aimé, cruel ! qu'ai-je donc fait?
(RACINE).

ELLE me l'avait dit, pourtant : « Je suis coquette,
« Et je ferai souffrir les hommes par plaisir ! »
J'aurais dû l'écouter, et ma flamme, muette,
Eut dû se consumer dans un secret désir ;

Mais, j'espérais, hélas ! toucher ce cœur de roche,
Lui plaire, l'attendrir et goûter le bonheur !
J'avouai mon amour, pur et dont rien n'approche ;
Je lui dis que mon cœur s'envolait vers son cœur ;

Je lui dis que ce feu, pénétrant en mon âme,
Par elle entretenu, devait me ranimer ;
Je lui fis cet aveu, je lui peignis ma flamme,
Et je lui demandai : « Dis, voudras-tu m'aimer ? »

Ce marbre, me voyant épris de tous ses charmes,
Put enfin se livrer au penchant favori :
Voir un homme dompté, voir s'épandre ses larmes...
Elle a vu ma douleur : de mes pleurs elle a ri !...

Tout ce que peut donner l'honnête jeune fille ;
Tout l'espoir que l'amante à l'amant peut donner :
Sourires et baisers, regards d'un œil qui brille,
Portrait, cheveux et fleurs, tête-à-tête, dîner,

Rien ne fut épargné !... — Trop facile conquête ! —
Elle me rendit fou par ses airs de bonté ;
Elle entretint l'amour, la perfide coquette,
Jusqu'à ce qu'à mon cœur il ne put être ôté !...

Lorsqu'elle vit qu'enfin j'étais tout rempli d'elle ;
Que sans elle pour moi vivre était un fardeau ;
Que mon cœur brûlerait d'une flamme éternelle ;
Que peut-être ce feu me mettrait au tombeau,

Vivante Galathée, elle dit : « L'heure sonne
De briser ce grand cœur qui ne bat que pour moi,
Et je vais avouer que je n'aime personne
A ce pauvre insensé qui m'a juré sa foi ! »

Et rien ne l'arrêta : ma stupeur, mes alarmes !
Rien ne put l'attendrir : elle broya mon cœur !
Elle fit à mes yeux miroiter d'autres charmes,
Et plus grand fut mon mal, plus grand fut son bonheur !

Plus tard, elle eut regret de la douleur profonde
Que me causa l'aveu qui m'a brisé le cœur ;
Elle eut peur d'avoir fait une action immonde,
Et voulut de ce mal apaiser la douleur.

Alors, elle me dit que j'avais sa tendresse ;
Que c'était bien à tort que j'accusais sa foi ;
Et que, si de choisir elle eut été maîtresse,
Son cœur n'eut fait le choix de nul autre que moi.

Mais, je ne la crois plus !... C'est sa coquetterie
Qui lui fit prononcer ces mots pleins de douceur ;
Ce n'est qu'un faux serment, nouvelle perfidie
Augmentant de son crime envers moi la noirceur !

Qu'importe !...A tout : pardon !...Envers moi sois coupable ;
Ris de Pygmalion : arrache-lui le cœur ;
Fais-lui haïr la vie ou rends-le misérable,
Toi qui lui présentas la coupe du bonheur :

Je te pardonnerai mes atroces tortures ;
Je ne t'en voudrai pas de m'avoir fait souffrir ;
J'habitûrai mon cœur à tes froides morsures,
Esclave lâchement soumis à ton désir,

Car, je t'aime vraiment !... Ce n'est pas un caprice
Furtif et passager qui m'entraîne vers toi ;
C'est un amour profond et rempli de délice,
Et qui ne s'éteindra, fidèle, qu'avec moi !

Va, prends-moi pour jouet ; que ta coquetterie
Se moque encor de moi, de mes folles amours ;
Ris, amuse-toi bien, torture-moi, Marie,
Sois heureuse : mon cœur t'appartiendra toujours !

Marseille, 18 Mai 1876.

BONHEUR

A la même

> La raison est partout heureuse,
> Le bonheur du sage est partout.
> (GRESSET).

Un jour d'été, rêver au bord d'une onde pure
En écoutant de l'eau le murmure jaseur ;
Entendre les oiseaux chanter dans la ramure,
    Est-ce là le Bonheur ?

Errer au fond des bois avec une fillette
Et s'égayer longtemps de son rire enchanteur,
Ou fredonner tous deux une tendre ariette,
    Est-ce là le Bonheur ?

Passer sa vie aux champs, loin des bruits de la ville,
En goûtant les plaisirs de l'humble laboureur,
Et fraternellement serrer sa main virile,
    Est-ce là le Bonheur ?

Vivre au sein des plaisirs ; jouir de la fortune ;
Avoir l'or à souhait ; voir primer son honneur ;
N'avoir d'aucun souci la mémoire importune,
    Est-ce là le Bonheur ?

Là n'est pas le Bonheur, ce grand, ce divin maître !
Souvent on est leurré par maint attrait trompeur ;
Or, puisqu'il n'est point là, cherchons où peut bien être
    La source du Bonheur,

MAI. — BONHEUR

Quand je reste parfois auprès de mon amie,
Sa main blanche en ma main, mon cœur près de son cœur,
Je plonge mon regard dans son âme attendrie :
    Je pressens le Bonheur !

Assis à ses côtés, quand mon être frissonne ;
Quand elle fait valoir son charme séducteur ;
Quand dans mes bras nerveux sa taille s'abandonne,
    J'entrevois le Bonheur !

Lorsque de mon genou je puis frôler sa robe ;
Quand de son front divin j'admire la pâleur ;
Quand, à mes vains transports, chaste, elle se dérobe,
    J'aperçois le Bonheur !

Mais, lorsqu'à mon baiser sa lèvre enfin se livre ;
Lorsque, dans ce moment d'ineffable douceur,
Radieux, fier, je prends ce baiser qui m'enivre,
    Je trouve le Bonheur !

Oui, ce troublant baiser que nous donne la femme
Dont on se sait aimé, dont on se sait vainqueur,
Met la sérénité dans le fond de notre âme,
    Et c'est là Bonheur !

Marseille, 19 Mai 1876.

BONHEUR

A la même

La raison est partout heureuse,
Le bonheur du sage est partout.
(Gresset).

Un jour d'été, rêver au bord d'une onde pure
En écoutant de l'eau le murmure jaseur ;
Entendre les oiseaux chanter dans la ramure,
    Est-ce là le Bonheur ?

Errer au fond des bois avec une fillette
Et s'égayer longtemps de son rire enchanteur,
Ou fredonner tous deux une tendre ariette,
    Est-ce là le Bonheur ?

Passer sa vie aux champs, loin des bruits de la ville,
En goûtant les plaisirs de l'humble laboureur,
Et fraternellement serrer sa main virile,
    Est-ce là le Bonheur ?

Vivre au sein des plaisirs ; jouir de la fortune ;
Avoir l'or à souhait ; voir primer son honneur ;
N'avoir d'aucun souci la mémoire importune,
    Est-ce là le Bonheur ?

Là n'est pas le Bonheur, ce grand, ce divin maître !
Souvent on est leurré par maint attrait trompeur ;
Or, puisqu'il n'est point là, cherchons où peut bien être
    La source du Bonheur.

Quand je reste parfois auprès de mon amie,
Sa main blanche en ma main, mon cœur près de son cœur,
Je plonge mon regard dans son âme attendrie :
    Je pressens le Bonheur !

Assis à ses côtés, quand mon être frissonne ;
Quand elle fait valoir son charme séducteur ;
Quand dans mes bras nerveux sa taille s'abandonne,
    J'entrevois le Bonheur !

Lorsque de mon genou je puis frôler sa robe ;
Quand de son front divin j'admire la pâleur ;
Quand, à mes vains transports, chaste, elle se dérobe,
    J'aperçois le Bonheur !

Mais, lorsqu'à mon baiser sa lèvre enfin se livre ;
Lorsque, dans ce moment d'ineffable douceur,
Radieux, fier, je prends ce baiser qui m'enivre,
    Je trouve le Bonheur !

Oui, ce troublant baiser que nous donne la femme
Dont on se sait aimé, dont on se sait vainqueur,
Met la sérénité dans le fond de notre âme,
    Et c'est là Bonheur !

Marseille, 19 Mai 1876.

TRIOMPHE

A la même

> Cachons-lui bien mes larmes,
> Puisqu'il faut nous quitter !
> (*La Petite Mariée,* LETERRIER & A. VANLOO).

L'ART l'a transfigurée : elle est grande, elle est belle,
Elle séduit chacun dès le premier abord ;
On est bien disposé pendant la ritournelle,
On pressent une étoile en entendant l'accord.

Elle chante !... On écoute, on chuchote, on murmure...
On est émerveillé par cette douce enfant,
Et chaque spectateur admire la Nature
Qui lui donna beauté, grâce, cœur et talent !

On n'ose respirer ; on écoute en silence ;
Chacun semble hésiter à donner son arrêt,
De crainte d'effrayer ce talent qui commence :
Sitôt le chant fini, le triomphe est complet !...

Et pendant que tombaient fleurs, palmes et couronnes
Sur l'élève d'hier aux rapides progrès ;
Que tonnaient les bravos de deux mille personnes,
Mon cœur pleurait de joie en voyant ce succès !..

Marseille, 6 Mai 1877.

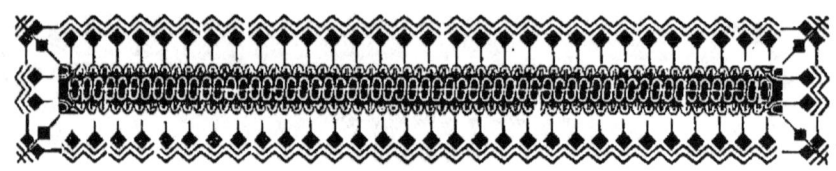

ENCOR LUI !...

A la même

Ce mois, que j'ai maudit et que je hais encore,
Va bientôt terminer son sinistre parcours,
Et je vais voir enfin fuir la dernière aurore
　　De ses trente longs jours !

Qu'il est cruel pour moi ce noir temps des fleurettes
Où les prés sont tous verts, es arbustes en fleurs ;
Où l'on entend chanter dans les bois les fauvettes,
　　Et l'amour dans les cœurs !

Oh ! qu'il me fait souffrir, ce mois où la colombe
Roucoule ses refrains en tressant son doux nid !
Pourquoi, durant ce mois, des pensers d'outre-tombe
　　Sont-ils dans mon esprit ?

Te voilà revenu, triste Mai que j'abhorre,
Et la paix de mon cœur s'enfuit à ton aspect,
Car tu me fais revoir ces beaux yeux que j'adore
　　Avec tant de respect !

Tu me les fais revoir, et mon cœur en délire,
Qui n'était qu'engourdi, se réveille à leurs feux,
Et leurs regards brûlants, ravivant mon martyre,
　　Me rendent malheureux !...

Je voulais oublier ces divines caresses,
Ces angéliques chants, ces yeux pleins de bontés ;
Je voulais oublier ces longs moments d'ivresses
　　Qu'autrefois j'ai goûtés ;

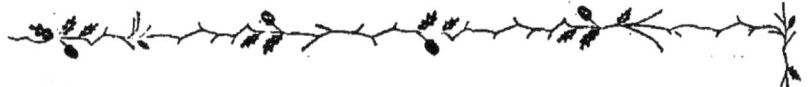

Je voulais oublier mes folles espérances,
Mes beaux rêves déçus, mes espoirs envolés,
Mes soupirs et mes pleurs, mes horribles souffrances,
    Et mes sommeils troublés ;

Je ne voulais plus rien qui pût me parler d'elle ;
Je voulais éloigner le moindre souvenir ;
Je voulais à jamais m'enfuir de la cruelle
    Qui m'a tant fait souffrir !...

Mais, pareil au serpent qui se cache dans l'ombre,
Le mois de Mai guettait pour enlacer mon cœur...
Il présente à mes yeux, dans une salle d'hombre,
    L'objet de ma douleur !...

Oh ! depuis cet instant, j'ai senti que ma flamme
Brûlait d'un feu sans fin pour cet ange enchanteur,
Et que, malgré le Temps — ce seul pavot de l'âme —
    En elle est mon bonheur !

Et je souffre, pourtant, quand je vois la rebelle !
Je voudrais la haïr : je ne puis que l'aimer !
Je voudrais que mes yeux la trouvassent moins belle :
    Rien ne peut me calmer !

Et je l'aime toujours !... Je dois l'aimer encore,
Et cela sans espoir du plus lointain retour !
Etrange destinée !... Il faut que je l'adore
    Jusqu'à mon dernier jour !

Puisse-t-elle savoir un jour que l'Espérance
Est le pire des maux quand il faut la quitter,
Et peut-être qu'alors, comprenant ma souffrance,
    Elle voudra m'aimer !

Et quand tu comprendras avec quelle furie
Ton cœur saisit le mien et combien je t'aimai,
Dis-moi dans un baiser que je puis, ô Marie,
    Chérir le mois de Mai !...

Marseille, 29-30 Mai 1878.

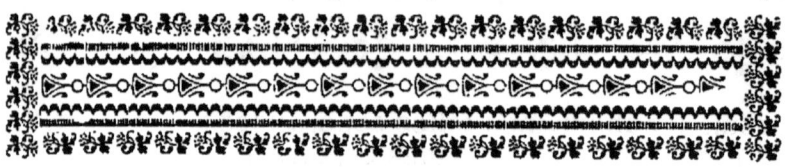

MOIS MAUDIT!...

A Auguste Marin

> Plantons le Mai! Chantons le Mai! Voici l'aurore!
> C'est le printemps, le Mai joyeux, le renouveau!
> C'est le mois espéré qui fait fleurir encore
> La terre et la beauté, le cœur et le cerveau.
> (AUGUSTE MARIN).

Voyez-vous ce noir fantôme
Qui fuit dans la nuit des temps,
Laissant un certain arome
De verdure et de printemps ?

C'est Mai!... Criminel atroce
Qui met l'amour dans les cœurs,
Et prend un plaisir féroce
A les combler de douleurs !

Sous la fleur on voit l'épine ;
Dans le miel est le poison ;
Et Mai, dont le nom fascine,
Cache l'affreuse saison !

La Nature dépouillée
Est veuve de son soleil ;
Les oiseaux, sous la feuillée,
S'abandonnent au sommeil.

Mai n'a plus de fleurs écloses ;
Il n'a plus de gais refrains ;
Il n'est plus le mois des roses,
Des myrtes et des jasmins.

Phébus, sous un noir nuage
Voile ses purs rayons d'or,
N'éclairant pas davantage
Floréal que Fructidor.

Mai n'a plus que pluie et brume :
Arbres nus et décharnés ;
Sa flora son est posthume ;
Ses bois sont abandonnés.

Mai n'est plus qu'un long mois triste,
Sans charmes et sans amours ;
Mai n'inspire plus l'artiste
Qui l'appelle à son secours.

Mai, ta poésie absente,
Le gris de ton firmament,
Glacent ma sève brûlante,
Qui s'éteint nonchalamment...

O Saisons ! dans votre course
Emportez vite ce mois
Qui ferait tarir la source,
Dans mon cœur, des doux émois !

Toulouse, 9 Mai 1880.

RENOUVEAU !...

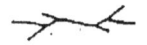

A eux deux !...

> Hélas ! en guerre avec moi-même,
> Où pourrai-je trouver la paix ?
> ....
> Je ne fais pas le bien — que j'aime,
> Et je fais le mal — que je hais.
>   (RACINE).

C'est le douze Mai. La pluie à flots tombe.
Mes pensers amers ont leur renouveau,
Et mes souvenirs sortent d'outre-tombe
Pour sarabander dans mon noir cerveau.

Je vois, comme en un kaléidoscope,
Passer tour à tour les affreux tourments
Qui feront de moi quelque lycanthrope
Hurlant dans les bois ses emportements.

Comme au carnassier que le rut domine,
La sève en débords met mon être en feu,
Et je dois bannir la lèvre divine
Dont le baiser pur eut comblé mon vœu !...

Aimer est mon rêve... et ce n'est qu'un rêve !
L'amour est un crime et m'est défendu !
Quel destin !... Souffrir, et sans paix ni trêve
Fouler sous mes pieds mon cœur éperdu !

Car, je ne veux pas devenir parjure !
Oui ! je me refuse à la trahison,
Et je veux goûter une ivresse pure
Qui sera pour moi comme un fier blason !

Oui ! je veux chérir l'âpre jouissance
De combattre ainsi, sans le faire voir,
Mes sens, mes désirs, mon cœur, ma souffrance,
Et d'être vainqueur par le seul Devoir !

Je veux conserver votre amitié sainte,
Baume bienfaisant pour mon cœur meurtri ;
Pour vous le bonheur et pour moi l'absinthe !
Pour moi la douleur sans le moindre cri !...

Amour, tu fuiras loin de ma pensée,
Dussé-je puiser en quelque alambic,
Pour cicatriser mon âme blessée,
Un poison plus prompt que n'est l'arsenic !

Mais, avant, je veux revoir la jacinthe,
L'iris, la tulipe et le clair bluet,
Le myosotis à la douce plainte,
Et la pâquerette au parler muet.

Je veux parcourir les vertes vallées ;
Voir les blancs muguets et les boutons d'or ;
Rêver mollement aux sombres allées
Que font tressaillir les appels du cor !

Je veux écouter quelques fois encore
La tendre fauvette et le vif bouvreuil ;
L'unique couplet du pinson sonore
Qui s'envole au bruit du fringant chevreuil.

Je veux m'enivrer de cette Nature
Où tout est joyeux, bon, riant, vermeil ;
Où chaque bosquet est une césure ;
Où chaque hallier rime avec soleil !...

**

Tonnerre, tempête, orage et rafale
Ouvrent ma fenêtre... Horrible fracas !...
Le ciel est en feu !... L'éclair en spirale
Luit et jette, hélas ! mon doux rêve à bas :

MAI. — RENOUVEAU!...

C'est Mai qui revient avec son cortège
De cœurs déchirés et pleins de douleurs
Qui, saignants, se sont laissé prendre au piège
Qu'il avait caché sous ses mille fleurs ;

Et mes souvenirs sortent d'outre-tombe
Pour sarabander dans mon noir cerveau ;
Mes pensers amers ont leur renouveau :
C'est le douze Mai : la pluie à flots tombe !

Paris, 12 Mai 1880.

VILAIN MOIS DE MAI

A Paul Chocque

> Et ma mère à son tour mourra...
> ... je clouerai sous la lame
> Ce corps flétri mais cher, ce reste de mon âme ;
> Alors je serai seul ;
> Seul, sans mère, sans sœur, sans frère, et sans épouse ;
> Car, qui voudrait m'aimer, et quelle main jalouse
> S'unirait à ma main ?...
> (SAINTE-BEUVE).

Voici le triste mois de Mai,
Sombre et noir, quoique parfumé...
Affreuse fête !
Mon cœur s'apprête
Au dur convoi de ce qui fut aimé !
Mon âme est douce,
Mais tout me pousse
A préparer des pleurs pour l'accueillir :
L'Amour, qui m'a fait tressaillir,
A son cercueil couvert de mousse...

Les cyprès bruns sont mes buissons ;
Chouettes, hiboux sont mes pinsons...
Triste ramage !
Mais quel hommage
Pour mon cœur mort sont leurs macabres sons...
Leurs grandes ailes
Aux oiseaux frêles
Portent la mort en planant dans les airs,
Et font de lugubres concerts
De cris, de douleurs maternelles !

Lorsque vient Mai, toutes les fleurs
Mettent un crêpe à leurs couleurs !...
  A peine écloses
  En mièvres poses
La pluie abat leurs muettes ardeurs...
  Meurt la corolle !
  La grêle vole,
Détruisant tout, et l'abeille et le miel,
Sous l'œil gris et pleureur du ciel,
Consterné de la saison folle !

La source, du matin au soir,
Voit ternir l'argentin miroir ;
  Plus d'onde pure
  Au doux murmure !
L'orage éclate et l'éclair se fait voir !
  Si, solitaire,
  Chloris veut plaire,
Quand Mai survient, Cupidon l'indiscret,
D'un trait dont il a le secret,
Met le deuil en cette âme claire...

Le Soleil, ami du Printemps,
Voile ses rayons éclatants
  Lorsque Mai passe
  Et dans l'espace
Fait revenir la brume des autans ;
  Glaçant la sève,
  Broyant sans trêve
Les cœurs aimants avides de baisers,
Mai prouve aux êtres embrasés
Qu'en ce mois aimer est un rêve...

Amants sensibles, langoureux,
Si, quand on pleure, on est heureux,
  Mai vous invite :
  Pleurez bien vite !...
Ses trente jours cruels aux amoureux
  Au lieu d'ivresse
  Et de tendresse
Vont vous semer la peine dans le cœur !
Ce mois, du sentiment vainqueur,
M'a meurtri sous une caresse...

Voici le triste mois de Mai,
Sombre et noir, quoique parfumé !
O peine extrême !
Douleur suprême !
Dans son tombeau mon cœur s'est ranimé !
Métamorphoses !
Etranges choses !
Mon cœur dormait : il vit, veut être aimé !...
Non ! je te hais ! fuis, mois de Mai !
Je vois mes chagrins, non tes roses !...

Paris, 2 Mai 1887.

Cette pièce est l'antithèse en bouts-rimés de la charmante poésie de Paul Chocque, de Rennes : *Joli mois de Mai*. Elles furent publiées toutes deux dans le dernier numéro paru de *la Musette*, (4e année, n° 46, Mai 1887). — Le mois de Mai a tué la sympathique feuille : crime de plus à son actif.

RÉCAPITULATION

A Gabrielle Dussel

> Sans un cœur près du mien j'ai passé sur la terre;
> J'ai toujours été seul à pleurer, à souffrir;
> (Sainte-Beuve).

Je suis petit, mal fait, laid, pauvre, sot, poëte !
Sept lustres plus deux ans ont dégarni ma tête,
    Et j'ai pourtant un cœur !
Joignez à ces défauts l'âme aimante et sensible...
Si vous croyez qu'ainsi vivre heureux soit possible,
    Riez de moi, Lecteur ;

Mais, si vous comprenez ce que mon être souffre ;
Si vous entrevoyez les bords de l'affreux gouffre
    Au fond duquel je vis ;
Si vous la pressentez mon horrible torture,
Douleur qui de mon âme est la seule pâture,
    Oh ! chassez vos mépris !

Aimer !... Rêve divin !... Aimer !... Verbe sublime !
Mot qui renferme tout : l'immensité, l'abîme !
    Aimer !... Fruit défendu !...
Je ne dois pas aimer et je ne peux pas l'être !
La Nature en naissant stygmatisa mon être
    Qui gémit, éperdu !

Oh ! les femmes sans cœur qui brisèrent ma lyre !
Démons qui m'ont tué sans provoquer mon ire !
    Vierges... folles ou non,
Pour qui mon feu brûlait comme au volcan la lave,
Mon cœur ne fut pour vous qu'un jouet, une épave,
    De vos amours chaînon ;

PROJETS DE BONHEUR

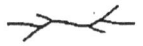

A Mlle Marie Faure-Gignoux

> C'est ainsi qu'occupé de mon nouvel amour,
> Mes yeux, sans se fermer, ont attendu le jour.
> (RACINE).

Hosanna ! Mai n'est plus !... Hosanna ! qu'on l'enterre !
Vive le Juin joyeux avec son clair soleil !
Oublions le passé ! l'avenir est vermeil !
    L'amour saint dans ses bras m'enserre !

Traîtresses ! fuyez donc avec le mois de Mai !
Je veux vous oublier, les amantes parjures,
Et me donner entier à des ivresses pures !
    Mort à Mai ! Vive le Juin gai !

Je ne regretterai de toutes qu'une seule...
D'un tendre ami c'était la fidèle moitié :
L'amour céda le pas... Le devoir, l'amitié
    Broyèrent mon cœur sous leur meule...

Oh ! viens, Marie, oh ! viens ! toi qui d'un mot bien doux
Constelles l'horizon de célestes étoiles !
Ton cœur vient de s'ouvrir dépouillé de ses voiles :
    Tu veux de moi faire un époux !

Tu connais les douleurs qui consument mon âme
Et ton cœur bienfaisant veut les cicatriser ;
Tu veux panser ma plaie avec un pur baiser ;
    Tu veux être, en un mot, ma femme !

MAI. — PROJETS DE BONHEUR

Est-ce par dévoûment, par pitié, par amour ?
Qu'importe !... Je t'admire et te trouve adorable !
Oh ! puisse le bonheur être avec toi durable !
    Marie, aimons-nous nuit et jour !

Viens, oh ! viens dans mes bras goûter l'immense ivresse !
Viens ! oublions la terre, escaladons les cieux !
Viens ! et rendons jaloux les anges radieux
    De notre flamme enchanteresse !

Nous sommes fiancés à la face du Ciel !
Les étoiles d'argent seront notre fortune ;
Nous serons des Crésus, car nous aurons, ma brune,
    Le travail et l'amour sans fiel.

Oui, nous serons heureux, ô ma chaste déesse,
Et je t'élèverai des autels chaque jour !...
Tu m'aimes !... Cet aveu que tu fis à ton tour
    A comblé mon cœur de tendresse !

Bénissons l'avenir !... Songeons à nos enfants...
Car, nous verrons pousser et croître une famille,
Dis ?... Nous élèverons le garçon et la fille
    Sous nos yeux gais et triomphants !

Les oiseaux, professeurs de ravissantes poses,
S'en viendront becqueter nos chérubins joyeux,
Et nos baisers iront, rendez-vous gracieux,
    De nos lèvres à leurs chairs roses.

Et nous vivrons en eux des jours clairs et brillants ;
Nous resterons souvent plongés en des extases
Alors qu'ils bégaieront leurs insondables phrases,
    Ou qu'ils joueront leurs jeux bruyants !

Oh ! viens ! C'est le bonheur ! Viens, ô ma bien-aimée !
Viens me régénérer, ressusciter mon cœur
Qui de toi veut s'emplir, ange consolateur
    Qui me grandis, moi, le pygmée !

Oui, ton amour de moi va faire un fier géant !
Par toi je vais pouvoir bouleverser le Monde,
Et j'irai dans l'éther cueillir Phœbé la blonde
    Pour la jeter dans le néant !

Tu seras tout pour moi, sœur, épouse, maîtresse ;
Je borne l'Univers au rayon de tes yeux ;
Je ferai ces liens de tes cheveux soyeux
    Pour m'enchaîner à ta jeunesse !

Viens ! je serai puissant plus que le fier lion !
Nous goûterons l'amour qui fait vivre ou qui tue !
Et je t'animerai, ma divine statue,
    Plus heureux que Pygmalion !

Marseille, 19 Juin 1889.

CHANSONNETTES

J'ai fait de mauvais vers, c'est vrai ! mais, Dieu merci.
Lorsque je les ai faits, je les voulais ainsi !
(ALFRED DE MUSSET).

Les Abeilles — Le Marchand de Parapluies

Oou Cabanoun — Au Cabanon

La Poésie du Jour — Naïv', mais pas bête !

Paris-Tramway

Le Drapeau de ma Voisine — J'ai rêvé de vous !

La Typo-Syndico marseillaise

LES ABEILLES

Bluette

Musique de André Malfeyt
Chef d'orchestre au *Gayety-Theater* du Havre

PARLÉ :

Amis, je vais vous raconter
Une petite historiette ;
Puisse-t-elle faire éviter
Le mal à mainte Mariette !...
Donc, profitez de la leçon,
Et veuillez prêter les oreilles,
Epouse, fillette ou garçon,
A ma chanson sur les abeilles.

RONDEAU :

Mariette avait dix-sept ans,
L'air mutin et la taille ronde,
Pourpre aux lèvres, ivoire aux dents,
Aux yeux deux brillants de Golconde !
Elle allait souvent dans les bois
Pour y cueillir la violette,
Avec sa mère quelquefois,
Mais, encor plus souvent, seulette.

Un jour — le temps était si beau ! —
Pour promener dans la fougère
Mariette mit son chapeau,
Etant vêtue à la légère.
Mais la chaleur d'un clair soleil
Alourdissant sa jeune tête
La fit succomber au sommeil...
Pauvre petite Mariette !...

Un galant, qui passait par là,
Aperçoit la brune fillette,
L'admire, et, nouvel Attila,
Il en veut faire la conquête !
Il aperçoit dans un bosquet
— Ce sont des chances sans pareilles —
Un petit pavillon coquet...
C'était... une ruche d'abeilles.

Il s'en approche prudemment
Et prend, dans un fond de bouteille
Qui se trouvait là, justement,
Un peu du doux miel de l'abeille.
Puis, il retourne en tapinois
Auprès de l'aimable brunette
Qui dormait toujours dans le bois,
Couchée à l'ombre, sur l'herbette.

Il la réveille doucement
Et, sans effrayer la fillette,
Il offre son miel galamment.
Trop confiante, Mariette
Accepte ce don sans façon ;
Puis, gourmande autant que joyeuse,
Elle suit le joli garçon
Vers cette ruche travailleuse.

Espiègle ainsi qu'un gai lutin,
Elle effarouche les abeilles,
Qui s'élancent, fougueux essaim,
Vers l'enfant aux couleurs vermeilles !...
Profitant de son embarras,
Le galant de ses bras l'enlace...
Puis... il précipite ses pas
Pour... l'éloigner de cette place !

Mais, ses soins furent superflus :
L'abeille avait fait sa piqûre...
Et du frelon les dards aigus
Causèrent un mal d'aventure !...
Jeunes filles, n'allez donc pas,
Aux temps des moissons ou des treilles,
Livrer vos charmes, vos appas,
A la piqûre... des abeilles !...

Marseille, 28 Mars 1876.

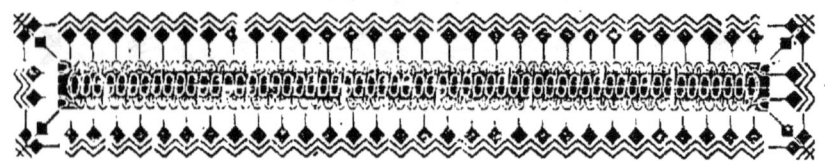

LE MARCHAND DE PARAPLUIES

Scène type

Créée par Germain Pons, dit Duval, au *Casino* de Marseille
le 21 Octobre 1876

Musique de Grégoire
Timbalier au *Grand-Théâtre* d Marseille

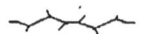

Parasol ! parapluie !
Approchez-vous, chaland,
Voici le gai marchand !
Garez-vous de la pluie
Qui vous trempe le dos
Et vous glace les os !

Le parapluie, objet utile,
Est bien dans toutes les maisons ;
Soit dans les prés, soit à la ville,
On s'en sert en toutes saisons.
Il préserve de maladie ;
Il couvre nos mille travers ;
Il nous donne la comédie
Et montre le Monde à l'envers !...

'Chand d' parapluies !... Parapluie ! parasol !... Voilà un cri qui énerve parfois !... Combien n'avez-vous pas maudit ce bonhomme qui passe sous vos fenêtres au moment où vous allez sortir, et qui semble prendre plaisir à crier à tue-tête, comme un avertissement de mauvais augure : « 'Chand d' parapluies !... » Et vous ne songez pas à tout ce que renferme ce cri : 'Chand d' parapluies !... Vous ne pensez pas à la philosophie contenue dans cette valise de cuir qui paraît ne recéler

que des riflards et des pépins; sinon vous ne m'en voudriez pas quand vous m'entendez crier :

Parasol! parapluie! *etc.*

O sauveur de l'espèce humaine!
Doux abri contre tous les temps!
Excuse de toute fredaine!
Protecteur des tendres amants!
Pépin ou parapluie, en somme,
C'est le meuble le plus charmant;
De maint sobriquet on le nomme;
Il rend service à tout moment!

Eh certainement!... Quoi de plus utile qu'un parapluie?... Rien!... Oh! oh! voilà une affirmation bien risquée... Vous croyez?... Vous allez voir : Tous, vous vous êtes servis du parapluie et l'avez béni!... On bénit le parapluie qui permet de lier connaissance avec la grisette affriolante et trempée par l'averse!... On bénit le parapluie qui garantit de la chute des pots... de fleurs!... On bénit le parapluie empêchant votre intime de vous voir promener avec sa légitime!... Et combien d'autres exemples!... Car le parapluie n'est pas seulement un objet composé de bois, soie, baleines et fil de fer; il y a aussi le paragon moral, qui abrite la conscience... Et celui-là, à combien d'usages ne sert-il pas?... On en fait une consommation inouïe!... Et c'est surtout à lui que je pense quand je chante :

Parasol! parapluie! *etc.*

L'Etudiant et la Grisette
Vont aux champs sous un parasol!
Le Cocodès et la Lorette
Ont leur en-cas... à l'entresol!
La Grande Dame un peu volage
Sous la coupole est à l'abri,
Et la Fillette... qu'on croit sage,
Pour se cacher prend un mari!

Il me souvient d'un couple dont la moitié se cachait sous la soie d'une ombrelle qui dérobait à mes regards un frais minois, fripon et chiffonné... Je le regardais entrer sous bois en me disant : « Pauvre ombrelle! gare à l'averse!... » 'Chand d' parapluies!... — Un fils de famille se ruine pour un chignon jaune ; il n'ose avouer sa bêtise, et, pour cacher ses dépenses folles, il dit à papa qu'il a perdu au jeu... Le Cercle : 'Chand d' parapluies !... — Une noble dame a du penchant pour Alphonse et va tous les jours porter ses aumônes à la messe et au sermon... L'Eglise : 'Chand d' parapluies !... — Une fillette, trésor d'innocence et de candeur, épouse un grand dadais aux yeux bleus et aux cheveux carotte qui devient père, quatre mois après, d'un bébé couleur d'ébène... Le Mari : 'Chand d' parapluies !... Et vous ne voulez pas, devant ces turpitudes, que je crie à la triste humanité :

    Parasol ! parapluie ! *etc.*

    L'Agioteur qui boursicote ;
    Le Joueur qui filoute au jeu ;
    Le Caissier cher à la Cocotte
    Qui le trompe pourtant un peu ;
    Un Ecrivain socialiste
    Comme on en voit tant aujourd'hui ;
    Un Candidat sur une liste :
    Tous ont besoin de mon appui !

Car, enfin, que feraient-ils, sans ma marchandise ?... Voyez ce flibusto-financier à caisse vide, trafiquant sur la hausse et la baisse ; il a la confiance : parapluie !... — Ce grec, qui fait sauter la coupe pour plumer les pigeons ; il a l'adresse : parapluie !... — Ce caissier, qui gagne 3,000 francs par an et en dépense 20,000 avec ces oiseaux d'Afrique dont le nom rime si bien *avec rue ;* il a son grattoir : parapluie !... — Cette petite dame, adorable en toilette, épouvantail en négligé ; elle a le fard, les bijoux, le coton, les dentelles : toute une collection de parapluies !... — Ce journaliste, prêchant le bonheur du peuple et refusant un sou au mendiant qui lui tend la main ; il a la réputation et la popularité : parapluies !... — Ce candidat, qui fait une profession de foi tout opposée à ses opinions, quitte à la renier une fois élu ; il a le bagou et la conscience élastique : parapluies ! parapluies !... Vive le parapluie !... Car, ce qu'on ne cesse d'aimer quand *on sent des gouttes,* c'est le parapluie !... Aussi, je crierai jusqu'à la mort :

    Parasol ! parapluie ! *etc.*

Marseille, 14 Septembre 1876.

OOU CABANOUN

Roundo prouvéncalo

Créado per Adolpho Thiriet, oou *Casino* é Marsiho
lou 29 Décembré 1877

Musico dé X... (er *russo*)

(Veïré la traductien à l'aoutro pajo. — Voir la traduction ci-contre).

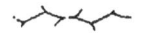

A Henri Colombon

Quand anan oou Cabanoun,
Emé Margot, émé Goutoun,
L'anan per ben s'amusa,
Et per bouffa,
Dà !

Anan à la pesquo
Per faïré pita lou peï à l'esquo,
E quand n'avèn leis pleins jambin,
Leis véjan dédins leis gorbin.

Rétornan oou Cabanoun
Trouva Margot émé Goutoun,
Per li faïré nétéja
Lou peï pesca,
Dà !

AU CABANON

Ronde provençale

Créée par Adolphe Thiriet, au *Casino* de Marseille
le 29 Décembre 1877

Musique de X.. (*air russe*)

(Traduction littérale non versifiée, avec notes).

A Henri Colombon

Quand nous allons au Cabanon,
Avec Marguerite, avec *Goton*, 1.
Nous y allons pour bien nous amuser
Et pour *bouffer*, 2.
Da !

Nous allons à la pêche
Pour faire mordre le poisson à l'*esque*, 3.
Et quand nous en avons les pleines nasses
Nous les vidons dans les corbeilles !

Nous retournons au Cabanon
Trouver Marguerite avec Goton,
Pour leur faire nettoyer
Le poisson pêché,
Da !

Fèn lou bouiabaïsso
Emé fouess' oli, jamaï dé graïsso ;
Coulouran émé dé safran,
Maï jitan ben luèn lou peï blan !...

Li mettèn qué dé rouget,
Dé cardinaou, dé pataclet,
Puèi sus lou fuè foou bouffa
Per lou couina,
Da !

Leis tranchos coupados,
Dins lou poualoun ben arrousados,
Si garnissèn ben lou fanaou,
Et si garçan dé l'espitaou !

Lou bouiabaïss' accaba,
Prénèn lou cafè, lou cougna,
La pip' émé lou taba,
Et fèn tuba,
Da !

Leis mans dins leis pochos,
Anan faïre la partid' eis hochos ;
Buvèn eun pichoun chicoulot ;
Jugan qù pagara lou lot.

Puèi anan oou Casino,
Aquéou bal qu'és tant rigolo,
Et chascun vèn m'admira
Quand voou dansa,
Da !

Quand vèn lou quadriho,
Dé joix, dé bouènhur moun couar pétiho ;
Meis cambos partount tout d'un coou :
Saouti senso touca lou soou !

Puèi, quand aï fouèsso dansa,
Qué siéou roumpu, ben esquinta,
Chascun qué m'a admira
Vèn m'acclama,
Da !

Figuro dé quadriho dansado per Adolfo Thiriet.

Nous faisons la bouillabaisse,
Avec beaucoup d'huile, jamais de graisse ;
Nous colorons avec du safran...
Mais nous jetons bien loin le *poisson blanc!*... 4.

Nous n'y mettons que du *rouget*,
Du *cardinal*, du *pataclet* ; 5.
Puis sur le feu il faut souffler
Pour la *cuisiner*, 6.
Da !

Les *tranches* coupées, 7.
Dans la casserole en terre bien arrosées, 8.
Nous nous garnissons bien le *fanal*, 9.
Et nous nous moquons de l'hôpital !

La bouillabaisse *achevée*, 10.
Nous prenons le café, le cognac,
La pipe avec le tabac,
Et nous faisons de la fumée,
Da !

Les mains dans les poches
Nous allons faire la partie aux boules ;
Nous buvons un pet t coup ;
Nous jouons à qui paiera le *lot*. 11.

Puis, nous allons au Casino,
Ce bal qui est si rigolo,
Et chacun vient m'admirer
Quand je vais danser, 12.
Da !

Quand vient le quadrille,
De joie, de bonheur mon cœur pétille !
Mes jambes partent tout d'un coup !
Je saute sans toucher le sol !

Puis, quand j'ai beaucoup dansé,
Que je suis rompu, bien esquinté,
Chacun qui m'a admiré,
Vient m'acclamer,
Da !

Figure de quad ille dansée par ADOLPHE THIRIET

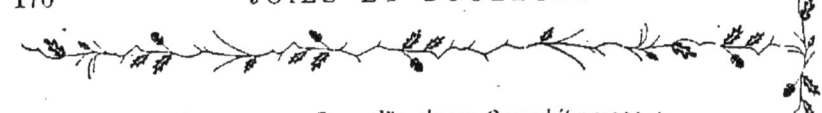

1er BIS. — *Parodïo doou Couplét russo :*

Un jou, à la festo,
Si trovèt uno marrido testo
Qué vénië cerca dé résouns
A Margot e mém' à Goutoun ;

Maï, iéou, qué siéou pa 'n féna,
L'aï rascassat, l'aï rascassat !
Un bendéou l'aï empéga :
S'es esbigna,
Da !

2e BIS. — *Couplét oou Cheffé d'Orchèsto :*

Per féni la festo,
Devi, ben ségu, oou cheff' d'orchèsto,
Emé touti meis coumplimèns,
Un couffin dé rémercimèns !

Farnier, tu qué rémerciéou,
Siès lou pus béou, siès lou flambéou !
Estou souar ti voou paga
Un bouèn cougna,
Da !

Marsiho, lou 28 Décembré 1877.

1. Dans les anciennes familles marseillaises, lorsqu'il y a deux filles portant le prénom de Marguerite, l'aînée est désignée par le sobriquet de Margot, la seconde par celui de Goton. — 2. Manger.— 3. Sorte d'amorce. — 4. Les *capelans* ou prêtres. — 5. Poissons rouges. — 6. Faire cuire, accommoder. — 7. Tranches de pain. — 8. Avec le jus de poisson. — 9. Le ventre. — 10. Mangée. — 11. Le lot se compose de pain, fromage, olives et saucisson. — 12. M. Thiriet

1ᵉʳ BIS. — *Parodie du Couplet russe* :

Un jour, à la fête,
Se trouva une mauvaise tête
Qui venait chercher des *raisons* 13.
A Marguerite et même à Goton ;

Mais, moi, qui ne suis pas un fainéant,
Je l'ai saisi au bond ! je l'ai saisi au bond ! 14.
Une gifle je lui ai flanqué :
Il s'est *esbigné*, 15.
Da !

2ᵉ BIS. — *Couplet au Chef d'Orchestre* :

Pour finir la fête,
Je dois, bien sûr, au chef d'orchestre
Avec tous mes compliments,
Un panier de remerciments !

Farnier, toi que je remercie,
Tu es le plus beau, tu es le flambeau !
Ce soir, je vais te payer
Un bon cognac, *16*.
Da !

Marseille, le 28 Décembre 1877.

était un excellent comique danseur. — *13.* Querelles. — *14.* Ce couplet fit le succès, les mots provençaux : *l'aï rascassat ! l'aï rascassat !* ayant l'assonance des mots russes : *Ahras-Kazat ! Ahras-Kazat !* contenus dans la chanson. — *15* Sauve. — *16* Alphonsine lui offrait chaque soir un petit bouquet de violettes ; le petit verre de cognac eut plus de succès, l'ami Farnier étant connu comme... appréciateur.

Oou Cabanoun

Après plus de dix ans, en Avril 1888, étant de passage à Marseille, je fus surpris — agréablement, pourquoi ne pas l'avouer ? — d'entendre encore cette... chansonnette (?). C'est ce qui m'a décidé à l'insérer ici.

Beaucoup qui la chantent ignorent le nom, à coup sûr oublié, de l'auteur de cette... insanité qui a obtenu plus que de la vogue et est presque devenue populaire en Provence. Elle fut bissée et trissée, au Casino, à toutes les représentations de jour et de soir, du 29 Décembre 1877 au 31 Janvier 1878 ; le succès ne fut interrompu que par le départ de l'interprète. L'engouement fut tel que la Musique du 58ᵉ Régiment de Ligne et plusieurs Musiques civiles la jouèrent en pas redoublé !...

Le seul mérite de cette élucubration, pourtant, est d'avoir été improvisée le soir et chantée le lendemain même des adieux de Mˡˡᵉ ALPHONSINE, une chanteuse qui venait d'obtenir un immense succès avec la Reine du Bal, rondeau qu'elle rapportait de St-Pétersbourg et qu'elle chantait sur un air populaire russe.

LA POÉSIE DU JOUR

MUSIQUE A FAIRE

A la Censure

Pour faire un' chansonnette
Faut pas êtr' très malin :
On prend un' phras' bien bête
Et quelqu's vers (?) pour refrain ;
Des coups de grosse caisse :
Dzim la boum ! tra la la !
Deux ou trois tours d' souplesse,
Et vot' chanson, la v'là !

Pour la langue et l'esprit, du flan !
    Votr' chansonnette
    Est sotte et bête !
Qu'importe ! Ell' plaît un p'tit moment,
N' dit rien et laiss' l' public en plan !
    V'lan !

Chansonniers, race infime,
Panard, Gouffé, Dupont,
Vos vers ont trop de rime
Et surtout trop d' raison !...
Chez nous, c'est plus commode :
Pour faire nos chansons
Nous enjambons le code
Des savants *lexicons !*

Pour la langue et l'esprit, *etc.*

Un gommeux en détresse
Se fait sauter l'caisson ;
Un filou force un' caisse :
V'là des sujets d' chansons !
A bas la Poésie
Et ses difficultés !
Vive la rapsodie
Et les insanités !

Pour la langue et l'esprit, *etc.*

Le public — que l'on châtre —
Ne connaît plus le beau !
On n'entend, au théâtre,
Que des termes d'argot...
De la littérature
Nous n'avons plus le goût ;
Vive la gravelure
Et l'obscène bagou !

Pour la langue et l'esprit, *etc.*

O Public sans défense,
Tu n'aurais qu'à vouloir,
Et ton intelligence
Détruirait l'éteignoir !
Comprends donc ma critique
En style d'aujourd'hui,
Plus épigrammatique
Qu'un sonnet bien construit !

Pour la langue et l'esprit, du flan !
Votr' chansonnette
Est sotte et bête !
Qu'importe ! Ell' plaît un p'tit moment,
N' dit rien et laiss' l' public en plan !
V'lan !

Marseille, 6 Février 1878.

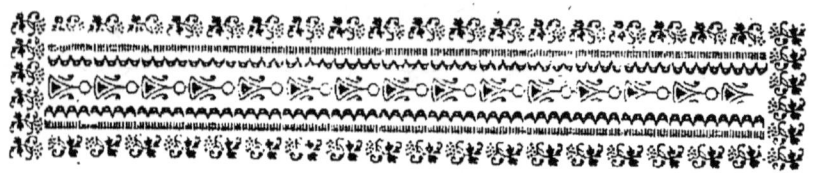

NAÏV', MAIS PAS BÊTE !

Chansonnette

Musique de André Malfeyt
Chef d'Orchestre au *Gayety-Theater*, du Havre

A Mlle Berthe Lafourcade, de l'Eldorado

Je n'ai pas encore quinze ans,
Et je suis déjà sur les planches,
Livrée aux dangereux autans
Comme un frêle oiseau sur les branches.
Je devrais trembler devant toi,
O Public plein d'intelligence,
Et pourtant, je n'ai point d'émoi,
Car je connais ton indulgence...

    Pour une fillette
    Naïv', mignonnette,
Qui n'a pas encor quinze ans,
Et compt' sur ses doux accents !
    Je suis un' fillette
    Naïv', mignonnette,
    Mignonn', mignonnette,
    Naïv', mais pas bête !

On m'a dit que les amoureux
Font le malheur des jeunes filles,
Et qu'il est toujours dangereux
D' les écouter dans les quadrilles...
Je ne crains pas ces dangers-là,
Car les garçons de notre époque
Sont bêt's, mais d'un bête ! oh ! la ! la !
Aussi faut voir comm' je m'en moque !

Je suis un' fillette
Naïv', mignonnette,
Qui n'a pas encor quinze ans,
Mais sait r'pousser les galants ! *etc.*

Quand un garçon nous fait la cour,
Il dit et redit : « Je t'adore ! »
Il nous parle de son amour,
De sa flamme... Que sais-je encore !
Mais, si nous prononçons seul'ment
L' mot d' Mariage ou d' Monsieur l' Maire
Ils se sauvent, faut voir comment !
Ou rentrent à cent pieds sous terre...

Mais, j' suis un' fillette
Naïv', mignonnette,
Qui n'a pas encor quinze ans,
Et qui rit d' ces courtisans ! *etc.*

On m'a dit que le p'tit poupon
Naît dans un chou, sous une feuille...
J' dirais bien : Tarare-pompon !
Au beau jardinier qui les cueille !...
J'aim' mieux lui dir' de me montrer
Le champ dans l'quel on les cultive ?
Je voudrais bien les voir planter
Ces choux,.. car je suis si naïve !...

Je suis un' fillette
Naïv', mignonnette,
Qui n'a pas encor quinze ans
Et rit des bêtis's d'antan !
Je suis un' fillette
Naïv', mignonnette,
Mignonn', mignonnette,
Naïv', mais pas bête !

Paris, 30 Mars 1882.

PARIS-TRAMWAY

Grande Scène d'Imitations et Transformations

Exécutée par **Germain Pons**, dit **Duval**,

Dans les Concerts de France et de l'Etranger

Musique de Jules Souplet
Chef d'orchestre au Concert des *Bateaux-Omnibus*, d'Auteuil

Autorisée par la Censure le 24 Décembre 1888

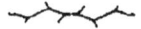

A Mlle Mathilde Irizzagga

L'Artiste entre en scène sur la ritournelle, en tenue correcte de soirée : habit, cravate et gants blancs, claque à la main.

REFRAIN :

V'là l' tramway qui roule,
Promenant dans tout Paris
L'innombrable foule
Des voyageurs ahuris !...

1er COUPLET :

On ferait un long catalogue
Des imitateurs de Paris ;
Par nos grands artistes en vogue
Ce beau travail fut entrepris ;
Mais, en consultant cette liste,
Je vois que tous ont oublié,
Malgré leur talent analyste,
De montrer Paris en Tramway !

Et cependant, y a-t-il une façon plus commode de visiter Paris ?... Qu'il fasse beau ou vilain temps, le

Tramway le montre sous toutes ses faces : impériale, plate-forme ou intérieur, partout on voit des types curieux à étudier. — Entrons donc, pour commencer, au sein de l'administration ; puis, nous monterons en voiture, et, selon l'occasion, nous étudierons les personnages qui s'y coudoient et ceux que nous verrons dans la rue, sans oublier de regarder les statues qui seront sur notre passage.

A tout seigneur, tout honneur : Commençons par

Monsieur l'Actionnaire

Tête de vieux richard ; perruque grisonnante moutonnée, favoris soignés, lorgnon en o*, bijoux ; un journal financier à la main.

COMBIEN les *Omnibus*, aujourd'hui ?... 1,180... Bravo ! ça monte !... Moi ; je ne connais que ça : la hausse, le dividende et le pot-de-vin ! Voilà le sauveur de l'Actionnaire !... Le public se plaint, mais l'actionnaire est content : l'action monte ! La cote, il n'y a que ça !

Le Chef de Bureau

Type de vieux beau.

'EST assommant un travail pareil !... A dix heures, j'arrive : la correspondance est déjà dépouillée par mon secrétaire ; je fais mes ongles, je lis mon journal : il est onze heures ; je vais déjeuner. Je reviens à trois heures. j'allume un londrès, je reçois Paméla et consigne les réclamants ; à quatre heures, je prends une calèche (de la Compagnie) et conduis Paméla au Bois ; le 30, je passe à la caisse et touche 1,000 francs d'émoluments : C'est assommant un travail pareil !... J'aimerais autant être député !...

L'Employé à 1,200 francs

Redingote usée, râpée ; chapeau haut ancien ; minable.

AVEC ma femme et mes enfants, j'habite Grenelle ; je me lève le matin à quatre heures pour venir à pied au bureau ; je prépare les feuilles des conducteurs, les paquets de petits cartons numérotés, je change les couleurs des lignes, j'annote les amendes (qui enrichissent la Compagnie). A huit heures, je déjeune d'un petit pain, et je noircis du papier jusqu'à minuit, ne m'interrompant qu'à midi, pour manger un ordinaire à la gargote des palefreniers !... Mais, j'ai l'honneur d'appartenir à la puissante Compagnie des Tramways ! Et toutes les Administrations se ressemblent !...

Môsieu le Contrôleur

Pantalon blanc ou noir, selon saison ; redingote à boutons de métal, casquette galonnée ; longues moustaches et barbiche.

CHATELET ! Place Michel ! Cluny ! Montrouge ! Nos 1, 2, 3, 5, 10, 15 ! — Mais, monsieur, j'ai le 14... — Ça n' me regarde pas, fallait répondre ! — Mais, vous ne m'avez pas appelé... — Débarrassez la voiture ! J' suis ici pour contrôler, j' contrôle !... — Vous ne contrôlez rien du tout ! J'ai le 14, et vous faites monter le 15 ! — J' contrôle la feuille du conducteur ; c'est tout c' que j'ai à contrôler ! La Compagnie ne m' paie pas pour êtr' poli !

Le Conducteur

Costume traditionnel ; type grogneur, mais bon enfant.

QUATRE en l'air, trois en bas ! Complét !... Ding, ding, ding, ding ! Dong, dong, dong ! Oulez ! Plac's, *Souplet !* Ah ! malheur ! faut monter sus l'impériale chercher leurs trois sous ! Y a pourtant un avis à l'intérieur, y pourraient bien le lire... — Darquoi, la p'tit' mère ? le cordon ?... Vous pouvez bien descendre sans arrêter ; y a des Sociétés de Gymnastique à Paris !... Hein !... Position intéressante ? Alors, c'est différent ! Ding !...

Le Cocher

Costume traditionnel ; type gouailleur et gai.

HUE ! dia ! oh !... Attention, toi, eh ! l' sapin, tu vas t' faire flanquer les roues en l'air !... Dis donc, c'est un tonneau qu' t'as dans les brancards ? on voit les cercles ! T'as acheté le célèbre cheval noir ? ou la Rossinante à Don Quichotte ? Hue ! oh !... Allons, bon, faut arrêter à trois pas d' la station !... Tas d' feignants !...

V'là l' tramway qui roule, *etc.*

2e COUPLET :

D'INTÉRIEUR, d'impériale,
Examinons les voyageurs ;
Tous ont leur mine spéciale :
Ayons des regards scrutateurs...
Le Tramway, c'est le grand carosse
Du pauvre qui n'a que trois sous ;
Peintre de mœurs, ici je brosse
Le peuple avec tous ses dessous !

Nous commencerons cette deuxième série par un type peu recommandable que nous voyons sur le

TRAMWAY DE LA GRANDE-JATTE
Un Ivrogne

Cotte bleue, jaquette râpée et sale, foulard au cou, chapeau bossué.

A piquette, y a qu' ça !... C'était hier la paye ; j' suis parti d' l'atéyer avec Polydore, et nous sommes allés lichailler. En avons-nous-t'y bu de c' bon p'tit picton! La s'maine y a passé! Avec mes trois derniers ronds, je m' fais tramwayer à la cassine... Oui, mais, que va dire la borgeoise ?... J' suis pas rentré c'tte nuit, et j'ai pas un radis à y donner ?... Et les gosses ?... Bah ! si on m'embête, j' cogne, et j' vais r'trouver Polydore, qu'a l'œil chez l' père Lagoutte !...

Vive le vin !
Vive ce jus divin !...

Comme contraste avec ce personnage, nous allons voir dans la

VOITURE DE SAINT-PHILIPPE-DU-ROULE
Un bon Prêtre

Costume traditionnel ; physionomie douce et sympathique.

E suis l'*Abbé Constantin !...* Je suis bon : mon père Ludovic Halévy est bon ; mes parrains de l'Académie sont bons ; mes soutiens les Acteurs sont bons aussi ; mon neveu est bon ; ma nièce est bonne (pas d'enfants !); mes voisins de banquette sont bons ; le conducteur est bon ; les chevaux sont bons ; tout le monde est bon... *(Simulant un cahot):* Il n'y a que les ressorts de la voiture qui sont mauvais !...

TRAMWAY DE L'ÉCOLE MILITAIRE
Le commandant Ramollot

Type et costume connus.

CRONGNEUGNEU ! conducteur ! v' pouvez pas arr'ter, quand j' v's appelle ?... Ferai f't'e au clou, tendez-vous c' que j' vous parle ?... Comment ?... Six sous ? J' suis allé en bateau, hier, j'ai payé qu' deux sous, et y avait d' la vapeur !... J' paierai pas davantage, scrongneugneu, pour me faire traîner par vos rosses poussives !... Tas d' filous, les tramways !... T'nez ! v'là vos six sous tout d' même ; mais r'clamerai à l'adm'n'stration, scrongneugneu !... Hein ?... Corr'spondance ?... Ça v' r'garde pas, ma corr'spondance !... Avez pas b'soin d' savoir c' que j'écris à ma bonne amie, scrongneugneu !

TRAMWAY DE PASSY-LOUVRE

Un Anglais

Tête et costume excentriques.

OH ! les tramways de Péris être siourprenants !... Ils marchaient comme des tortues, wery-well ! mais c'était bien commode pour visiter Péris ! Je aimais mieux que les mail-coachs... Aôh ! condioucteur, quel était cette monioumènte brodé à jour ? — C'est la Tour Eiffel, milord. — Aôh ! et à quoi servait cette pétite Tour ? — A donner des torticolis ! — Aôh ! les Français avaient bien soin de leurs médécins !... Et ce grand colonne carrée ? — C' st l'Obélisque de Louqsor. — Aôh ! on pôvait visiter dedans ? — Non, milord ; depuis la mort du concierge, la colonne est pleine. — Aôh ! shoking ! c'était vôs qui l'avez remplie ?...

TRAMWAY DE LA MAISON-BLANCHE

Un Auvergnat

Pantalon de bure, veston court, large chapeau, collier de barbe.

IER, ma femme ch'est accoucha, et je reviens j'en tramva de chez Larfaillou, pour lui annoncha la nouvelle. Il est malin comme un chinge, che Larfaillou !... Figurez-vous que j'y dis : Tu chais que ma femme ch'est accoucha ? — Ah ! qu'y répond, et qu'est-che qu'elle a fait ?... Un Auvergnat ?... — Eh non ! puischque nous chommes j'à Paris ? — Une fille ? — Non ! — Un garchon, alorch ? — Ah ! vougri dé galapia ! on te l'a dit ?... — Mais, non ; je l'ai devina !... — Hein ! croyez-vous qu'il est malin, Larfaillou, fouchtra !...

TRAMWAY DE LA GARE DE LYON

Un Marseillais

Costume clair, chapeau de paille, gestes exubérants.

ON bon ! ze suis t-épaté des tramvail de Pariss !... Nous en avons bien, à Marseillo, mais on sont si pétits qu'on se mettraient dans la poche !... Aussi, ze me ballado tout le temps en tramvail !... Tè ! pour trois sous ! c'est amusant !... Et puis, ze parle avecque mes voisins, pour perdro l'*assent*. Ainsi, l'autre zour, y en a-t-un qu'il me dit : Vous êtes du Midi, monsieur ? — Pas tout à fait, que z'y dis ; la Provenço, savez, c'est entre midi, midi-demi ! — Ah ! vous êtes Provençal ? — Bagasso ! ze crois bien ! de Marseillo, mon bon ! — Ah ! c'est un beau port de mer !... — Un port de mer ? Tron de l'èr ! mais y en a pluss d'un : le Vieux-Port, la Zolietto, les Anglais, l'Estaquo... eh ! tron de l'èr ! c'est pas les *ports qui* manquent : y a que de ça ! — Et vous aimez bien la mer ? — L'Amer Picon, vouèi ; mais la *Mer dite erronée,* ze la crains normément. Tellement, que rien qu'en voyant notre tramvail approcer du Ministèro dé la Marino, ze me sens déza le mal de mer !... (*Digo li qué vengué, lou françiot !*)

TRAMWAY DE LA VILLETTE
Un Voyou

<small>Cotte bleue, blouse courte, casquette de soie, foulard rouge, moustache courte, rouflaquettes ; allure dégingandée.</small>

BÉIR, se soumettre au *singe,*
Masser, c'est bon pour les *loupeurs !*
L' maître à *mézig* ne port' pas d' linge :
C'est mon caprice ; *y-a pas d'erreurs !*
On dit que d' rien ma vie est pleine...
J'ai cependant trent'-six *turbins :*
Je lav' les *cadors* à la Seine ;
J' fais les *mégots* tous les matins ;
J' *déclanch'* les *voyant's* aux *roulottes*
Des *rupins*, au Grand-Opéra,
Ou j' vends des *brêm's* aux p'tit's cocottes,
Aux *purotins, etcetera ;*
J' *brocant' londrès* et *rif* aux Courses ;
J' *trimball'* l'*english* aux monuments ;
Tous les *sacqués* m'ouvrent leurs bourses ;
J' *turbin'* pour tous les gouvern'ments :
J' *fourgu' la* Lanterne ou *la* Cocarde
Les jours d' manifestations ;
J'acclam' Floquet dans sa *guimbarde ;*
J' *gueul'* « Viv' Boulang' ! » pour quarant' *ronds!*
Comm' je possède une *frangine*
Qu'est *à la haute*, dans l' *chouetto*,
Quand *a s' ballad'*, qu'*alle* est *rupine*,
J' port' son *cador*, son p'tit Toto ;

Son *mec*, qu'est *bath*, m' *raffill'* ses *frusques*,
Que j' mets chez *tant'*, aux Blancs-Manteaux.
Quand la *panne* a des retours brusques,
Le soir, je r'conduis les *poivrots* ;
Je *dégringole* leur *morlingue*
A seul' fin qu'ils ne la *paum'nt* pas ;
J' *flanche* à l'anglaise ou bien à *tringue*
Avec des *goss's* dont j' s'erais l' papa !
Si j' *paum'*, je leur *file un' ratisse*
Et r'prends ma *galett'* sans façons,
Ça fait que tout est bénéfice :
Faut bien qu'ils *casqu'nt* mes p'tit's leçons ?
Hein ! j'ai-t-y des moyens d' *croustille* ?
Dira-t-on que j' suis propre à rien ?
Je fais pas d' *magn's*, j' suis un bon drille,
Et pour ça, l'on m'appell' vaurien ?...
Et c' qui me *turlupin' la tronche*,
C'est d' penser que l' gouvernement
Casque des *flics* pour c'lui qui bronche...
Et M'sieu Deibler... Autre agrément !...
J'ai l' *truc* de fair' sa connaissance !
Car, je serais au désespoir
Qu' mes *trucs* me *largu'nt* en sa puissance !
C'est ça, pour l' *cou*, qui s'rait *rasoir !*...

TRAMWAY DE LA PORTE-MAILLOT
Un Pschutteux
Visage imberbe, lorgnon, petit chapeau, veston étriqué, etc.

DÉSASTREUX !... Sous prétexte que je ne suis pas ses conseils judicieux, papa m'a donné un conseil judiciaire ! Les vivres coupés ! Et Palmyre qui devient plus exigeante et me trompe avec Gontran parce que je lui ai refusé un huit-ressorts ! Je crois bien : je vais aux Courses en tramway ! Je risque mes dix derniers louis sur *Ténébreuse* ; si elle n'arrive pas, il ne me reste qu'à me faire nommer sous-préfet !... O décadence !...

TRAMWAY DE LA RUE TAITBOUT
Une Vlanpipette
Costume excentrique et tapageur.

ALLONS, allons, ça marche ! J'étais modiste et trottais à pied. Déjà j'ai lâché le magasin et vais en tramway ; bientôt j'irai en fiacre, et je parviendrai bien

au huit-ressorts que m'a refusé Raoul ! Il s'agit d'être opportuniste et de flatter à propos l'Œillet Rouge ou la Rose de France... Les hommes sont si godiches !... Ça, c'est radical !... J'arriverai ! *Quand même !...*

COUPLET DE LA VLANP₁PETTE :

Avec du chic et de l'aplomb,
Mettant de côté les scrupules,
On se rit des hommes crédules
Et l'on change en or le vil plomb !
La vertu, c'est un sot bagage
Dont il faut se débarrasser :
De faim elle fait trépasser !
L'honnêteté, c'est l'esclavage !

TRAMWAY DU BOULEVARD SAINT-GERMAIN

Un Pâtissier

Pantalon bleu, rondin et tablier blancs, toque galette.

Je me suis *fourré* dans la *tourte* de devenir un personnage : j'arriverai !... J'abandonne casseroles et fourneaux et *vole au vent* de la vie publique : je n'y ferai pas *four* ; les pots-de-vin me fourniront de la *galette* et beaucoup en seront *baba !* La politique, il n'y a que ça ! Déjà, nous avons eu la Trêve des Pâtissiers, puis, celle des Confiseurs ; nous jetterons le ministère sur le *flan*, et pour faire de belles et bonnes *brioches* :

C'est Boulang', Boulang', Boulange !
C'est Boulanger qu'il nous faut !

TRAMWAY DE LA RUE DE TURBIGO

Une Marchande des Halles

Marmotte avec perruque, plastron simulant la poitrine, jupe, etc.

Que vaut ce poisson ? — Pour vous, ma toute belle, ce sera 3 francs. — C'est trop cher ! — Et combien que vous en offrez, mon petit bijou ? — 15 sous ! — 15 sous ? dis d nc, eh ! panée ! faut-y pas te l' porter en tramway, mon Alphonse ? — Vous êtes une insolente ! Votre poisson n'est pas frais ! — Pas frais ? Du poisson qui sort du frigorifique ! Va donc, eh ! t'en mangeras pas toujours d'aussi frais que ça !... All' est partie sans demander son reste, et j'ai donné mon maquereau à la femme du gardien de nuit, qu'est malade... Ça y aura fait plus de bien qu'à l'horizontale !...

V'là l' tramway qui roule, *etc.*

3e COUPLET :

Parcourant les trente-cinq lignes
Qui de Paris font le réseau,
Nous choisirons des types dignes
D'être fixés par le pinceau ;
Et nous transformerons l'asphalte
En un vivant Panorama
Où chacun voudra faire halte
Devant l'homme qu'il estima.

Un Chiffonnier

Costume dépenaillé ; hotte, lanterne et crochet ; tête sympathique.

RONDE * CHANTÉE OU DÉCLAMÉE, AD LIBITUM

Armé de crochet et lanterne
Je fouille les coins de Paris ;
Par la nuit claire ou froide et terne,
Je ramasse mille débris :
Je trouve un lambeau de dentelle,
De satin, de soie ou velours,
Et chaque oripeau me rappelle
Le joyeux temps de mes amours !
Ce papier, que mon crochet perce,
Fut chiffon, et quelque érudit
Dont la saine verve s'exerce
L'a couvert d'un savant écrit !
Hugo sur lui fait ses poèmes ;
Béranger écrit ses chansons ;
Richepin jette ses *Blasphèmes,*
Zola ses obscènes leçons !
Mais, où surtout le chiffon brille,
C'est quand, unissant trois couleurs,
Il court renverser la Bastille
Pour nous donner des jours meilleurs !
Ce chiffon, c'est le clair emblème
Du Progrès, de la Liberté,
O chiffon français, chacun t'aime :
Mets sous tes plis l'humanité !

Tiens ! un voyageur qui perd son portefeuille en descendant du tramway !... (Il donne un coup de crochet et l'ouvre)

---

* Imitée de la *Fille des Chiffonniers,* drame en 5 actes.

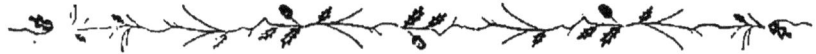

Hein !... des chiffons de la Banque... M'sieur ! M'sieur !
vous perdez l' pain d' vos gosses : Je vous l' rapporte :
les chevaliers du crochet ne sont pas tous des *grinches* !

Les personnages suivants se représentent avec les costumes historiques, et, pour les statues, l'Acteur prendra les poses que leur a donné le Statuaire. — Musique de marche jusqu'à Gambetta.

TRAMWAY DU PONT DE L'ALMA

Un Invalide

N'EST-CE pas humiliant ?... Avoir fait à pied le tour du Monde avec le Petit-Caporal, et se faire trimballer dans un traîne-oies ! Ah ! si je n'avais pas laissé ma jambe à la Moskowa !... *(Mélopée pendant les vers suivants)* :

Quand, sur la Moskowa, l'on sonna la retraite,
De mon regard perçant je scrutai l'horizon,
Et nous comprîmes tous que c'était la défaite :
Le Russe était vainqueur du grand Napoléon !

Mais, nous luttions encor ; nous gardions l'espérance,
Et les boulets pleuvaient sur nos corps dispersés ;
Chacun son tour tombait au cri : Vive la France !
Et je grossis bientôt le nombre des blessés...

Nul de nous n'eut voulu mourir sur ce rivage...
Et l'amour du pays ranimant mes rancœurs,
Dans mon noir désespoir je puisai du courage,
Et je restai debout, fusillant mes vainqueurs !

VOITURE DE MÉNILMONTANT

En passant sur le Pont-Neuf, nous voyons la statue de

Henri IV

le roi Vert-Galant, surnommé le Père du Peuple parce qu'il voulait que chaque paysan eut la poule au pot le dimanche... Seulement, le Peuple n'avait pas toujours du pain pour manger sa poule !...

Camille Desmoulins

le héros du 14 Juillet, à la prise de la Bastille ; décapité avec Danton, en 1794, à l'âge de 32 ans.

TRAMWAY DE L'OBSERVATOIRE
Le maréchal Michel Ney, prince de la Moskowa

fusillé en 1815. Se couvrit de gloire dans la campagne de Russie.

TRAMWAY DU TROCADÉRO
Jean-Baptiste Kléber

général français, né à Strasbourg, mort au Caire, poignardé par Solyman, en 1800.

François-Séverin des Graviers Marceau

dit *l'Enfant chéri de la Victoire*, né à Chartres. Engagé volontaire, il était général de la République lorsqu'il fut tué, à Altenkirchen, en 1796, à l'âge de 27 ans.

TRAMWAY DE VERSAILLES
Louis-Lazare Hoche

général français, pacificateur de la Vendée, né à Montreuil-Versailles, mort à Wetzlar, en 1797, à 29 ans.

Ponsard, dans *le Lion amoureux*, a mis dans la bouche de Hoche ces admirables paroles de paix :

Quand pourrons-nous, cherchant de moins tristes succès,
Sous le même drapeau ranger tous les Français ?

VOITURE DES INVALIDES
Un Conquérant

qu'il n'est pas nécessaire de nommer : tout le monde le reconnaîtra ! *(Napoléon Ier)*.

« Le boulet qui doit me tuer n'est pas encore fondu ! »
(Paroles de NAPOLÉON).

DEVANT le personnage que je vais représenter, je prie les Français de retenir leurs sifflets et de garder le calme et la dignité qui conviennent...

L'ex-maréchal Bazaine

décédé à Madrid (Espagne), en Septembre 1888.

EN 1870, appelé à la gloire de sauver la France, il préféra livrer Metz à ses envahisseurs, trahir sa patrie et devenir un objet d'opprobre et d'exécration. Jugé et condamné à mort par ses pairs pour crime de forfaiture, il échappa au châtiment mérité,

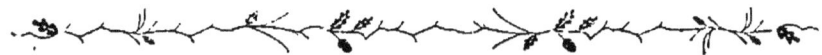

mais, depuis 16 ans, pour tout Français, il était mort...
Devant son cercueil, la France et l'Histoire détournent la tête avec mépris, — et passent !...

L'ex-général Boulanger

Un cheval blanc fut fait consul par l'empereur Caligula ; un cheval noir faillit faire de Boulanger un empereur !...

*Les personnages suivants se représentent en redingote noire.
La marche cesse et fait place à une musique douce.*

Léon Gambetta

tel qu'il est représenté place du Carrousel.

Cette grande figure historique est en or trop vivante pour qu'on rappelle ici ce que fut cet homme d'Etat. Toutefois, si connu comme patriote, Gambetta ne l'est presque point comme poète : Voici donc une petite poésie du grand tribun :

LA CHANSON DU FER

Le fer est le roi des métaux !
Tirons-le du brasier qui fume,
Et qu'à coups bruyants nos marteaux
Le fassent ployer sur l'enclume !

L'argent et l'or sont de beaux noms
Par qui les âmes sont trompées :
C'est le fer qui fait les canons !
C'est le fer qui fait les épées !

Si c'est lui qu'un lâche oppresseur
Parfois transforme en chaîne impie,
C'est aussi par le fer vengeur
Qu'un pareil attentat s'expie !

Le fer est le roi des métaux !
Tirons-le du brasier qui fume,
Et qu'à coups bruyants nos marteaux
Le fassent ployer sur l'enclume !

Signé : Léon Gambetta.

Victor Hugo

Le cœur est un moteur idéal et suprême,
Et le ciel prévenant le dota d'un grand cœur
Qui lui fit adorer jusqu'aux ennemis même !
Le cœur ! N'est-ce pas lui qui fait le Bien vainqueur ?
Par lui tout est amour : Patrie, Enfants, Famille !
Il l'a placé vivant dans l'immortalité !
Si dans le Panthéon son nom sacré scintille,
C'est parce qu'il aima toute l'Humanité !...

Le romantique Henry Mürger

Tu remettras la robe blanche
Dont tu te parais, autrefois,
Et, comme autrefois, le dimanche,
Nous irons courir dans les bois...
Assis, le soir, sous la tonnelle,
Nous boirons encor ce vin clair
Où ta chanson mouillait son aile
Avant de s'envoler dans l'air !

Signé : Henry Murger ; musique d'Alfred Vernes.

Le réaliste Emile Zola

On me traite de pornographe, et je suis le plus grand moralisateur du siècle !... Que fait-on aux petits chats malpropres ?... On leur met le nez dans leurs ordures, et cela corrige les petits chats !... Pourquoi le Peuple ne se corrigerait-il pas ainsi ?... En lui montrant ses saletés, il s'en dégoûtera, deviendra propre, viril, avancera sûrement et pacifiquement vers la grande évolution sociale dont *Germinal* est une étape, et l'avenir, moins bégueule ou moins hypocrite, me vengera des injures des sots !... On a bien glorifié Cambronne pour un mot !...

Le poète Clovis Hugues

Vers le laid, hélas ! vraiment laid,
Zola faisait déjà des fugues ;
Pour que le laid fût au complet,
Il ne manquait que Clovis Hugues. *

Signé : Clovis Hugues.

---

* Autographe en ma possession. — G. R.

Henri Rochefort, comte de Luçay

« Nous savons comment on déchaîne et comment on enchaîne l'opinion publique ! »

(Paroles de Henri Rochefort).

Le Chimiste Alfred Naquet

Quand j'ai la bosse d'une chose, je n'en démords pas ! J'avais la bosse du divorce, j'ai obtenu le divorce ! J'ai la bosse du boulangisme : Boulanger sera empereur, ou j'y perdrai ma bosse !... Est-ce radical ?...

Et enfin, pour terminer, la sympathique et estimée figure d'un bienfaiteur de l'Humanité :

Le savant Pasteur

Bavardages, persiflages, débinages, déchirages ont accueilli, de Paris à Carthage, ma découverte du virus de la rage ; ce fut pour moi le gage que ma méthode offrait des avantages, et cela m'a donné du courage !... Je fais un léger tatouage, occasionné par un piquage, suivi d'un excellent pansage, et j'opère le sauvetage de tout être atteint de la rage !... La belle-mère, seule, résiste à l'inoculage !... — Houap ! houap ! houap !...

Paris, Octobre 1888.

Si l'on s'étonne de voir dans cette scène certaines personnalités plutôt que certaines autres : Boulanger, Rochefort, Naquet, etc., je prierai le lecteur de demander à la *Censure* pourquoi elle a supprimé les personnages de Carnot, Floquet, Ferron, etc. ?...

LE DRAPEAU DE MA VOISINE
Chansonnette
Air : *Gentil voisin, par le m'me chemin...*

Refusée par la Censure en Avril 1889

A Gabrielle Dussol

Votre fenêtre est sans rideaux ;
Un drapeau d'Espagne l'abrite :
Jaune, Rouge sont vos créneaux...
Derrière, votre ombre s'agite...
La transparence m'a servi :
J'ai vu vos formes admirables
S'offrir à mon regard ravi...
Les hasards sont parfois coupables !...

    Ce fier drapeau
      Qui vous sert de rideau
Vous est-il donc indispensable ?
Puisqu'il rend votre être imparfait ;
Qu'il vous montre moins adorable,
Voisine, ôtez-le tout à fait !...

Voilà déjà quinze grands jours
Que vous habitez là, voisine,
Et pas le moindre des discours
N'a suivi l'œillade assassine...
Mais, j'ai vu... cela me suffit !
J'ai vu votre ombre charmeresse
Qui, jetant un éclair subit,
A conquis toute ma tendresse !

    Ce fier drapeau, *etc.*

C'était hier ; la nuit tombait ;
A la clarté de votre lampe
Une ombre chinoise estompait
Blanc de perle, carmin, détrempe...
De ma fenêtre je voyais
Le pompon qui poudrederize ;
Le cold-cream qui fait le teint frais,
Et le flacon qui vaporise...

    Ce fier drapeau, *etc.*

Je ne distinguais pas vos traits ;
Vous m'étiez encore inconnue ;
J'ai pourtant vu bien des attraits,
Car, vous étiez là, demi-nue...
Qu'il est indiscret, ce drapeau !...
Et qu'elle est près, votre fenêtre !...
Combien ce spectacle était beau !...
Quelle ivresse emplissait mon être !...

    Ce fier drapeau, *etc.*

L'ombre embellissait vos appas
Qu'idéalisait mon doux rêve !...
Vers les contours de vos beaux bras
Volaient mes yeux, mon cœur, ma sève !...
J'ai vu tomber vos blancs jupons ;
J'ai vu votre fine cheville ;
J'ai vu vos roses mollets ronds ;
J'ai vu... maint détail qui croustille !...

    Ce fier drapeau, *etc.*

Les mains en l'air, et relevant,
Pour la passer, votre chemise,
Vous mettiez sous mon œil brûlant
Plus d'une douce friandise...
J'ai vu deux globes soulevant
La discrète et souple flanelle ;
J'ai vu... ce qu'on cache en rêvant
Quand on est encor... jouvencelle !...

    Ce fier drapeau, *etc.*

LE DRAPEAU DE MA VOISINE

Etes-vous Musette ou Ninon ?
Vierge folle ou fillette sage ?
Avez-vous foulé le gazon ?
Nargué les lois du mariage ?
Bah ! n'est-ce point une vertu
Que de se loger au huitième ?...
Auriez-vous, comme moi, vêtu
L'uniforme du franc bohème ?...

    Ce fier drapeau, *etc.*

Mais, je ne nourris nul espoir
Et ne risque nulles requêtes !
Vous faites toilette... le soir :
C'est pour courir à vos conquêtes...
Quittant l'aiguille et le satin
Vous allez à votre amourette
Et ne rentrez que le matin...
Heureux celui qui vous fait fête !

    Ce fier drapeau
  Qui vous sert de rideau
Pour moi doit être indispensable !
Puisqu'il rend votre être imparfait ;
Qu'il vous montre moins adorable,
Tirez-le donc, mais, tout à fait !...

Paris, 25 Janvier 1889.

J'AI RÊVÉ DE VOUS !
Romance bouffe
MUSIQUE DE CHARLES POURNY

REFUSÉE PAR LA CENSURE EN AVRIL 1889

A l'ex-typo Louis Chevalier, de l'Eden-Concert

Nous revenions du bois ; l'heure était avancée,
Et nous avions couru dans l'herbe et dans les fleurs ;
Je vous reconduisis, ma belle fiancée,
Puis, je rentrai chez moi, plein de vos airs rieurs.
Je me mis dans mon lit en songeant à vos charmes,
A vos attraits divins dont mon cœur est jaloux,
Et je ronflai bientôt comme plusieurs gendarmes...
Chère, vous devinez que j'ai rêvé de vous !

Mon sommeil fut hanté de visions bien chères
Qui mettaient vos beautés sous mon œil radieux :
Je vis des Papillons dont les ailes légères
Devant moi voltigeant, brillaient comme vos yeux.
Je crus vous voir encor, semblable à la Colombe,
Becquetant un Pigeon, tendre et fidèle époux !
Sous ses plumes je vis une perle qui tombe...
Chère, vous voyez bien que j'ai rêvé de vous !

Je vis un défilé dont chaque personnage
Semblait vous emprunter quelque charme secret :
Une Gazelle avait la douceur en partage,
Et le Cygne onduleux votre blancheur de lait ;
Un Rossignol chantait comme vous, ma divine ;
Vos blanches dents ornaient la mâchoire d'un Loup ;
J'ai vu les larges flancs d'une bête bovine...
Chère, vous voyez bien que j'ai rêvé de vous !

Cette Vache beuglait auprès du Cerf qui brame :
Ils semblaient imiter nos duos amoureux !
Légère, vous sautiez comme un Hippopotame,
Et de votre gaîté mon cœur était heureux.
Mon rêve se poursuit à travers des merveilles :
D'un Bourriquet la queue avait vos cheveux roux
Et sa tête portait vos mignonnes oreilles...
Chère, vous voyez bien que j'ai rêvé de vous !

D'un Chameau je voyais les deux gentilles bosses :
On aurait dit vos seins veloutés et dodus !
De l'agile Eléphant les jambes si véloces
Venaient broyer mon cœur : c'étaient là vos pieds nus !
L'Autruche par derrière avait votre... nuage !
La Girafe montrait votre gracieux cou !
Mais, la Grue incarnait votre vivante image...
Chère, vous voyez bien que j'ai rêvé de vous !

Un cortège se fit ; on alla chez le maire :
Deux Daims étaient témoins ; un Bœuf était greffier ;
Puis, je vous conduisis dans un beau presbytère
Où de gros Escargots tenaient le bénitier.
Notre hymen consacré, nous fîmes un voyage
Dans les bois embaumés où chantaient les Coucous !...
Ce chant me réveilla : bonsoir le mariage !...
Je ne regrette pas d'avoir rêvé de vous !

Paris, 6 Mars 1889.

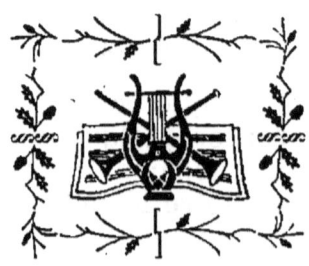

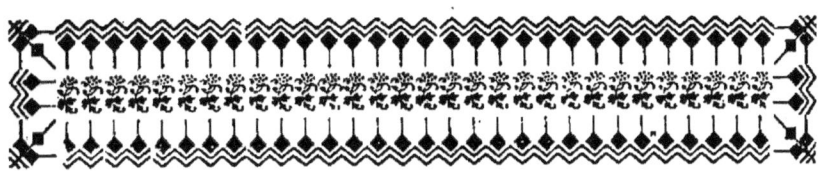

LA TYPO-SYNDICO MARSEILLAISE
Chanson

Air : *Cadet Roussel est bon enfant !*

A Charles Camut,
Président de la Chambre Syndicale
des Ouvriers Typographes de Marseille

Le *Petit Typo Marseillais*
Est loin d'être un journal niais ;
Il a des airs mignons, coquets ;
Il aime le Travail, la Paix !
Enfant des *Travailleurs du Livre,*
Il veut les aider à bien vivre !
    Ah ! sonnons l'olifant
Pour *le P'tit Typo* bon enfant !

Le joyeux *Groupe Gutenberg*
A tous les typos est ouvert ;
Il aime les chants au dessert
Et le bal après le concert ;
Il instruit aussi chaque membre :
Du Syndicat c'est l'antichambre !
    Ah ! célébrons gaîment
Du *Gutenberg* l'accroissement !

Le *Syndicat* ne fait plus peur !
C'est notre gage de bonheur !
On parle de lui sans aigreur,
Car on sait qu'il n'est pas trompeur ;
Il fait respecter les salaires
En nous rendant tous solidaires !
    Ah ! courons vivement
Au *Syndicat* prêter serment !

De notre *Fédération*,
Cette belle institut'on,
Le vrai désir, l'ambition,
Est d'étendre son action
Et de réaliser ce rêve :
Le Travail sans chômage ou grève !
    Ah ! ce serait, vraiment,
L'âge d'or ou de diamant !

Si le *Patronat* le voulait
Il pourrait combler ce souhait !
L'ordre social stupéfait
L'acclamerait pour ce bienfait !
Il suffirait d'un sacrifice :
Etre moins âpre au bénéfice !...
    Ah ! mais, il est trop grand
Pour le *Patronat*, ce gourmand !...

Pourtant, le *Prolétariat*
Semble partout un paria !
Partout il est mis *a quia !*
On bâillonne ce Goliath !
Toujours il doit courber l'échine...
Un jour éclatera la mine !...
    Ah ! le grisou fumant
Se propage rapidement !...

Mais, refoulons au fond du cœur
Les pensers de sombre rancœur.
Si mon sophisme était vainqueur...
Bah ! reprenons le ton moqueur !
Chantons, puisque c'est jour de fête,
Le refrain de la chansonnette :
    Ah ! sans gémissement,
Bonhomme, sois donc bon enfant !...

La Panouze, 21 Avril 1889.

Merci au confrère Pierre Costes, qui apprit cette chanson pour la chanter au Banquet du Syndicat typographique de Marseille du 9 Juin 1889, ce qu'il ne put faire, vu l'abondance de discours.

CORRESPONDANCE

L'absence ni le temps ne sont rien, quand on aime
(Victor Hugo).

Lettre d'un Solitaire — Bavardages

LETTRE D'UN SOLITAIRE

Au Théâtre Michel

Tout triste en ma solitude,
Eloigné de vous, amis,
Mes pensers vont — habitude —
Vers vos plaisirs et vos ris.

La Renommée à ma porte
Frappe, ouvre, et, sans rien farder,
Dans de gais journaux m'apporte
Maint sujet à bavarder :

C'est d'abord le grand Labiche
Qui félicite sur : *Moi!* *
En style flatteur et riche
Qui m'a tout rempli d'émoi...

Après la littérature,
Vos succès et vos talents,
Un bel orchestre murmure
De gais rythmes stimulants !

Le joyeux *Bavard* m'annonce
Qu'un bal vous a réunis...
Dans un rêve je m'enfonce
Et vous vois, de mon taudis...

---

* *Moi!* comédie de Eugène Labiche, représentée au *Théâtre Michel*.

Oui, malgré vos mascarades,
Et sous les loups protecteurs,
Je devine, ô camarades,
Les battements de vos cœurs !

Je vois de folâtres filles
Tournoyer, gais papillons,
Dansant avec vous, bons drilles,
Valses, polkas, cotillons !

Je vois la « Folie » en rose,
Mignonne autant que « l'Amour » ;
Sous son masque, je vois... Chose...
En « Soubrette Pompadour » ;

Superbe en « Arménienne »,
Louise éblouit mes yeux ;
Laure, en « Cartomancienne »,
Me prédit des songes bleus !

Rose a pris de la Bretagne
Le jupon très écourté...
« L'Auvergnate » l'accompagne :
Duo brillant de beauté !

Marianne, « France » altière,
Fait tressaillir tous les cœurs :
Elle est belle, grande, fière...
Et quels yeux !... Deux séducteurs !...

Et puis, j'aperçois encore,
Sous des flots d'or, de satin,
La Jeunesse à son aurore,
Le Bonheur à son matin !

Partout, une gaîté franche ;
Chez tous, des élans joyeux ;
Le plaisir sur tous s'épanche,
Illuminant tous les yeux !

Gare !... Cupidon s'en mêle !...
Mais, sachons être discret
Et, s'il est quelque... infidèle,
Respecter son doux secret...

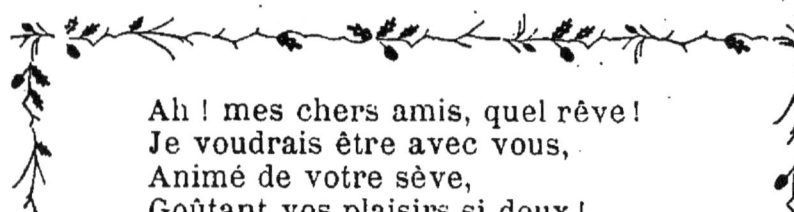

Ah ! mes chers amis, quel rêve !
Je voudrais être avec vous,
Animé de votre sève,
Goûtant vos plaisirs si doux !

Mais, puisque vide est la coupe ;
Que vous buvez tout le miel,
Moi, je vais manger ma soupe !
Bonsoir !...

        Votre

           GABRIEL.

Montpellier, 22 Mars 1880.

BAVARDAGES

A Joseph Veyries

Aux plus fameux auteurs, comme aux plus grands guerriers,
Apollon ne promet qu'un nom et des lauriers.
(BOILEAU).

Joseph, puisque la Poésie
   Est notre unique passe-temps ;
Que, l'aimant avec frénésie
   Depuis longtemps,

La belle Muse au front d'ivoire
A pour nos cœurs de doux attraits,
Et qu'elle chasse l'humeur noire
   Par ses beaux traits ;

Puisqu'elle seule nous console
Des méchants, des indifférents ;
Que son charme et son hyperbole
   Sont attirants ;

Puisqu'elle seule nous amuse ;
Qu'elle calme notre douleur,
Versons l'ivresse de la Muse
   Dans notre cœur !

Tout n'est qu'illusion !... Tout porte son empreinte !...
L'illusion nous donne Amour, Joie et Douleur !
Poètes, c'est la vie à l'enivrante étreinte !
Vive l'illusion !... C'est presque le Bonheur !...

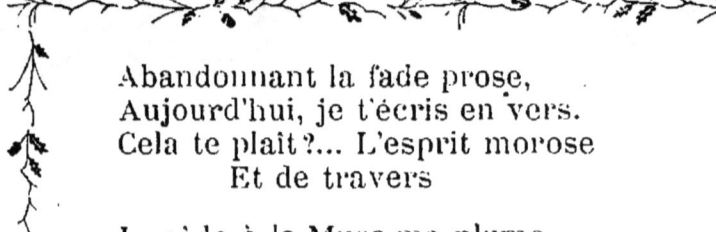

Abandonnant la fade prose,
Aujourd'hui, je t'écris en vers.
Cela te plaît ?... L'esprit morose
    Et de travers

Je cède à la Muse ma plume...
Qu'écrira-t-elle ?... Je ne sais !
Frappera-t-elle sur l'enclume
    Des temps passés ?

Contera-t-elle les scandales
Que nous vîmes et nuit et jour ?
Dira-t-elle les saturnales
    Veuves d'amour ?

Va-t-elle, Bacchante lubrique,
Chanter la dépravation ?
Sera-ce une Muse pudique
    Sans passion ?

Qu'importe !... Soutiens-moi, ma Muse !
Fais courir ma plume de fer !...
Que mon vers, vibrante arquebuse,
    Eclate en l'air !...

Que ce vers jamais ne s'émousse ;
Qu'il parle avec force et raison ;
Que d'un jet pur il é labousse
    La trahison !

Qu'à chacun il fasse justice ;
Qu'il ait devers lui le bon droit ;
Et qu'en combattant dans la lice
    Il soit adroit !

A toi d'abord, qui, plein de zèle,
M'as montré tant de dévoûment,
Je te dois donner un fidèle
    Remerciment !

Cœur bienfaisant qui sus m'entendre ;
Qui fis mon œuvre par moitié,
Je te dois ce sentiment tendre :
Mon amitié !

Sois-en certain, je te la donne !...
Tu le mérites, ce lien,
Car ton bon cœur, ton âme bonne
Aiment le Bien,

Et c'est le Bien qui, seul, me guide ;
C'est pour le Bien seul que j'agis ;
Je suis toujours sous son égide :
Pour lui je vis !

Tu me l'as dit : Il faut que je flagelle un homme,
Un être bas, vil et rampant ;
Point n'est besoin, vraiment, qu'en mes vers je te nomme
Ce roquet hargneux et jappant ;

Tartufe qui toujours calomnie et moucharde ;
Un sot doublé d'un ignorant ;
Un fat, admirateur de sa face escobarde ;
Buse au bel esprit aspirant ;

Ignare qui, voulant écrire à sa maîtresse,
Mais savant moins qu'un rouge ânon,
Me fit faire un sonnet, puis, — ô délicatesse ! —
Le signa de son propre (?) nom ! *

Moi présent, cet oison, aussi fourbe que lâche,
Semblait m'avoir déifié ;
Et quand je fus parti, prenant son air bravache,
L'infâme m'a calomnié !

Lâche et sot : l'homme est là ! Donc, je suis sans colère :
Le mépris est pour lui trop bon !
Le calomniateur n'étant qu'une vipère,
Je l'écrase sous mon talon !...

---

* Voir ce sonnet page 99.

J'ai dit, à mon commencement,
Que le Bien seul avait des charmes;
Qu'à lui seul je rendais les armes;
Que je le cherche à tout moment.

En faut-il encore une preuve ?
Je puis sans peine la donner...
Il suffit de coordonner
Cette histoire, pour toi peu neuve :

Dans un bouge des boulevards
Nous faisons, un soir, la rencontre
D'une Laïs que l'on se montre
Comme un modèle des beaux-arts,

Mais, dont le cœur, gouffre de vice,
Entraînait dans son antre affreux
Une blonde enfant aux yeux bleus,
Bien moins coupable que novice.

Je résolus de détourner
L'une ou l'autre de ces victimes
Des infamants et noirs abîmes
Qui toujours me font frissonner.

Je parlai sentiments honnêtes
A ces pauvres cœurs gangrenés ;
Leurs esprits furent étonnés
De ces phrases pures et nettes ;

Je leur fis voir la liberté ;
Je les fis rougir de leur honte ;
Je leur montrai la mort trop prompte
Et la perte de leur beauté ;

De leur cœur j'éveillai les fibres,
Parlant de pudiques amours ;
Par d'adroits et nombreux détours,
Toutes deux, je les rendis libres !...

Elles suivirent mes conseils ;
Quittèrent ces *Maisons* infâmes,
Tombes qui prennent tant de femmes !
Enfers aux vices sans pareils !

Hélas ! les ulcères fatales
Avaient pourri l'un de ces cœurs
Atrophiés par les rancœurs :
Il revint à ses saturnales !

Mais, l'autre, cœur aimant et bon,
Coupable, soit ! mais... par misère,
S'est enfui de cette atmosphère
Qui le brûlait comme un charbon.

Cette femme, cette victime,
Est rentrée au sein du devoir !
Travaillant du matin au soir,
Elle veut effacer son crime.

Ai-je rempli ma mission
En agissant de telle sorte ?
Ma conscience est calme et forte ;
Elle approuve cette action.

Et tu m'aidas dans cette tâche ;
Tu fis une part du travail ;
Tu ramenas dans son bercail
Cette brebis qu'au loup j'arrache !...

Si ce n'est là faire du Bien,
Je demande ce qu'il faut faire,
Pour remplir son devoir sur terre,
Au plus grand théoricien ?...

De plonger dans ces noirs abîmes
Où la vertu se laisse choir,
L'humanité fait un devoir :
Arrachons-en quelques victimes !

La Panouze, 11 Juillet 1880.

MÉLANGES

Tantôt vous soupiriez mes peines,
Tantôt vous chantiez mes plaisirs.
(Malherbe).

Tribulations d'un Habit noir
Le Sauvage — Chômage & Misère
Sombre histoire
Anniversaire de Molière
Désespoir — Négoce & Poésie — Cri du Cœur
Æternum vale !
Le Plaisir — Mes Rimes — Deux Inconnues
La Musette en Correctionnelle
Une Sorte — Fiançaïos
etc.

TRIBULATIONS D'UN HABIT NOIR
Monologue
Dit par l'Auteur, au Théâtre Michel, le 4 Juillet 1880

>—<

Linge il devint par l'art des tisserands ;
Puis en lambeaux des pilons le pressèrent :
. . . .
Il est fumée aussi bien que la gloire.
De nos travaux voilà quelle est l'histoire.
Tout est fumée et tout nous fait sentir
Ce grand néant qui doit tout engloutir.
(VOLTAIRE).

J'ÉTAIS au Café, certain soir,
Et savourais ma demi-tasse,
Lorsqu'un employé vint s'asseoir,
Pour flâner un instant, en face.

Le costume de ce garçon
Etait d'étoffe jadis noire...
Je crus entendre son veston
Me parler... Voici son histoire :

« J'étais la superbe toison
D'une brebis de belle race,
Quand des beaux jours vint la saison :
Les glaçons aux fleurs faisaient place.

« Pour alléger cette brebis
D'une robe chaude et gênante,
D'énormes ciseaux furent pris
Pour tondre ma laine ondulante.

» Je fus jetée en un lavoir
Et par des travailleurs battue ;
Puis, transportée en un séchoir ;
Sur quelques roseaux étendue ;

« Une fileuse à l'œil malin
M'enroule autour de sa quenouille
Et me transforme en fil très fin
Que le rouet bientôt débrouille.

« Elle me tiraille, me tord
Et torture ma pauvre laine...
Il semble qu'elle veut ma mort ;
Elle travaille à perdre haleine.

« De tant de tourments j'étais las,
Et ma souffrance est incomplète !...
— De moi que faites-vous, hélas ?
— Du drap ! me répond la fillette.

« En drap me voici donc rendu.
Chez un marchand on me transporte
Où longtemps je fus suspendu ;
Puis, le marchand ferma sa porte,

« Et je restai là près d'un an,
Car, déjà, l'on parlait de guerre...
On ne vendait rien, à Sedan,
Pour mieux vendre la ville entière !

« Les Allemands, dans le pays,
Sur chaque objet firent main basse ;
Par un officier je fus pris ;
Un tailleur me changea de face

« Et me transporta dans un parc
Qu'un splendide palais surmonte :
J'étais... chez le prince Bismarck !...
Oh ! Français, je pleure de honte !...

« J'étais sur lui quand vint la paix !
J'aide à mutiler ma patrie !
J'égorge le peuple Français !
J'entends Favre qui se récrie

« Et qui répond aux questions
Par ce cri, vibrant dans l'histoire :
— Pas de pierre des bastions !
Pas un pouce de territoire !...

« Mais, passons sur ce souvenir,
Page sombre de ma carrière...
Oublions ces maux !... L'Avenir
Nous rendra notre France entière !...

« Or donc, je reprends mon débit :
La France ayant l'âme brisée,
Bismarck jeta son noir habit,
Un peu terni par la rosée

« Au valet de chambre Justin
Qui, voyant un beau bénéfice,
Saisit aussitôt ce butin
Et va le vendre au juif Patrice

« Qui, m'ayant acquis à vil prix,
A son étalage m'accroche ;
Par un Français je suis repris ;
Avec ce fils de la Basoche

« Nous partons en chemin de fer...
Etait-ce donc la délivrance !
Oui ! car on voit flotter dans l'air
Le drapeau de ma chère France !

« J'arrive, avec l'étudiant,
Dans Paris, où fleurit Mabille ;
Nous dansons, dans ce bal brillant,
Valse, polka, galop, quadrille ;

« Nous courons les estaminets ;
Nous passons les nuits les plus drôles
En rimant d'amoureux sonnets
Pour des minois de vierges folles...

« Puis, nous allions étudier...
Mais, ces heures étaient si rares
Que je puis bien les oublier
Dans les vapeurs des fins cigares.

« Ce train dura tout un été ;
Mais, bientôt, à court de finance,
Mon maître, au Mont-de-Piété,
M'engagea... sans reconnaissance !

« Empaqueté dans un mouchoir,
Relégué sur une étagère,
Un an je restai sans espoir
De sortir de cette galère,

« Lorsque, un jour, un homme brutal
Brusquement me prend et me jette,
Ainsi qu'un vieil habit banal,
Sur les planches d'une charrette...

« On allait me vendre à l'encan !
Je rougis à cette pensée,
Car je redoutais maint cancan...
Mais, poursuivant mon odyssée,

« Un jeune ouvrier m'achetait
Pour briller à son mariage,
Et, tout heureux, il me scrutait !
J'étais de son bonheur l'image !

« Quand vint la noce, les époux,
Gais et joyeux comme des anges,
Admiraient avec des yeux doux
Mon drap si fin, exempt de franges ;

« Ils me trouvaient si beau, si fier ;
Mon étoffe si bonne et belle
Qu'elle semblait faite d'hier
Et devoir rester éternelle !

« Comme l'on me soigna longtemps !
On me sortait tous les dimanches ;
On me brossait de temps en temps ;
On caressait mes pans, mes manches ;

« On se souvenait de ce jour
Où la Mairie avec l'Eglise
Consacraient le serment d'amour
Du promis envers la promise...

« Hélas ! mon drap était maudit !
J'étais né dans un jour sinistre !
J'oubliais que je fus l'habit
De Bismarck, le fauve-ministre !

« A mes pans un accroc fut fait...
J'étais usé, passé de mode,
Je ne faisais plus bon effet,
J'étais un habit incommode,

‹ On me vend comme un vieux chiffon
Et chez le fripier je retourne
Où, bientôt après, un garçon
Me prend, me découd, me détourne

« Et me sépare de mes pans
Pour faire, du corps qui lui reste,
Un vêtement que ses talents
Ont décoré du nom de... veste !

« Et depuis lors, dans les Cafés,
Usé, taché, montrant la corde,
Je sers les buveurs assoiffés,
Sans espérer miséricorde,

« Jusqu'à ce que, ne servant plus,
Le garçon au fumier me jette,
Et que mon drap — j'en suis confus ! —
Avec la fange se commette ! »

Le veston cessa de parler.
Voulant payer ma demi-tasse,
Ma main fit tintinnabuler
Quelques gros sous contre la glace.

Le garçon s'avança vers moi :
— Boum !... On y va !... Monsieur désire ?...
J'étais rêveur, et, plein d'émoi,
Je donnai l'argent sans rien dire.

Mais, je songeais, en m'en allant,
Qu'ainsi, la pauvre espèce humaine,
Malgré la beauté, le talent,
Doit rester rivée à la chaîne

Qu'à tous nous forge le Destin
Lorsque sur la Terre il nous place :
Brillants aujourd'hui ; mais, demain,
Mis au rancart de notre race !...

La Panouze, 20 Août 1876

LE SAUVAGE

Monologue

A Louis Limat, de l'Eden-Concert

Entrez ! entrez ! Messieurs !... Venez voir le Sauvage
Capturé récemment sur un lointain rivage !
Amené dans vos murs par un fameux Lapon,
Après de grands combats dans les bois du Gabon !
Venez étudier les mœurs de ces peuplades
Qui vivent en forêts, féroces et nomades !
Venez tous admirer ce qu'on n'a jamais vu !...
Le prix ?... Rassurez-vous !... Ce n'est pas un écu !
Pas deux francs ! pas vingt sous !... L'exhibition rare
Ne doit pas se payer !... Le prodigue et l'avare,
Lorsqu'ils auront jugé, qu'ils seront contents, tous
En sortant donneront dix centimes, deux sous !

Ainsi se démenait, au milieu d'une foire,
Un pitre, débitant au public son grimoire ;
Appelant près de lui les badauds, les passants ;
Lançant à pleins poumons des cris retentissants.
Et chacun s'élançait au fond de sa cahute,
Donnant maint horion, esquivant mainte chute,
Se bousculant pour voir le spectacle annoncé.

Lorsque dans la baraque on se fut bien placé,
Le barnum, gravement et l'air plein de mystère,
Souffle quelques quinquets pour baisser la lumière,
— Car, dit-il, trop de jour met notre homme en fureur,
Et je ne voudrais pas qu'il pût vous donner peur !

Cela dit, il s'arma d'une espèce de verge,
Puis, tira lentement un grand rideau de serge
Qui cachait aux regards les énormes barreaux
D'une cage de fer défiant les marteaux.
Alors, chacun put voir, dans la vague pénombre,
Le Sauvage, accroupi, qui se cachait dans l'ombre.
C'était un grand gaillard dont le corps, presque nu,
Noir de la tête aux pieds, se trouvait retenu
Par des chaînes de fer au cliquetis sonore,
Qui rendaient son aspect plus effrayant encore.
Le paillasse, aussitôt, commence un boniment,
Interrompu, parfois, par un sourd grognement
Que faisait retentir le féroce sauvage,
Hurlant et gambadant dans le fond de sa cage.
Le public applaudit ; des mots approbateurs
Sont dits de toutes parts, et tous les spectateurs
Allaient se retirer, contents de leur soirée,
Quand soudain, une voix ironique, assurée,
Sort des rangs de la foule, et, s'adressant au noir :

— Hé ! Jacques ! mon ami, que fais-tu là, ce soir ?...

Le Sauvage, interdit d'abord, se met à rire
A ces mots, qu'un farceur imprudent vient de dire...
Et chacun d'éclater d'un fou rire moqueur,
Car, le Sauvage était... un simple ramoneur !...

Marseille, 5 Septembre 1876.

CHÔMAGE & MISÈRE

Aux Marseillais
à l'occasion de la Crise ouvrière de Lyon (1877)

Crede mihi, res est ingeniosa dare.
(Croyez-moi, c'est un art que de savoir donner).
(Ovide, *Elég.*, liv. 2).

La Cité prospérait ; en ruche travailleuse
La Population vivait, calme et joyeuse :
Le Commerce allait bien et l'Industrie aussi ;
Commerçants, Ouvriers, tous avaient réussi.
La gaîté présidait aux travaux des fabriques ;
Les chants retentissaient sur les places publiques ;
Chacun était heureux de ce bien-être humain ;
Rien ne faisait prévoir un sombre lendemain.
Le Riche, à pleines mains, vidait son escarcelle,
Et de cet or chacun prenait une parcelle.
La soie et le velours défiaient les grands froids ;
La fourrure des gants garantissait les doigts.
 L'Ouvrier, plus modeste, en son humble demeure
Etait heureux aussi, car, lorsque arrivait l'heure
Qui sonne le retour du joyeux atelier,
Il trouvait au logis le bonheur régulier :
Sa femme l'embrassait ; ses jolis bébés roses
Grimpaient sur ses genoux, et leurs aimables poses
Egayaient et charmaient leur père radieux,
Qui les faisait jouer, de nuls biens envieux.
La douce aisance était au sein de la famille ;
L'hiver, on se chauffait à l'âtre qui pétille,

MÉLANGES. — CHÔMAGE & MISÈRE

Ou, venant la saison des parfums printaniers,
La campagne attirait ces vaillants ouvriers.
Ils vivaient sans ennuis, contents du bon salaire
Qu'amenait au logis la paie hebdomadaire,
Et, l'amour resserrant de ces cœurs le lien,
Chacun était heureux : *Le Travail allait bien!*

    Tout à coup, on voit dans l'espace
    Un affreux cortège passer
    Que dans sa course rien ne lasse...
    Sur le Pauvre il va s'élancer!...

    Spectres hideux!... Démons horribles!...
    Fantômes!... Sombre vision!...
    Ce sont les maux les plus terribles
    Qui vont s'abattre sur Lyon !

    C'est le noir spectre du Chômage
    Qui s'avance vers l'Ouvrier ;
    Qui vient l'arracher à l'ouvrage ;
    Qui vient fermer son atelier ;

    Ce sont les maux de toute sorte
    Qui sur lui vont poser la main ;
    Qui viennent frapper à sa porte ;
    Qui viennent lui ravir son pain !

    C'est la triste et dure Souffrance,
    Toute fière en son lâche orgueil ;
    La cruelle Désespérance
    Qui vient s'arrêter à son seuil !

    C'est le tison de la Discorde
    Embrasant de son feu fiévreux
    Sans pitié, sans miséricorde,
    Les cœurs tristes et douloureux !

    C'est encor la noire Misère
    Aux bras décharnés, à l'œil creux,
    Jetant ses regards de Mégère
    Sur celui qui se dit heureux !

C'est la Faim qui court à leur suite !
C'est la Douleur au voile noîr !
Les Pleurs que rien ne met en fuite !
Le morne et sombre Désespoir !

Et pour clôturer ce cortège
Qui vers Lyon prend son essor,
Dans son linceul d'un blanc de neige
On voit enfin surgir... la Mort !

Ah ! qui ne comprendra les horribles tortures
De ces pauvres brebis mourant dans leur bercail ?
Ecoutez ces longs cris devant les filatures
Closes, vides, sans bruits, sans vie et sans travail !

Entendez les enfants demandant à leur père
De leur donner ce pain qu'il ne peut plus gagner !
Voyez couler les pleurs des yeux de cette mère
Dont le sein ne peut plus allaiter son dernier !

Regardez ce grabat où se tord et se roule
Un *canut* sans espoir, torturé par la faim ;
En vain il veut crier, apitoyer la foule...
Sa voix n'a plus d'éclat : il sera mort demain !

Voyez, le long des quais, ce vieillard au front sombre
Dont le regard furtif cherche l'obscurité :
Il voit un parapet... il l'enjambe dans l'ombre...
Le fleuve l'engloutit avec avidité !...

Partout, de toutes parts, des souffrances amères :
Hommes découragés, beaux enfants décharnés,
Femmes au désespoir, pauvres et tristes mères
Qui voient leurs chers petits par la Faim condamnés !

Qui signe ce tableau si plein d'horreur sauvage ?
Quel nom nos cœurs navrés vont maudire, confus ?
C'est un célèbre nom !... C'est l'atroce CHÔMAGE !
Il paraît et tout meurt : *Le Travail ne va plus !*...

Ah ! je m'arrête ici... Ces sinistres misères
De larmes de douleur emplissent mes paupières !
Mon cœur est trop ému, trop plein d'anxiété !
Ma Muse ne sait plus qu'un seul mot : Charité !
Oui !... Que la Charité répare ces misères
Et rende le bonheur aux Lyonnais, nos frères !
Point d'esprit de parti : de l'argent et du cœur !
L'Humanité le veut : combattons le Malheur !
Riches ! aux coffres-forts !... Donnez de grandes fêtes !
Que votre superflu, que vos belles toilettes,
Que vos plaisirs joyeux de la table ou du bal,
Servent à semer l'or qui guérira le mal !
Ouvriers, Artisans, apportez votre obole !
Les gros sous entassés formeront un Pactole
Qui pourra, dans ses flots bienfaisants, généreux,
Ramener la gaîté chez tous ces malheureux !
Donnez, donnez encor !... Que l'antique Phocée
Soit, une fois de plus, au premier rang placée !
Inscrivez votre offrande à la souscription,
Marseillais, et sauvez vos frères de Lyon !...

Marseille, 16 Février 1877.

Cet appel fut entendu, et cette pauvre pièce de vers — bien pauvre, littérairement, mais écrite de tout cœur — est, financièrement la plus riche de ce volume. Dite par moi dans plus de vingt soirées philanthropiques, organisées par diverses Sociétés, les quêtes qui la suivirent toujours furent des plus fructueuses, et je ne crois pas exagérer en évaluant à plusieurs mille francs les sommes produites par elle et versées par lesdites Sociétés aux Comités de Secours de Lyon. Merci à la Population Marseillaise.

SOMBRE HISTOIRE

Monologue

ELLE vivait, heureuse et sage,
Belle de sa naïveté.
Son œil pur était le présage
D'un cœur aimant, plein de bonté.

Elle était douce, un peu coquette ;
A tous faisait riant accueil ;
Elle avait la grâce muette
Qui charme l'âme et flatte l'œil.

Sa taille était souple et très fine ;
L'ébène au teint ; l'ivoire aux dents ;
Jamais un poignard n'assassine
Comme faisaient ses yeux ardents.

Bref, cette beauté sans pareille
Etait un ensemble charmant ;
Un tout divin, une merveille,
Un ange, un astre, un firmament !...

Vous pensez bien que de tels charmes
Faisaient soupirer des amants ;
Maint amoureux rendait les armes
Et souffrait les plus durs tourments,

Notre héroïne étant rebelle
Aux soupirs comme aux compliments ;
Nul prétendant ne reçut d'elle
Les moindres encouragements.

Un jour, pourtant, — c'est la logique
Des faits à la vie afférents,
Qui veut que Cupidon nous pique
Tôt ou tard, et petits ou grands —

Un jour, donc, — ô jour mémorable ! —
D'un galant l'amour exprimé
Lui parut, sans nul doute, aimable,
Puisque aussitôt il fut aimé.

Admis à venir chez la belle,
Il fit sa cour assidument ;
Il était fort bien vu par elle ;
Bref, c'était un heureux amant !

Trop heureux !... car, tant de faiblesse
Modifiant son sentiment,
Il voulut faire sa maîtresse
De cette pure et chaste enfant...

Il fit mainte et mainte visite,
L'amourachant, l'acoquinant,
Enivrant tant sa favorite
Par son air tendre et prévenant,

Qu'hélas ! notre pauvre innocente,
Par une chaude nuit d'été,
Cédant à son ardeur brûlante,
Le combla de félicité...

Seul, c'est le premier pas qui coûte...
Le crime fut renouvelé ;
Mais, repu, l'amant se dégoûte
Et devient bientôt moins zélé.

Il l'abandonne !... Et la pauvrette,
Cachant sa honte et ses remords
Dans sa petite maisonnette,
Pleura — trop tard ! — sur ses grands torts !

Enfin, la fille devint mère...
Les soins de l'amour maternel
Calmèrent la douleur amère
Qu'avait causé l'amour charnel !...

Et l'amant, pareil à tant d'autres,
Oubliant ses iniquités,
Courut, comme ces bons apôtres,
Des ivresses aux voluptés...

La mère... — Que ce nom agrée ! —
Presse sa fille sur son cœur ;
Belle encor, mais, déshonorée,
Elle maudit son séducteur !...

Mais, il faut qu'à présent je nomme
Les acteurs du drame émouvant,
Banal, — mais véridique, en somme,
Et qui m'émeut en l'écrivant...

Rassurez-vous !... Aucun scandale
Ne sera produit par ces noms !
Ma Muse est comme une Vestale :
Elle fuit les mauvais renoms.

Apprenez donc... — Nul ne s'en doute ?... —
Que je vous ai parlé de... chiens !...
De mignons chiens... — Leur faute absoute,
Voici les noms de ces vauriens :

Le séducteur à l'âme vile,
Blanc de poil, frisé, bon gardien,
C'est « Minuit », caniche docile,
Mais, paillard... comme un vieux païen !...

La triste mère gentillette,
Au poil de jais et de satin,
C'est mon épagneule « Follette »,
Dont brille l'œil vif et mutin.

Et la fillette, c'est « Praline »,
Au poil soyeux, long, couleur d'or,
Chienne mignonnette et câline
Que je voudrais avoir encor !...

La Panouze, 2 Mars 1879.

ANNIVERSAIRE DE MOLIÈRE

15-16 janvier 1622 — 17 février 1673

*A mes inspirateurs
Auguste Moreau & Adolphe Carcassonne*

Sur le vaste infini de la voûte étoilée,
Dans le Ciel, se tenait une immense assemblée.
La Gloire présidait. Tous les Arts réunis
Se pressaient sur le seuil du céleste parvis.
On allait décerner au plus divin poète
« Une couronne d'or, que la Gloire avait faite, » (*)
Donnant au lauréat, par un arrêt formel,
Le titre impérissable et sacré d'Immortel.
« Toutes les Nations étaient là, préparées, »
Jalouses de se voir à leurs sœurs préférées,
Et chacune couvant d'un œil fier et serein
Ses bardes transcendants à la lyre d'airain.
Toutes ont un Génie et chacune peut croire
Que le sien est le seul digne de la victoire !
Mais, combien doivent voir ce doux espoir déçu,
Tous étant appelés, un seul étant reçu...

Tout à coup, aux sons purs des musiques divines,
La Gloire dit ces mots en notes cristallines :

(*) Les vers entre guillemets (« ») sont ceux ayant quelque analogie avec ceux des deux auteurs dont je me suis inspiré. Quelques-uns sont textuellement transcrits. Je rends à César ce qui lui appartient, ne voulant pas être accusé de plagiat.

— Poètes, approchez et déclinez vos noms ;
Ils seront tous inscrits dans nos fiers Panthéons,
Car, on n'admet ici que le talent immense ;
Mais, je veux au plus grand accorder la puissance ;
Et le front que ma main va bientôt couronner
Etant le plus divin qui se puisse prôner,
Les Peuples, l'Univers, l'Avenir, et moi-même,
Tout devra s'incliner devant son diadème !

On vit d'abord venir, dans un brillant rayon,
Un des fils les plus chers à l'altière Albion :

— Je fus riche et puissant dans la fière Angleterre ;
Ma Muse a célébré tous les grands de la terre ;
J'ai chanté les amours, les fureurs d'*Othello*.
La Gloire sait mon nom, qu'entoure un clair halo !
Elle va me donner le prix auquel j'aspire
Et tous rendront hommage à William Shakspeare !

La Gloire salua, mais ne se leva pas.

Ensuite on vit venir, marchant à petits pas,
Un beau vieillard rêveur qu'une enfant accompagne :

— O Gloire, je suis fils de la blonde Allemagne ;
Mon nom t'est bien connu : j'ai célébré *Mignon !*
Bientôt, de mon *Werther, Faust* fut le compagnon !
Gloire, de mes désirs daigne apaiser l'émeute
Et couronner mon front, car je me nomme Gœthe !

La Gloire lui sourit d'un air doux et charmant.

Et l'on vit s'avancer un second Allemand
Au front tout rayonnant, à la démarche altière,
A la voix assurée, aux cheveux en arrière,
Qui dit, les yeux brillant d'un lumineux éclair :

— O Gloire ! à moi ce prix : je me nomme Schiller !

La Gloire, pour ce nom, eut un nouveau sourire.

— Je suis Italien. J'ai souffert le martyre !
L'amour m'a rendu fou, puis m'ouvrit les tombeaux ;
J'ai chanté le ciel bleu, l'air pur, les blanches eaux

Du golfe de Capri, de Naples, de Sorrente ;
Les effluves du cœur et la brise odorante ;
Aimant la Liberté, j'ai pleuré les captifs
Gémissant tristement sur de lointains récifs.
Mais, je t'aime aussi, Gloire, et vers le Capitole,
Longtemps, j'ai pour te voir levé ma tête folle.
Ton sourire, une nuit, vint éclairer mon front...
Rêve, hélas ! Vision... Le réveil fut l'affront !...
Enfin, de m'accabler puisque tu parais lasse,
Décerne ta couronne à Torquato Le Tasse !...

La Gloire fit un signe et Tasse disparut.

Devant l'aréopage, après Tasse, apparut
Un poète couvert de flamme et de fumée,
Suivant les cent clairons chers à la Renommée ;
Son char était traîné par de petits démons
Dont les yeux flamboyants lançaient mille rayons :

— Le pays où naquit mon immense génie
Est doré de soleil : c'est la brune Italie !
J'ai décrit dans mes vers les astres sans pareils ;
L'Olympe, avec ses dieux et ses foudres vermeils ;
Puis, pour perpétuer de mon nom la mémoire,
J'ai célébré du Styx l'onde lugubre et noire ;
Gloire ! à ce nom je crois voir ton grand cœur ouvert :
On me nomme Le Dante et j'ai chanté *l'Enfer !*

Et la Gloire sereine étend sa main puissante
Et fait à ses côtés placer Le Tasse et Dante.

Puis, enfin, commença l'immense défilé
De chaque grand talent au Monde révélé.
Tous ces noms s'avançaient, sans ordre, sans rang d'âge :
Le poète français et le rimeur du Tage,
Le Grec avec l'Anglais, l'Espagne et le Piémont,
Les troubadours nouveaux et ceux de l'Hellespont ;
Homère fraternise avec Byron-Vampire,
Et Musset prend le bras du chantre de l'Epire ;
Démosthène, Ducis, Théocrite, Jackson,
Appelles, Lamartine et le rêveur Milton,
Scott, Abril, Schœll, Egger, d'Eschenbach et Delille,
Schlégel, Schmidtt, Gavinus, Tite-Live, Virgile,

Lohenstein, Longfellow, Klopstock, Victor Hugo,
Walter Mapès, Voltaire et Carlo Marenco,
Tous viennent exposer leurs droits à la couronne.
Et la Gloire, impassible, attend qu'un nom résonne
Et soit assez vibrant, dans ce lieu solennel,
Pour voir son front couvert du laurier éternel !

Quand ces superbes noms — qu'avec dessein j'abrège —
Eurent tous défilé dans ce brillant cortège,
Et qu'à chacun la Gloire eut payé son tribut,
Un homme à rubans verts dans les azurs parut :

— Gloire, on m'a dit, là-bas, que tu donnais la fête
A tout ce qui, sur terre, eut le nom de poète ;
« Et, malgré qu'à regret, je quitte mon fauteuil,
« Ma chambre de malade et mes soupers d'Auteuil, »
Je viens, obéissant à la voix qui m'appelle,
Partager dans les cieux l'agape fraternelle
« Et, convive joyeux, mais, buveur incomplet,
« Contre vos rouges bords choquer mon bol de lait. »
Gloire, je vois ton œil qui déjà m'interroge
Et semble demander de quel droit je m'arroge
Le pouvoir de narguer dans ce sacré parvis...
Voici ce que je fus, voici ce que je fis :

— Né d'un humble artisan, tapissier d'un grand prince,
Je n'eus pour son métier que le goût le plus mince,
Et, quand on demanda quel art serait le mien,
Je ne balançai pas ; je dis : Comédien !
Je partis au milieu d'une troupe nomade,
« De tréteaux en tréteaux, de bourgade en bourgade, »
Semant de ci, de là, quelques joyeux écrits
Rimés au jour le jour et tout aussitôt dits.
Puis, mon cœur fut épris d'une femme adorable...
(Elle devait bientôt me rendre misérable !)
Une comédienne !... Amoureux de son art,
Je lui donnai ma main, j'épousai la Béjart,
Et nous voilà tous deux reprenant notre course
« Et réparant du mieux les trous de notre bourse, »
Jamais comédiens n'ayant roulé sur l'or...
(Armande, je t'aimai : ce fut un triste sort !...)
Plus mon nom grandissait, plus cette âme servile
Employait ses efforts à m'échauffer la bile,

Et ma plume, vibrante et transpirant le fiel,
Ecrivit pour venger mon supplice mortel :
Je fis voir, au Théâtre, à la Cour, à la ville,
Combien l'espèce humaine est méprisable et vile ;
Je fis rire souvent et fis pleurer toujours,
Car j'atteignais mon but par maints adroits détours.
J'écrivis tour à tour *l'Etourdi, Sganarelle,*
L'Ecole des Maris ; je montrai la querelle
Des *Trois Docteurs rivaux* ; l'ennui dans *les Fâcheux* ;
Puis, *l'Amour médecin, le Docteur amoureux,*
Mariage forcé, l'Impromptu de Versaille,
Et *le Sicilien* qu'avec *Dandin* je raille ;
Mélicerte, la Comtesse d'Escarbagnat,
Amphytrion, Psyché, Monsieur de Pourceaugnac ;
Le Bourgeois gentilhomme éprouve mes critiques ;
Je flétris *Don Juan, les Amants magnifiques...*
Que n'ai-je pas écrit ?... Que citerai-je encor ?...
La Princesse d'Elide ?... ou cet autre trésor :
Don Garci' de Navarre ?... ou *le Maître d'Ecole* ?...
Partout je sus mêler sérieux et frivole,
Afin de châtier de ma puissante main
Et l'esprit et le cœur du méchant être humain.
Je montrai l'hypocrite haï que l'on rebuffe
En ridiculisant l'astucieux *Tartufe* ;
Je fis damner *l'Avare* embrassant son butin ;
On vit le plat valet dans le fourbe *Scapin* ;
J'abats la Faculté, sape l'Apothicaire :
Médecin malgré lui, Malade imaginaire ;
Le Dépit amoureux, par le rire, a tué
Le fat marivaudeur au vice habitué ;
Je montrai le néant de la vertu des âmes
Par le portrait d'Agnès, dans *l'Ecole des Femmes* ;
Sur l'esprit frelaté je dirigeai mes coups :
La mort sort de mes vers comme des bois les loups !
Mille mauvais auteurs, rimeurs à particules,
Sont dépeints dans *les Précieuses ridicules,*
Et la *Femme savante* est bien loin de sa sœur,
Puisqu'elle a plus d'esprit, mais beaucoup moins de cœur.
 Tout cela, je l'ai dit en rimes gracieuses,
En cent actes badins, en vingt formes joyeuses ;
La verve à pleins débords pétille dans mes vers,
Mais, mon siècle, en riant, reconnut ses travers :

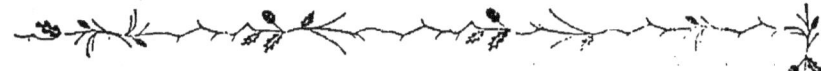

Il vit que ma gaîté n'était qu'une enveloppe ;
Que le fond de mon cœur est dans le *Misanthrope !*
   Enfin, de ces leçons mon siècle a profité :
L'Esprit s'est élargi ; l'Art s'est accrédité ;
Les Lettres ont flori ; les Sciences de même,
Et le siècle où régna Louis le Quatorzième
Brille, grâce à mon nom, d'un éclat sans pareil
Qui fait frémir le Monde et pâlir le Soleil !...
Voilà ce que j'ai fait ! Suis-je un dieu ? Suis-je un homme ?
Faut-il, après cela, Gloire, que je me nomme ?...

La Gloire, de son trône, à ces mots descendit,
Couronna le Poète et dans un chant lui dit :

— Poète, en ta faveur j'abdique ma puissance ;
Mon trône te revient : prends-en la jouissance !
Ton nom doit resplendir sur l'avenir vermeil ;
Il doit tout éclipser et rester sans pareil ;
Toi seul à l'Avenir donneras la Lumière,
Et la Gloire, à présent, se nommera : MOLIÈRE !...

Marseille, 5-6 Janvier 1880.

DÉSESPOIR

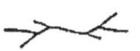

A Sarah Bernhardt

> J'ai bien fait des chansons pour elle :
> Je puis bien l'aimer, maintenant !
> (*Stances à la Malibran*, ALFRED DE MUSSET).

ENTENDRE ta voix d'or, te voir et t'admirer,
Tel fut pendant longtemps mon délicieux rêve ;
Et voilà que le jour qui ce matin se lève
    Voit ce rêve s'évaporer !

Après avoir charmé les grandes capitales :
Paris, le fier Soleil, Londres, l'Art lumineux,
Tu daignes, arrêtant ton vol vertigineux,
    Nous combler de faveurs égales.

Puis, lorsque l'Ancien Monde aura courbé son front,
Chacun t'ayant payé son tribut extatique,
Tu porteras tes pas vers la fière Amérique
    Et les rives de l'Hellespont.

Partout, devant ton char volera la Victoire ;
Ton nom scintillera comme l'étoile aux cieux ;
On te vénèrera plus que les demi-dieux,
    Qui seront jaloux de ta gloire !

Et tout être pensant se courbe sous ta loi ;
Tout être intelligent t'applaudit et t'acclame ;
Et chacun t'aura vue, et dans le fond de l'âme
    Aura le souvenir de toi !

Et moi, je serai seul à ne te pas connaître !
Seul, dans tout l'Univers, je n'applaudirai pas
Ce talent idéal aux sublimes appas
    Dont je ne pourrai me repaître !

« Pourquoi ? » demandes-tu, toi, qu'un grand fleuve d'or
A jamais sauvera de la sombre indigence
(Flots trop pauvres au prix de ton intelligence,
    Inappréciable trésor !)

— Parce que je ne puis aller à ce théâtre
Où je voudrais pourtant t'applaudir et t'aimer ;
Oui, je serai le seul à ne pas t'acclamer,
    Car, la Fortune est ma marâtre,

Et je ne puis aller au brillant rendez-vous
Que tu donnes ce soir à ce qui te révère ;
Je resterai chez moi, pleurant sur ma misère,
    Puisqu'une stalle vaut cent sous !...

Marseille, 23 Septembre 1880.

NÉGOCE & POÉSIE

Au bourgeois Albert D...

Ne, sutor, supra crepidam !
(Cordonnier, pas plus haut que la chaussure !)
(APPELLES).

Monsieur, vous m'avez dit une chose pénible,
Une vérité pure, une atroce oraison ;
Et, malgré tout l'orgueil dont je suis susceptible,
Il me faut convenir que vous avez raison :

Hélas ! je ne sais rien !... La stupide ignorance
Est mon seul apanage et mon seul gagne-pain :
Je ne sais pas jeter des poids dans la balance
Ni vendre des rubans ; aussi, je meurs de faim !

Je ne sais pas comment on mesure la toile ;
Je n'ai pas le grand art de vendre du satin ;
Mon esprit est couvert par un immense voile :
J'ignore le secret de faire un ballotin !

Pour être calicot, il faut l'intelligence !
Pour être clerc d'huissier, il faut un vrai talent !
Pour être un bon courtier, il faut de l'éloquence !
Un garçon buvetier est un cerveau brûlant !

Parbleu ! c'est vrai, cela ! car ces braves gens vivent ;
Ils gagnent de l'argent, ils mangent du pain blanc !
Pour combler tous leurs vœux les Pactoles dérivent
Et leurs flots vont porter le bonheur dans leur sang !

Mais, moi, je ne sais rien !... Je n'ai pas leur génie :
Je ne sais pas servir des bocks ou du galon !
Pour connaître les draps en vain je m'ingénie :
J'ai trop peu de savoir pour vendre un pantalon !

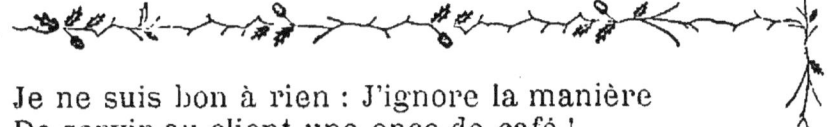

Je ne suis bon à rien : J'ignore la manière
De servir au client une once de café!
D'élever des jambons en forme de barrière!
De draper avec art un habit étoffé!

Que sais-je faire ?... Rien !... Rimer quelques paroles?
Rêver, les yeux au ciel et les pieds au bourbier?
Ecrire mes pensers en tendres paraboles?
Causer littérature, art, science ou laurier?

Qu'importe qu'en son temps j'aie adoré l'étude ;
Que mon front ait pâli sur Lycurgue et Caton ;
Que mon cerveau soit plein des leçons de Planude ;
Que je sache par cœur Homère et Cicéron!

Que me sert de connaître et Tibulle et Térence?
Que me sert de transcrire Eschyle et Spinoza?
Ce n'est pas le savoir, cela! C'est l'ignorance!
Le mérite est ici : vendre du miel-rosa!!!...

Croyez-vous, cependant, marchand par trop sévère,
Que Musset ait vendu beaucoup de jaconas?
Que Byron ait servi beaucoup de bocks de bière?
Que Lamartine ait fait du sirop d'ananas?

Nîrez-vous, ô bourgeois! qu'ils savaient quelque chose?
Qu'ils avaient du talent... autant qu'un épicier?
Et que, pour composer les chants de Cimarose
Il faille autant d'esprit... qu'au savant clerc d'huissier?

Puis, vous me reprochez de n'avoir pas de plume;
De calligraphier comme un enfant brouillon...
Je pourrais là-dessus écrire un gros volume...
Je dirai seulement, n'étant pas tatillon :

Avez-vous lu, monsieur, les œuvres admirables
Ecrites par la main du grand Victor Hugo?
Non : vous ne l'auriez pu ; pourtant, *les Misérables,*
Mal écrits, sont sortis de ce puissant cerveau.

Comme Shakspeare, Scott était presque illisible
Et, certe, ils n'auraient su vous vendre un champignon!
Traiter Gœthe de sot, ce n'est pas admissible?
Il écrivait fort mal : il fit *Faust* et *Mignon!*

Combien j'en citerais de ces talents immenses
Dont les noms immortels ornent les Panthéons,
Qui n'ont jamais vendu des gants ou des essences,
Et qui ne connaissaient ni velours ni chiffons !

Oh ! je vous entends bien ! Et vous allez me dire :
« Eh bien ! faites comme eux ! Vivez de ces talents !
Ecrivez des romans, des vers, de la satire !
Ajoutez votre nom à ces noms rayonnants !... »

Qu'un bourgeois est cruel !... — Les savants que je cite
Avaient de la fortune avant que des talents,
Et n'ont rien pu gagner par un travail licite
Qu'après avoir semé leurs beaux écus sonnants ;

Ils ne manquaient de rien ; écrivaient à leur aise ;
Quand un livre était fait, couraient chez l'éditeur ;
Le faisaient imprimer ; payaient, ne vous déplaise,
Pour faire publier le fruit de leur labeur.

Leur talent, étant vrai, retentit, par la suite ;
Le public curieux voulut voir, acheta ;
La vogue vint d'abord, la gloire vint ensuite ;
La fortune existait : la fortune augmenta !

Mais, ceux qui n'avaient rien, maudits et pauvres hères :
Hégésippe Moreau, Gilbert son doux rival,
Pendant toute leur vie ont traîné leurs misères
Et n'eurent pour mourir qu'un grabat d'hôpital !

Et vous avez raison en disant : « La science
Consiste à calculer combien font deux et deux ;
A mettre exactement le poivre en la balance
Ou bien à mesurer des rubans verts ou bleus ! »

Car ces cerveaux obtus : épiciers, liquoristes,
Commis de nouveautés, scribes à belle main,
Sans talent, sans esprit, sans rien, ne sont pas tristes :
Ils gagnent de l'argent !... Moi, je rêve et j'ai faim !...

Paris, Avril 1883.

CRI DU CŒUR

A-propos écrit pour l'Aîné des Jeunes Enfants de
Edouard Syndely, chauffeur à l'Imprimerie Edouard Aubert;
Interné à l'Asile d'aliénés de Clermont (Oise).
*Dit par le Bénéficiaire, dans la Soirée donnée au Chesnay - Versailles
le 31 Août 1884.*

Avant tout, donnez-moi, messieurs, votre indulgence;
Ne voyez en ces vers que la reconnaissance
D'un malheureux enfant sans père, sans soutien,
N'ayant que la douleur comme suprême bien;
Qui, sortant du berceau, pénétrant dans la vie,
Voit la raison d'un père à tout jamais ravie !
A sept ans, moi, l'aîné de deux autres enfants,
Je vous voudrais couvrir de baisers étouffants,
Car, vous avez aidé mes deux frères, ma mère;
Pour quelque temps chassé de leur toit la misère
En accordant vos cœurs sur ce diapason :
La pitié pour celui qui n'a plus sa raison !...
Tout émus, vous avez apporté votre offrande !
Oh ! que ma gratitude en soit encor plus grande :
Le mérite est réel, lorsqu'on a le bonheur,
D'interrompre son cours pour calmer la douleur !
A tous, merci ! merci !... Que mon âme oppressée
Incruste vos bienfaits dans ma jeune pensée
Qui, tant que je vivrai, se souviendra toujours
Que des pleurs de maman vous modériez le cours
En donnant à ses fils la généreuse obole !
Oh ! que la charité vous tresse une auréole
Et grave dans vos cœurs le souvenir aimant
De ma reconnaissance... et mon remercîment !

Versailles, 15 Août 1884.

ÆTERNUM VALE!

ÉLÉGIE INACHEVÉE

A feu Victor Hugo

> La plaintive Élégie, en longs habits de deuil,
> Sait, les cheveux épars, gémir sur un cercueil.
> (*L'Art poétique*, BOILEAU).

Infime, que ton cœur fasse vibrer ta lyre !
Fais-en jaillir des sons humbles et larmoyants,
Des pleurs amers et vrais, des mots purs et sans ire,
Pour ce Soleil éteint au Ciel des Orients !

Terre, ton Maître est mort !... Cieux, vous êtes pleins
Esprit, Humanité, vous êtes orphelins ! [d'ombres !...
Lettres, Sciences, Arts, vous êtes des nuits sombres :
Victor Hugo n'est plus du nombre des humains !...

Adieu, France, au Soleil !... La nuit étend ses voiles
Sur l'astre rutilant aux inondants rayons !
Telles on voit, en mer, s'éclipser les étoiles
Lorsque les ouragans font fuir les alcyons !

Plus rien ! La nuit partout ! France, plus de victoire !
La tristesse tombale et le cri du hibou !
Plus d'ensoleillement ! Plus de vers ! Plus de gloire !
Rien, qu'un sépulcre noir ! Rien, qu'un livre d'écrou !

Mais, ce livre d'écrou, c'est la page d'histoire
Qui fausse tous mes vers et les traite de fous,
Car, le Maître est inscrit au Temple de Mémoire
Où son nom resplendit, glorieux entre tous !...

Et Paris, dans sa puissance
Et dans sa reconnaissance ;
Paris, dans son juste orgueil ;
Paris, le cerveau du Monde ;
Paris, où le cœur abonde,
Transporte aux cieux ce cercueil !

Dans son Panthéon immense,
Paris, cette Intelligence,
Place sous le même arceau,
Plein de respect et d'estime,
Dans son orgueil légitime,
Hugo près du grand Rousseau !

Paris précède un cortège
Pour tout autre, sacrilège,
Pour Hugo-le-Grand, vainqueur !
Où tous les partis se fondent ;
Où les Peuples se confondent
Dans un sanglot de douleur !

. . . .

Paris, 2 Juin 1885.

Ecrit pendant que défilait le cortège de l'enterrement du Maître, sur le boulevard Saint-Germain.

LE PLAISIR

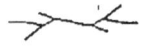

A feu Jacques Cazotte

Dont le conte a mis à l'envers
Mon cerveau — cette infime chose —
Qui, de cette suave prose,
A fait deux cents modestes vers.

(G. R.).

Dans l'Olympe vivent les dieux.
Le Plaisir, parfois, l'abandonne,
Et ce dieu, qui toujours se donne,
Se dirige vers d'autres lieux.
Sitôt que du Ciel il s'esquive,
Le nectar manque de saveur ;
L'ambroisie est une fadeur
Qui désespère le convive ;
Hébé perd toute sa fraîcheur ;
Les Trois Grâces sont languissantes ;
Junon, Vénus sont pâlissantes ;
Apollon est glacé de peur ;
L'aiguillon de l'Esprit s'émousse ;
Le Rire ne préside plus,
Emporté qu'il est par Momus
Qui l'ensevelit sous la mousse.

Donc, le Plaisir a fui le Ciel,
Et Mercure se précipite,
Ainsi qu'un clair aérolithe,
Messager providentiel ;
Il veut ramener dans l'Olympe
Le dieu volage et fugitif
Qui vient sur Terre, l'air craintif,
Pour y mieux chiffonner sa guimpe !

L'éclat d'une Cour, tout d'abord,
Les préparatifs d'une fête
Où la Jouissance s'apprête,
Frappent l'œil du Messager d'or ;
L'ouvrier même, qui travaille,
Semble joyeux de son labeur :
Il drape et cloue avec ardeur
Les tentures sur la muraille ;
Le « nom » du Plaisir est partout :
Il brille avec l'Impatience,
Qui fait une douce alliance
Avec mille spectateurs fous.
Mercure en franchit la cohorte ;
Il entre au palais en gala :
Contrainte, Etiquette sont là
Qui le reçoivent à la porte...
Il s'en éloigne sur-le-champ,
Car le Plaisir ne saurait être
Où ses ennemis ont leur camp,
Sous peine de se compromettre.

Mercure voit les boulevards
D'une immense et superbe ville
Où se déroule mainte idylle
Engendrée au gré des hasards :
Là se trouvent mille richesses ;
L'Art aux secrets prestigieux ;
Vastes jardins délicieux ;
Promenades enchanteresses ;
Là, guidés par Automédon,
S'élancent en pleine carrière,
Soulevant des flots de poussière,
Des coursiers montant l'Hélicon.
Tout semble heureux, dans cette ville !
Mercure ne se leurre pas :
Il voit le Brillant, le Fracas,
Mais, le dieu Plaisir, indocile,
A porté plus loin ses appas :
Du vain Bruit il ne fait nul cas...

Mercure regarde les belles
Qui font l'ornement de ces lieux :

Il plonge dans leurs yeux ses yeux,
Scrute l'éclat de leurs prunelles,
Et n'y voit que des passions
Volages, superficielles,
Mais point de franches étincelles,
De tendres exultations :
Rien que des amorces charnelles...

Le Messager de Jupin entre
Dans un théâtre fort *sélect,*
Au joyeux et riant aspect,
Où la Gaité semble à son centre.
La scène s'ouvre ; mille feux
Jaillissent de l'éclat des rampes ;
Des déesses portent les hampes
D'étendards rouges, blancs ou bleus ;
Un poème dithyrambique,
Plein d'intérêt et de chaleur,
Semble donner de la saveur
Aux doux accords de la musique ;
Ballets gracieux à ravir,
Danseuses belles de souplesse,
Maillots pleins de mainte promesse,
Semblent annoncer le Plaisir...
Mais, hélas ! la triste Habitude
Rend tous ces attraits superflus,
Et chez les spectateurs moulus
N'amène que la Lassitude.

Mercure entend parler soupés,
Tortoni, Brébant et Vachette...
Il suit les couples, en cachette,
Et se glisse dans leurs coupés.
On arrive, on monte et l'on entre
En cabinet particulier,
Mais le talent de l'hôtelier
Ne peut rendre joyeux son antre.
Mets délicats, cristaux brillants,
Vins capiteux, fruits délectables,
Ne font que rendre supportables
Les discours méchants, malveillants.
Les plats intacts vont à l'office ;
Les estomacs vides n'ont plus

Recours qu'à des propos diffus,
Dont l'Ennui cache l'artifice ;
Chacun de dire à son voisin,
Tout bas, comme une confidence :
— Je souffre et m'ennuie ; en cadence
Allons danser jusqu'au matin !

Quelle vie insensée, atroce !
Courir les spectacles, les bals,
Les soupers, les fiévreux régals ;
Rouler de carosse en carosse !
Un dieu seul, un être anormal,
Ou bien les gens dits à la mode,
Peuvent se soumettre au dur code
Que suit Mercure !... Il est au bal !

« Que de masques ! que de folie !
Quel désordre dans les propos !
Quel sinistre bruit de grelots !
Et partout la Mélancolie !
Je vois tous les mondes dansant ;
Un barbon faisant le bellâtre ;
Je vois des filles de théâtre
Racolant le naïf passant ;
Je vois le poisson fainéant
Qui cherche à former une intrigue,
Et sa Laïs qui se prodigue
Pour lui trouver un suppléant.
Tout ce monde-là se tourmente
Pour tâcher de se divertir,
Mais... où se trouve le Plaisir
Que je cherche et que nul n'évente ? »

Lors, arrive un couple amoureux :
Cupidon les suit, les enchante,
Vénus leur entr'ouvre sa tente,
Et Mercure s'estime heureux...
« Je termine mon ambassade,
Se dit-il, car le dieu Désir
Va me ramener le Plaisir
Dans leur amoureuse embrassade... »
Un char vole, et nos deux amants,
Par les dieux Amour et Mystère,

Sont bientôt conduits à Cythère,
Dans un temple des plus charmants ;
Le Goût, les Grâces, la Mollesse
En ont choisi les ornements,
Et les plus merveilleux divans
Semblent appeler la caresse.
La belle paraît s'ennuyer :
Elle bâille, rit ou critique ;
Le galant ricane et réplique
Et le Dépit va les brouiller...
Mais, la Luxure les emporte,
Les Sens assoiffés sont vainqueurs,
La Vertu s'enfuit de leurs cœurs,
La Pudeur est mise à la porte,
Et leurs corps, que l'on voit s'user,
Ont recours, malgré leur jeune âge,
Au dieu-vice Libertinage
Qui seul pourra les amuser...

 Mercure est un dieu peu novice :
Pourtant, il est scandalisé !
Lui, qui se croyait un blasé,
N'a qu'à retourner en nourrice...
Il s'enfuit, et le dieu Hasard
Fait éclater dans la nuit sombre
Des clartés jaillissant de l'ombre
Pour attirer chaque regard :
Des gens grotesques se démènent,
Poussent des chants de mauvais ton ;
Des fats se montrent au balcon
Ou trop gravement se promènent ;
Tous ces bourgeois prétentieux,
Après un souper très solide,
Font éclater leur cerveau vide
Pour trouver des propos joyeux.
Mais, Mercure poursuit sa course,
Car il sait bien que le Plaisir
Ne viendra point s'épanouir
Chez les Sots non plus qu'à la Bourse !...

 Enfin, les ombres de la Nuit
Se dissipent et vient l'Aurore ;
Mercure boit à pleine amphore
Le Soleil qui dans les cieux luit.

Et les beautés de la Nature,
Les joyeux réveils des oiseaux,
Les frémissements des roseaux,
Lui font goûter l'ivresse pure !
« Le Plaisir serait-il par là,
Sous cette cabane de chaume ?... »
Déployant l'aile de son heaume,
Le dieu Mercure s'envola...

Il entre en une maisonnette ;
Trouve Mélite et Démophon
Qui, dans un petit coin, se font
L'aveu de leur tendre amourette.
Démophon a cinq lustres d'ans,
Mélite à peine en a vu quatre ;
Tous les deux sentent leur cœur battre,
L'un pour l'autre, de doux élans ;
Leurs âmes pures, innocentes,
Pleines de chaste passion,
Veulent la consécration
De l'Hymen aux formes décentes ;
Et lorsque Mercure apparut,
La Pudeur leur jeta ses voiles
Et leur fit courir dans les moelles
De doux Frissons qu'il reconnut...
Dans leurs yeux il voit la présence
De l'inconstant qu'il veut saisir :
Il s'élance sur le Plaisir
Et le soumet à sa puissance.
Il le ramène dans le Ciel
Pour devant Jupin comparaître ;
Mais souvent, Plaisir, petit traître,
Enfreint l'ordre de l'Éternel...
Et quand Démophon et Mélite
Ne se trouvent pas séparés,
Leurs chastes cœurs sont assurés
Que le Plaisir sur Terre habite !

Paris, 12 Juin 1885.

MES RIMES

Au Journal des Muses, d'Elbeuf

Qu'avez-vous donc, mes pauvres Rimes ?
Qui vous met en un tel émoi ?
Vous voletez avec effroi
De l'abîme aux plus hautes cimes !

Vous semblez vouloir me quitter,
Moi, qui toujours vous ai chéries,
Vous, qui fûtes mes Egéries
Quand la douleur vint me hanter !

Vous semblez être mal à l'aise
Dans mon cerveau creux, sombre, étroit,
Et vous me demandez le droit
De vous brûler à la fournaise !

La lutte a pour vous des appas,
O mes Rimes, mes chères filles !
Et vous me cherchez des bisbilles
Pour courir peut-être au trépas !

Vous méconnaissez ma tendresse !
Fuyant mon recueil soporeux,
Vous voulez des lecteurs nombreux :
Ils vous verront sans allégresse...

Moi, je vous avais dans mon cœur
Et je vous aimais pour moi-même ;
Quand j'avais écrit un poème,
Pour moi seul était le bonheur !

Je ne pouvais penser que d'autres
Pussent vous lire avec plaisir !
Je psalmodiais à loisir
Mes Rimes, chères patenôtres !

Pourtant, comme tous les papas,
Je compris que mes tendres filles
Pourraient se complaire aux quadrilles,
Et je ne vous en privai pas.

Justement, la gente *Musette*
Conviait chacun à son bal :
Comme en un soir de carnaval
Je voulus vous montrer la fête...

Dans ses colonnes on vous vit
Tour à tour tristes ou joyeuses,
Passant, lugubres ou rieuses,
De l'idylle au navrant récit.

Mais voilà que mes sottes Rimes,
D'un petit succès s'enivrant,
Prennent des airs de conquérant
(Oubliant leurs sources infimes)

Et s'en vont là-bas, vers le Nord,
Où se fait le *Journal des Muses*,
Boire, ivrognesses sans excuses,
Les eaux d'Hippocrène à plein bord !

Y songez-vous, mes imprudentes ?
Aller vivre avec les Neuf Sœurs !
Aller leur conter des douceurs !
Les prenez-vous pour des Bacchantes ?

Vont-elles se prostituer
Et dans vos bras faire leurs siestes ?
Mes Rimes, soyez plus modestes,
Sinon vous vous ferez huer !

Vous voudriez, prétentieuses,
Me conduire auprès d'Apollon ?...
Je suis au pied de l'Hélicon,
Craignant Permesse aux eaux joyeuses,

Et vous me mettez à cheval
Sur le fier et fougueux Pégase,
Là, d'un seul coup, sans nulle phrase !...
Ah ! votre orgueil est sans rival !

Non ! croyez-moi : Pinde et Parnasse
Ne sont pour des gens comme nous ;
Restez tranquillement chez vous,
Où votre père vous embrasse !

Par pitié, restez avec moi !
Claquemurés en ma chambrette
Nous chanterons pour *La Musette* :
Près d'elle je suis sans effroi ;

Mais, aller au *Journal des Muses* !...
Mes Rimes, vous n'y pensez pas ?
Malgré leurs célestes appas
Ces déesses sont des Méduses !

Puis, qu'iriez-vous dire à Clio,
Qui préside les cours d'histoire ?
D'Uranie, à l'Observatoire,
Liriez-vous les in-folio ?

Euterpe adore la musique :
Connaissez-vous quelques accords ?
Vous blesseriez de sons discords
Polymnie et son chant lyrique !

Oui, Terpsichore vous plairait !
Vous entreriez bien vite en danse !
Mais, pour vous imposer silence,
Erato la triste apparait

Et la tragique Melpomène
Vous menace de son poignard !
O mes Rimes au ton mignard,
Fuyez la sombre énergumène !

Pauvres enfants d'un plébéien,
Thalie est trop femme du monde,
Et sa science est trop profonde,
Pour qu'elle vous accueille bien !

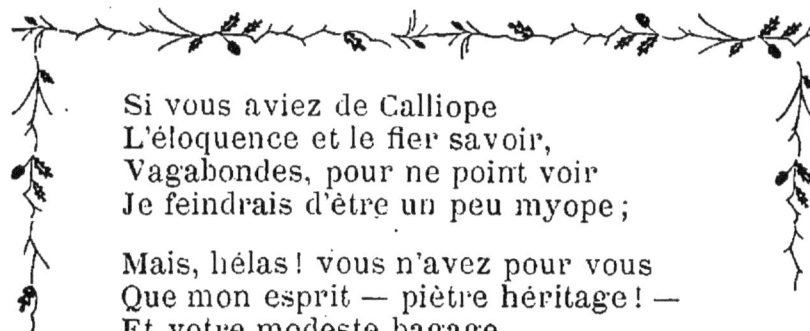

Si vous aviez de Calliope
L'éloquence et le fier savoir,
Vagabondes, pour ne point voir
Je feindrais d'être un peu myope ;

Mais, hélas ! vous n'avez pour vous
Que mon esprit — piètre héritage ! —
Et votre modeste bagage
Est tout plein de trognons de choux !

Malgré cet avis salutaire,
Mes Rimes, vous quittez Paris ;
Vous voulez voir d'autres pays ;
Vous abandonnez votre père !...

Allez donc !... Le fait n'est pas neuf !...
Puisse votre désir funeste
Ne pas vous rapporter la veste
Qu'on peut vous faire... en drap d'Elbeuf !...

Paris, 10 Novembre 1885.

DEUX INCONNUES

LÉGENDE RUSSE

Aux Typographes
du *Soleil du Midi* et de la *Gazette du Midi*
de Marseille

Quelques jours avant la Noël
C'était fête chez l'Eternel.
Dans son palais de bleus nuages
Dieu recevait les femmes sages...
Les Vertus seules, sans Messieurs,
Etaient admises dans les cieux ;
(L'idée était assez baroque !
Jéovah vieux bat la berloque !)
Pourtant, la fête eut plein succès ;
Aucun mâle n'en eut l'accès
Et les Vertus vinrent en foule,
Comme un flot qu'agitait la houle...
Quoi ! vous en paraissez surpris ?...
Ça se passait en Paradis !... —
Grandes Vertus, Vertus petites,
De tous genres, de tous mérites,
Etaient dans l'azuré séjour,
A l'Eternel faisant leur cour.
Les Quatre Vertus Cardinales,
Les Trois Vertus Théologales.
Se mêlaient sans distinction
Aux Vertus Abnégation,
Héroïsme, Douceur, Constance,
Fermeté, Morale, Clémence,

Chasteté, Bravoure, Pitié,
Tendresse, Pudeur, Amitié ;
L'Humilité suit la Décence ;
La Bonté frôle l'Abstinence ;
Nulle ne craint le moindre affront :
Chacune a l'auréole au front !
Plus faciles, plus agréables,
Naturellement plus aimables,
Les petites plaisaient bien plus
Que les belles grandes Vertus.
Toutes semblaient se reconnaître,
Eprouver un certain bien-être
A se revoir, loin du danger
Qu'offre le Monde mensonger !

Dieu voit deux dames, brune et blonde,
Qu'on fête partout à la ronde :
Ces Vertus, aux divins appas,
Se voyant, ne se parlaient pas,
Quoique aimables avec les autres...

— Quels noms, mesdames, sont les vôtres ?
Leur dit Dieu d'un ton paternel...

S'inclinant devant l'Eternel :

— Seigneur, je suis la Bienfaisance !

— Moi, je suis la Reconnaissance !

Ce fut un cri d'étonnement :
Ces Vertus, depuis le moment
Où Dieu les avait consacrées,
Jamais ne s'étaient rencontrées !...

Paris, 9 Février 1887.

« LA MUSETTE » EN CORRECTIONNELLE

A Me Henri Thiéblin,
Avocat près la Cour d'Appel de Paris,
Défenseur de *La Musette*.

PRÉVENUE, approchez ; votre nom et votre âge ?

— Je me nomme *Musette* et j'ai trois ans bientôt.

— Quoi ! si jeune, et déjà vous frisez l'échafaud !
Vous vivez de scandale et de libertinage !

— Monsieur le Président, c'est une grave erreur ;
La morale n'est pas atteinte en mon affaire,
Et je ne suis ici qu'afin de satisfaire
Au mandat qu'a lancé Monsieur le Procureur.

— Votre crime est flagrant, pourtant, et manifeste !
(De quoi s'agit-il donc ?...)

                   — Vous ne le savez pas
Et vous voilà tout prêt à signer mon trépas !
Pourquoi Justinien a-t-il fait le *Digeste* ?...

— Silence, prévenue, et ne pérorez plus,
Ou nous augmenterons le chiffre de l'amende...

— Mais, pour la mériter, monsieur, je vous demande
Quel crime j'ai commis ?...

                   — Un effroyable abus !

De la loi vous montrant frondeuse et méprisante ;
Bravant l'article dix...

— *Piau !* (1)

— Vous dites ?

— *Piau ! Piau !* (2)

— Je ne vous comprends pas ?

— Un terme de *battiau !* (3)

— Enfin, que dites-vous ?

— Rien, monsieur ; je plaisante !

— On ne plaisante pas devant le Tribunal !

— Ah ! bien ! si vous pensez me rendre sérieuse
Vous perdrez votre temps !... Mon humeur est rieuse :
La gaîté doit rester mon signe original ;
Enfantée en riant, je dois chanter sans cesse
Le vin, l'amour, la joie et le noble travail,
Afin que l'ouvrier, rentrant à son bercail
Après le dur labeur, retrouve l'allégresse !

— (Cette feuille est mignonne et me ravit, ma foi !
On doit rire, avec elle, en faisant la causette...)
Monsieur le Procureur, relaxons-nous *Musette* ?...

— Le crime est là... Je veux les rigueurs de la loi !...

— Hou ! méchant Procureur !...

— Voyons votre défense ?

— « Voici le fait : Depuis quinze ou vingt ans en ça,
« Au travers d'un mien pré certain ânon passa... »

— Je ne puis tolérer une telle licence !
Racine au Tribunal !...

— Hé quoi ! mon Président
Est un littérateur !... Il connaît son Racine !
Je suis sauvée !... Hourrah !... Voilà ma Mélusine !...
Un président lettré ne peut qu'être indulgent !...

Lors donc, mon défenseur discutera ma cause ;
Moi, je veux vous conter, *invita Minerva,* (4)
Ce que ne peut savoir Monsieur mon Avocat...
Qu'il plaide en chicanier : en gamine je cause !

— Elle parle latin !... C'est tout à fait charmant !

— Comme vous pouvez voir, je suis une feuillette
Qui, douze fois par an, lève sa chemisette
Pour chaque gai luron qui prend l'abonnement...

— Hum !...

— Je ne me vends pas dans un espoir de lucre :
Mon but n'est pas, Messieurs, l'*auri sacra fames !* (5)
La Musette castigat ridendo mores, (6)
Et, sans faire de mal, sur tous casse du sucre...

— *Proh pudor !...* (7) Ce langage est-il pas immoral ?
« Relève sa chemise !... »

— En papier, mon bon Juge !

— Sévèrement, Messieurs, j'exige qu'on la juge !
« L'accessoire suivant toujours le principal !... » (8)

— Monsieur le Procureur, vous êtes bien sévère
Et traitez durement mes pauvres rimailleurs.
Si leurs termes sont crus et leurs accents railleurs,
Ils parlent rarement avec haine ou colère ;
Je ne leur permets pas les affligeants propos ;
Ma jeune expérience avec soin les modère,
Et si, depuis trois ans, doucement je prospère,
C'est pour moraliser mes amis les *typos !*

— Moraliste, à présent !... Avec du papier rose !...
La loi, la loi, Messieurs ! car j'aperçois, au bas,
D'Antoine un compagnon...

— *Quœtès !* (9)

— Hein ?

— Quel *pallas !* (10)

— Craignez de propager l'affreuse trichinose !...

— Le Tribunal, Messieurs, se déclare éclairé.
Musette, travailleuse et fort intéressante,
Spirituelle, aimable, et sans doute innocente,
Doit pourtant supporter notre délibéré.
Des ouvriers, Messieurs, jouant aux journalistes,
S'amusent à rimer, à lire, étudier ;
Fuyant le cabaret, ils vident l'encrier
Pour y trouver au fond des pensers gais ou tristes !
Encourageons cela !... Par un bon *maximum*
(Dont nous écarterons la cause atténuante),
Prouvons à l'ouvrier, de façon concluante,
Que notre amour pour lui n'eut jamais de *summum !*

. . . .

Un bon gendarme, ému, reconduisant *Musette,*
Lui dit :

— Que ces messieurs sont sévères, vraiment !
Voici quarante sous pour mon abonnement :
Ça dédommagera votre pauvre cassette !

Paris, 23 Mars 1886.

---

(1) C'est faux ! (Argot des typographes). — (2) C'est faux ! C'est faux ! — (3) Métier. — (4) En dépit de Minerve, c'est à dire : Malgré mon manque de talent. — (5) L'exécrable soif de l'or. — (6) *La Musette* corrige les mœurs en riant (Impromptu de Santeuil sur la comédie). — (7) O honte !... — (8) Aphorisme juridique de J. Godefroy. — (9) Que tu es ! (Argot des typographes). — (10) Quelle harangue !

La Musette, *Recueil des Elucubrations versifiées des Typos Poètes de France*, ayant omis de faire le dépôt au Parquet de son numéro exceptionnel 29 *bis* (Mi-Décembre 1885), exigé par l'article 10 de la loi de 1881 sur la Presse, fut condamnée, par la 9ᵉ Chambre correctionnelle de la Seine, à 50 francs d'amende et aux frais, soit 77 fr. 56 c. — C'est ainsi que l'on encourage les ouvriers studieux !... Il est vrai que si le gérant qui personnifiait *Musette* avait été trouvé ivre-mort dans un ruisseau, il n'eut été condamné qu'à 5 francs d'amende... O morale de la loi !

Dix mois après la condamnation, en Janvier 1887, on remboursa au gérant quarante et quelques francs !... Les Juges avaient donc eu tort ? Mais, alors, pourquoi ne pas rendre tout, si la condamnation a été injuste ?

Plus tard, ayant fait paraître un autre numéro exceptionnel (nº 41 *bis*, Mi-Décembre 1886), *la Musette* fut de nouveau poursuivie, en mars 1887, mais, cette fois, en vertu de la loi de 1882 *sur le colportage ;* elle fut condamnée, la pauvre petite vierge, comme publication obscène : trois ou quatre vendeurs, comme auteurs principaux du *délit de colportage,* à 50 francs d'amende ; l'imprimeur, comme complice au premier chef, à 50 fr. d'amende, et le gérant, comme complice au second chef, à 200 francs d'amende et aux frais, soit pour ce dernier 326 fr. 10 c., ce qui fut la mort de *Musette*.

Aucune pièce du numéro poursuivi *ne fut spécialement visée,* contrairement à ce qu'a dit un journal typographique *ouvrier (!),* qui insinua que j'étais cause de cette condamnation, alors que, au contraire, ma transformation en vers de *La Justice de Paix* a servi d'argument à la défense, ce conte ayant paru, *en prose,* sous la signature « Octave Mirbeau », le jeudi 4 février 1886, dans le nº 10 de *la Vie Populaire,* et, je crois, dans *la France,* journaux qui n'ont pas été inquiétés.

Je crois intéressant de donner ici la lettre écrite, au lendemain de la première condamnation, par M⁰ Henri Thiéblin à Georges Delavande, directeur-gérant de *la Musette*. Je donnerai plus loin, dans les *Poèmes réalistes*, à la suite de la pièce *La Justice de Paix*, le compte rendu presque sténographique du jugement de la Cour d'Appel de Paris. Ainsi seront réduites à néant les allégations calomnieuses de ce journal typographique *ouvrier (?)* dont je ne veux pas écrire le nom, par respect pour mes lecteurs, et pour ne pas salir mon volume...

Lettre de M⁰ Henri Thiéblin

« Vous m'avez demandé de vous résumer les observations que j'ai présentées au tribunal hier, dans l'intérêt de votre défense. Les voici :

« L'article 10 de la loi de 1881 ne punit que l'omission du dépôt d'une feuille ou livraison d'un journal périodique. *La Musette* est bien un journal périodique ; il paraît le 1ᵉʳ du mois ; il a ses abonnés et ses acheteurs ; mais la livraison parue en mi-décembre 1885 n'était pas une livraison du journal. Elle se distinguait du journal par ce fait capital que, imprimée sur un papier de couleur différente, contenant des pièces d'un caractère absolument différent de celui des pièces insérées dans les livraisons habituelles, elle n'était pas servie aux abonnés et devait être achetée par eux. C'est donc un imprimé ordinaire, soumis aux lois sur la presse non périodique.

« Du reste, bien qu'il s'agit d'une contravention, on devait faire l'application la plus modérée de la peine, ainsi que le permet l'article 64 de la loi de 1881. Le défaut de dépôt était imputable, non pas à la volonté de soustraire la livraison aux investigations du Parquet, mais simplement *à la négligence de l'imprimeur* chargé de faire le dépôt. La livraison, en effet, ne présente aucun caractère délictueux. Les pièces qui y sont insérées sont badines et légères, mais ne dépassent pas les bornes de ce qui est permis par l'honnêteté et par la loi. *La Musette* se défend très énergiquement de toute tentative de pornographie. Les avis adressés par elle à ses collaborateurs sont absolument formels : pas d'ordure, rien qui ne puisse être lu par des hommes ayant vécu, mais n'aimant pas cependant l'obscénité. Il ne faut pas tuer la pauvre *Musette* par une condamnation qu'elle ne pourrait supporter. Elle est pauvre, et incontestablement intéressante. Elle n'a pour collaborateurs que des ouvriers typographes ; c'est leur distraction, qui entretient chez eux les goûts littéraires et élevés. Ce n'est pas une œuvre mercantile ; les rédacteurs ne sont pas payés, mais, au contraire, paient (oh ! bien peu !) pour collaborer. La situation particulière du gérant est des plus intéressantes aussi… Enfin, il faut punir la contravention, si elle existe, de la manière la plus douce, et approprier la peine au délit et au délinquant.

« Je regrette que ces observations, que je crois très justes et très fondées, n'aient pas reçu du tribunal un meilleur accueil, et que vous ayez été traité comme les plus gros bonnets de vos confrères. C'est un vrai chagrin pour moi de n'avoir pu vous tirer de ce mauvais pas. N'en croyez pas moins à mon vif désir de vous être utile et à mes sentiments bien dévoués.

« HENRI THIÉBLIN. »
Avocat près la Cour d'Appel de Paris,
10, RUE DE L'ABBAYE.

UNE SORTE (*)

A Martial Haton

Quai des Grands-Augustins
Jadis, fut la Vallée,
Marché qui des festins
Assurait la tablée.
Les *typos,* gens gourmands,
Allaient, les jours de fête,
En généreux chalands
Faire leur fine emplette ;
Les lots, parfois fort gros,
S'apportaient à la *boîte*
Pour, les jours de campos,
Aller à gauche, à droite...

Un jour, un fiancé,
Dans cette loterie
Eut un gallinacé
Que, sans bégueulerie,
J'appellerai d'un nom
Célèbre au Capitole,
Volatile en renom
Dans une métropole.

Le *frère,* tout heureux,
Prend l'oie, et l'enveloppe
Dans le but généreux
(C'était un philanthrope)

(*) *Une farce,* tiré: du *Dictionnaire de la Langue verte,* d'E. Boutmy.

De l'apporter, le soir,
Chez sa future épouse...
L'amoureux, plein d'espoir,
Met l'oison sous sa blouse,
Et bientôt, tout joyeux,
L'offre à sa belle-mère ;
S'attable, cause, heureux,
Rit et vide son verre !

Pourtant, belle-maman,
Que le cadeau fascine,
Curieuse, un moment
S'esquive à la cuisine,
Mais, en revient bientôt,
La mine furibonde,
Querellant le *typo*
Et sa *bergère* blonde.
Ceux-ci, voulant savoir
D'où vient l'humeur chagrine
Se lèvent et vont voir...
Hélas ! dans la cuisine
Le sol était jonché
D'*éponges*, de *savates*,
Des débris d'un *cliché*
Et de fragments de *jattes* !

D'oie, on n'en voyait point !

On devine la *sorte :*
Un *frère*, fort à point
L'avait faite, et très forte !

Le lendemain, dit-on,
Chez le *troquet* d'en face,
Dans un gai *gueuleton*
L'oie eut la bonne place !
Le pauvre fiancé
Qui perdit son épouse
Y gagna — c'est forcé —
La *barbe*... grand *in-douze !*

Marseille, 20 Avril 1889.

FIANÇAÏOS

A M:lo Miello Fauré-Gignoux

Mietto, siès moun amou,
Ti juri dé t'eima toujou!

O Mietto ma fiançado,
Quan ti viéou, viéou rèn dé pu béou!
O ma pichouno ben-eimado,
Siès moun Univèr, moun souléou!
Teis ueil lusoun coumo d'estèlo;
Soun p choué, maï plén d'un fuè
Qu'acclapoun tei négro parpèlo,
É qué vèn rescooufa ma nuè!

Dins caouquei tèm séras ma frémo:
Toun amou m'en douno l'espouar;
Sèns' oouserva lou lon Carémo
Tou l'an s'embrassaren dé couar!
Milo poutoun, sus ta bouquetto,
Per la miéou si veiran cuèillis,
É beisaraï la péou lisquetto
Dé tei dous nichoun tant poulis!

Paourei d'argèn, d'amou sian richè;
Avèn dé bras per lou travaï;
Dé fatigo sèren pa chichè
Per lou ben dé nouesté brécaï!
Eh! qué nou garço la fortuno,
Doou moumèn qué gagnan dé pain!
Qué s'embrascan oou clar dé luno
É qué fèn l'amou per camin!

FIANÇAILLES

A Mlle Marie Faure-Gignoux

O MARIETTE, tu es mon amour,
Je te jure de t'aimer toujours !

O Mariette, ma fiancée,
Quand je te vois, je ne vois rien de plus beau !
O ma petite bien-aimée,
Tu es mon Univers, mon soleil !
Tes yeux brillent comme des étoiles ;
Ils sont tout petits, mais pleins d'un feu
Que recouvrent tes noirs cils
Et qui vient réchauffer ma nuit !

Dans quelques temps tu seras ma femme :
Ton amour m'en donne l'espoir ;
Sans observer le long Carême
Tout l'an nous nous embrasserons de cœur !
Mille baisers, sur ta bouchette,
Par la mienne se verront cueillis,
Et je baiserai la peau douce et fine
De tes deux seins si jolis !

Pauvres d'argent, d'amour nous sommes riches ;
Nous avons des bras pour le travail :
De fatigue nous ne serons pas chiches
Pour le bien de notre bercail !
Eh ! que nous importe la fortune,
Du moment que nous gagnons du pain !
Que nous nous embrassons au clair de lune
Et que nous faisons l'amour par chemin !

Avèn lei bouen préfun dei couello
Embeimado dé roumarin,
Dé lavand' ei sentour tan mouello,
Dé farigouro oou graciéou brin ;
Sus lou tapis dé fino ramo
Mounté s'espandissoun lei blù.
Touei dous, fèn sangi dé nouest'amo
Dins dé coou d'ueil qué soun pa mù !

Lei députa vo lei mounarco,
Cordura d'or é dé galoun,
Ménoun maou, pïoun nouestei barco :
Vaï ! prendran pa nouestei poutoun !
S'énébrïaran ?... Faran fèsto ?...
Oouran dé rèntos é dé crous ?...
Iéou, m'énébrïi dé ta testo !...
Sé va sabièn, sérièn jalous !

Nouesto pichouno meisounetto,
Plantado oou mitan d'oou valoun,
Abritara nouest'amouretto
Quan toun ventroun fara baloun...
Puèi, quan lou pichoun vo la fïo
Rempliséra l'èr dé sei cris,
Oourèn lou bouenur dé famïo
É si creirèn oou Paradis !

O Mietto, siès moun amou,
Ti juri dé t'eima toujou !

La Paneuzo, 19 Avoùst 1889.

MÉLANGES. — FIANÇAÏOS (FIANÇAILLES)

Nous avons les bons parfums des collines
Embaumées de romarin,
De lavande aux senteurs si molles,
De thym au gracieux brin ;
Sur le tapis de fine ramille
Où s'épandent les bluets,
Tous deux, nous faisons échange de notre âme
Dans des coups d'œils qui ne sont pas muets !

Les députés ou les monarques,
Cousus d'or et de galons,
Mènent mal, pillent nos barques :
Va ! ils ne prendront pas nos baisers !
Ils s'enivreront ?... Ils feront fête ?...
Ils auront des rentes et des croix ?...
Moi, je m'enivre de ta tête !...
S'ils le savaient, ils seraient jaloux !

Notre petite maisonnette,
Plantée au milieu du vallon,
Abritera notre amourette
Quand ton petit ventre fera ballon !
Puis, quand le petit garçon ou la fille
Remplira l'air de ses cris,
Nous aurons, le bonheur de famille :
Et nous nous croirons au Paradis !...

O Mariette, tu es mon amour,
Je te jure de t'aimer toujours !

La Panouze, 19 Août 1889.

MERCI !

A Mlle Clary, artiste lyrique

Le Groupe Gutenberg connaissait la divette
Dont la voix égrenait les perles du refrain
Dans les joyeux flonflons de la folle opérette ;
Il voulut visiter de près ce riche écrin :

Désir vite exaucé par votre complaisance ;
Nul de nous n'en doutait, mais chacun fut surpris
Et charmé du bon air de naturelle aisance
Que vous donne l'habit masculin par vous pris.

Alors qu'on s'attendait à voir l'artiste-femme
Couverte des atours aux tons vifs et brillants :
Dentelles, fleurs, satins, chatoyant amalgame
Rehaussé de rubis, ors, saphirs et brillants,

Vous avez dédaigné ces parures futiles,
Jugeant avec raison qu'avec nous, ouvriers,
Les bijoux du talent vous seraient seuls utiles,
Et que ces diamants — vos yeux — sont meurtriers !

Et vous êtes venue à la bonne franquette,
Sans apparat ni pompe, en femme sans façon
Qui, mettant de côté les mines de coquette,
Nous permet de serrer la main d'un bon garçon !

Marseille, 11 Novembre 1889.

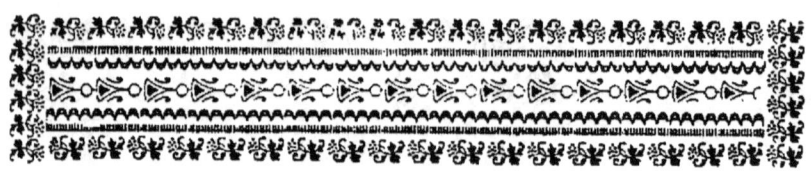

LE NOËL DU « GUTENBERG »

Air du *Noël*, de Cappeau de Roquemaure, Musique d'Adolphe Adam

A Henri Colombon,
Président du *Groupe Gutenberg,* de Marseille

Minuit, typos !... C'est l'heure solennelle !
Le Gutenberg nous a rassemblés tous
Pour partager l'agape fraternelle
Et de nos cœurs éloigner le courroux !
Mettons en lui toute notre espérance !
Son digne chef, ardent comme un charbon,
Nous conduira tous à la délivrance !...
Noël ! Noël ! pour Henri Colombon ! *(bis)*.

Notre métier, c'est la Lumière ardente
Qui guide l'homme et qui forme l'enfant ;
Fraternité, cette étoile brillante,
Par lui s'étend du Nord à l'Orient !
Le but est beau !... Mais il faut battre en brèche
Le négligent égoïste ou poltron !...
Depuis longtemps, un homme est là, qui prêche !
Courbez vos fronts : c'est Henri Colombon ! *(bis)*.

Le Gutenberg brisera toute entrave !
A tout typo son refuge est ouvert ;
Il veut aider à délivrer l'esclave ;
Il veut lutter contre un patronat fier !
Tel est le but que depuis sa naissance
Son créateur poursuit, actif et bon !...
Blâme qui veut !... Nous, par reconnaissance,
Chantons Noël pour Henri Colombon ! *(bis)*.

Marseille, 20 Décembre 1889.

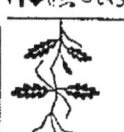  

Henri Colombon

La pièce qui précède n'est pas une flagornerie, mais un sincère hommage rendu à un ami de l'Humanité.

Loin de la politique et du funeste esprit de parti, Henri Colombon, depuis son jeune âge, n'a cessé, dans sa sphère, de lutter pacifiquement pour l'amélioration du sort des travailleurs. Travaux, fêtes, plaisirs, tous les moyens sont par lui employés pour arriver au but *Fraternité!* Ayant la très heureuse chance de n'avoir jamais connu le chômage, il en profite pour songer à ceux qui le connaissent trop, et combattre l'égoïsme des satisfaits rapaces. Fondateur du *Cercle des Epicuriens philanthropes*, l'un des fondateurs du *Syndicat typographique* de Marseille, promoteur de la *Bibliothèque* de ce Syndicat, initiateur des *Concours typographiques* et des *Cours théoriques d'Apprentis*, créateur du *Groupe Gutenberg*, promoteur des *Fêtes provençales de 1892 pour la Célébration du 3e Centenaire de l'établissement de l'Imprimerie à Marseille*, etc., etc., ne sont-ce point là des titres à la reconnaissance ?... Puisse ce témoignage le consoler des inévitables détracteurs de tout ce qui s'élève !

Ce livre ayant pour but d'affirmer mes sentiments d'amour de l'Humanité, je me félicite de la coïncidence qui le fait terminer par la louange d'un tel cœur; je ne pouvais souhaiter une plus heureuse

DEUXIÈME PARTIE

POÈMES RÉALISTES

A MES LECTEURS & LECTRICES

Enfin! nous y voici : POÈMES RÉALISTES !...
Sous ce titre on attend des récits orduriers,
Des propos sales, crus, graveleux, — gais ou tristes,
Mais toujours immoraux, pleins de détails grossiers !...

Que grande est votre erreur, Monsieur, je vous assure!...
Je l'excuse, pourtant, car... je la partageais!
Oui, ma naïveté s'effrayait de l'allure
Qu'avaient prise mes vers lorsque je les forgeais,

Et, craignant de choquer la prude Bienséance,
Je voulais les offrir à part... — Etais-je fou!... —
Presque les condamner et punir leur licence
En vous criant : « Fuyez ce livre!... Casse-cou!... »

Mais... près de vos rideaux, je viens de voir, Madame,
Sylvestre, Richepin, de Maupassant, Zola!...
Vous lisez du Mendès, ce disséqueur de l'âme...
Suis-je plus dangereux que ces poètes-là?...

Certes, non!... C'est pourquoi je fais un seul volume :
Je suis un ouvrier : ils sont des érudits!
Vous ne pouvez rougir des écarts de ma plume
Puisque vous louangez ceux des auteurs susdits.

Marseille, 26 Octobre 1889.

POÈMES RÉALISTES

Pourtant, ma douce Muse est innocente et belle.
(Victor Hugo).

Au Café

Prostituée — Vengeance & Pardon

Un Assommoir — Les Décrocheuses

La Justice de Paix

AU CAFÉ

Rimer devient une mode
Que je dois suivre, ce soir.
Qu'écrire, au Café ?... Une ode
A la Dame de Comptoir ?

Hum !... la chose est peu commode...
Je crains fort de ne pouvoir
Du bon ton suivre le code,
Car, la Dame de Comptoir,

Trop serrée en son corsage,
N'est vraiment pas belle à voir !
Quel peu séduisant visage
A la Dame de Comptoir !

Maigre, sèche, jaune et fade,
Vilain nez en entonnoir,
Elle a souvent l'air maussade,
Cette Dame de Comptoir.

Quoique vieille, elle est coquette
Et sourit à son miroir ;
Elle minaude et caquette
Notre Dame de Comptoir !

Son faux chignon, sur la nuque
Posé comme un éteignoir,
Couvre la tête caduque
De la Dame de Comptoir.

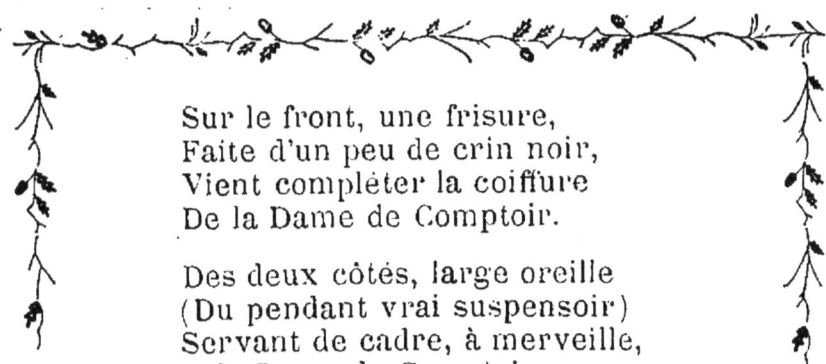

Sur le front, une frisure,
Faite d'un peu de crin noir,
Vient compléter la coiffure
De la Dame de Comptoir.

Des deux côtés, large oreille
(Du pendant vrai suspensoir)
Servant de cadre, à merveille,
A la Dame de Comptoir.

Lorsque elle entr'ouvre la bouche,
Un piano l'on cro t voir :
Chaque dent est une touche !...
Pauvre Dame de Comptoir !

En un mot, tout son visage
Est un affreux repoussoir ;
Aussi doit-elle être sage,
Notre Dame de Comptoir !

Pourtant... — Que les goûts sont drôles ! —
Malgré ce portrait si noir,
J'aimerais jouer des rôles
Chez la Dame de Comptoir,

Et, découvrant la chambrette
Qui l'abritera ce soir,
Aller causer d'amourette
A la Dame de Comptoir !...

Marseille, 1875.

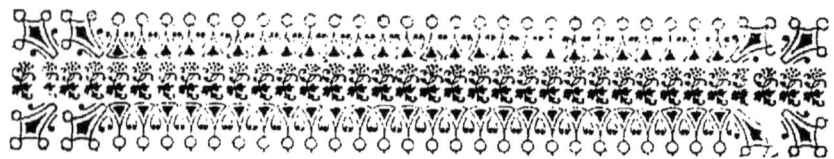

PROSTITUÉE

ÉTUDE DE MŒURS BOURGEOISES

A Félix Amiel

> Des destins la chaine redoutable
> Nous entraîne à d'éternels malheurs ;
> Mais l'espoir, à jamais secourable,
> De ses mains viendra sécher nos pleurs.
> (VOLTAIRE).

VICTORINE avait un amant
Quand Louis l'épousa, plein d'ardeur et de flamme ;

Epouse, elle eut encore une conduite infâme :
    Son Alphonse était si charmant!

Un certain jour naquit une enfant adultère :
Louis donna son nom ; Alphonse était le père ;
    Et leur Adrienne grandit.

Victorine, la mère au cœur bas, misérable,
Abandonna l'époux et l'enfant adorable :
    Avec Alphonse elle partit.

Seize ans passent...

    Louis, seul avec l'enfant blonde,
Se sent, un jour, saisi par un désir immonde,
    Mais son cœur jamais ne l'aima...
Il ressentait l'amour, — non pas l'amour d'un père ! —
Mais un besoin des sens, feu de volcan, cratère
    Qui dans ses veines s'alluma ;

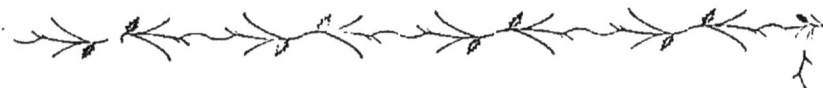

Il désira l'inceste et voulut cette fille
Qu'il croyait de son sang et qu'il trouvait gentille!...
　　Il tenta de honteux efforts...

Mais, Adrienne était d'une chaste nature :
Ayant horreur du vice et voulant rester pure,
　　Ses bons sentiments furent forts.

Les mauvais traitements étant sa récompense,

Elle quitta Louis et sa louche accointance,

　　Et, l'âme pleine de terreur,
S'abrita chez sa mère.

　　　　　　Hélas! la femme impure
Méconnut de nouveau les lois de la Nature...

　　Cette mère lui fit horreur!

Ne voulant pas non plus suivre ses vils exemples,
Elle chercha conseil aux autels des saints temples...

　　Seule, sa raison répondit :
« Sois forte, espère, enfant!... Ta pure conscience
« Seule te maintiendra dans la sainte innocence! »

　　Espérer!... Quand on est maudit!
Etre forts!... Quand partout guette la malveillance!
Non!... La *matière* est là, terrassant la croyance,

　　Et cette chaste et pure enfant,
Sans guide, abandonnée au flot des grandes villes,
Laissera sa vertu dans des actions viles,
　　Livrée au vice triomphant!...

Ainsi, malgré son cœur, malgré son innocence,
Malgré ses purs désirs, il n'est pas de puissance,
　　De protection, ici-bas,
Qui puisse la sauver des atroces bastilles
Que la vie ouvre, hélas! à tant de pauvres filles
　　Qui pourtant ne les cherchent pas!...

Et lorsque enfin perdue, et souillée, et flétrie,
Les passants la verront côtoyer la voirie,
    Aucun d'eux ne se souviendra
Que la pauvre Adrienne eut des parents sans âme
Qui poussèrent son corps dans cette voie infâme;
    Aucun être ne la plaindra!

Pourtant, n'est-elle pas moins à blâmer qu'à plaindre,
Victime que la faim a seule pu contraindre
    A faire un métier bestial?
Qui pleure et qui maudit cette lèpre qu'on nomme
La Prostitution, dont devrait rougir l'homme,
    Honteux de l'état social!...

Marseille, 28 Juin ∬ 4 Juillet 1876.

VENGEANCE & PARDON

A Maria A......, dite Raphaëlle, dite Reine

Une chute toujours entraîne une autre chute.
(BOILEAU).

Après nos jeux charmants dans l'agreste Panouze
Je te retrouve, hélas ! non plus sur la pelouse,
Mais dans un lieu maudit, dans un endroit abject,
Méprisable de nom et repoussant d'aspect !...
Quoi ! je devais revoir ton frais et doux visage
Dans un noir lupanar de vil et bas étage !...
Quoi ! tes yeux veloutés, brillants de chasteté,
Qui semblaient ignorer leurs flots de volupté ;
Ton corps, jadis si pur ; ta gorge de Cyprine ;
Tes appas enchanteurs et ta taille divine ;
Ce tout jeune et charmant, superbe de beauté,
Chacun peut, dans ce lieu, l'avoir en liberté !...
Horreur !... Et j'enviai ta suave caresse !...
Moi, qui t'aimais d'amour, ô fille enchanteresse,
Pour toi, j'eusse donné mon âme avec mon cœur,
Et c'eût été trop peu pour payer mon bonheur !
Mais, tu me dédaignais, me trouvant trop infime
Pour te donner à moi dans un transport intime ;
Ta fierté révoltée et ton luxe éclatant
Rougissaient de descendre à l'amoureux constant ;
Et tu m'éclaboussais de ton riche équipage ;
Ton cœur ne battait pas et ton joli visage,
Impassible et serein, ne montrait nul émoi
Quand tu me rencontrais... Et tu savais que moi

Qui t'avais adorée étant chaste, étant pure,
Alors que, jouvenceaux, nous foulions la verdure,
Je souffrais sourdement de te voir te livrer,
Par lucre ou par plaisir, et te déshonorer!...
Va! le Sort t'a punie, et c'est pour ma vengeance
Qu'il t'a flétrie ainsi, te livrant sans défense
A ton maître : au *client* qui désire t'avoir!
Acheteur, j'eus le droit d'arracher ton peignoir!
Ce soir, ton corps lascif était en ma puissance,
Et, bestialement, j'en pris la jouissance ;
J'ai vu, sous mon ardeur, tes sens s'épanouir,
Se livrant, sans réserve et pâmés de plaisir,
Et je suis satisfait!... — Mon mépris te pardonne
Tous mes tourments passés, car ta belle personne
Devra courber son front sous mes yeux triomphants
Qui te reprocheront d'avoir valu... trois francs!...

Toulouse, 7 Février 1880.

UN ASSOMMOIR

ÉTUDE DE MŒURS POPULACIÈRES

A Emile Zola

> .... La plaie est mise à nu :
> A d'autres de trouver un remède inconnu !
> (Emile Zola).

Zola, ton *Assommoir* n'est que de la gnognotte !
Et si tu connaissais une affreuse gargote
Qui s'étale en plein cœur de l'antique cité
Dont Isaure, en ses vers, chanta la majesté,
Ton crayon virulent, ta plume alcoolique,
Ton cerveau de fouilleur et ta verve impudique
Frémiraient de dépit de se voir dépassés
Dans l'opprobre et l'horreur par des gens déclassés !
Tu montras de l'ivresse indigne et méprisable
Les horribles méfaits, et rien n'est comparable
Au tact avec lequel tu nous montras Coupeau
Abruti, sans raison, sans cœur — un vrai pourceau !
Tu nous fis voir Gervaise allant à la débauche ;
Mes-Bottes, Bec-Salé refusant de l'embauche ;
Nana, précoce enfant, à quatorze ans catin ;
Poisson, le policier qui se fait assassin ;
Tu flétris, dans Lantier et dans ta Virginie,
Le plat valet-de-cœur et sa Laïs punie ;
Ton drame montre à tous quel est l'affreux destin
Que peut donner l'abus des liqueurs et du vin ;
Ton livre, écrit à vif, forme un récit ignoble,
Mais, plein de vérités !... — Zola, ton but est noble !...

Et, tu l'as fort bien dit : « La plaie est mise à nu :
« A d'autres de trouver un remède inconnu !... »
Pousse-les vers ce but ; achève cette tâche !
Montre à l'humanité comme elle est veule et lâche !
Prends une arme nouvelle, en ce brillant tournoi,
Et traite ce sujet : il est digne de toi !

Ce que je vais conter est la vérité pure.
J'ai vu, vu de mes yeux, la méprisable ordure
Qui va faire l'objet de ce hideux récit,
Et que de précédents témoins m'avaient prédit.

Dans Toulouse, non loin du pompeux Capitole,
Est un bouge puant où chacun batifole.
Nous entrons six, un soir, dans ce vil cabaret
Qui semble, du dehors, être aimable et propret...
Mais, hélas ! quel tableau !... — Nous voyons une salle
Aux murs nus tapissés de papier jaune et sale ;
Deux maigres becs de gaz éclairent huit tréteaux,
Autour desquels on voit de graisseux escabeaux ;
Au fond, est un comptoir, sur lequel des bouteilles,
Contenant maints poisons, étalent leurs merveilles,
Près d'une claire-voie aux rideaux blancs salis ;
Peu de vitres, partant, d'immenses vents-coulis ;
A droite, un lit défait... — Pour quel étrange usage
Ce meuble de l'alcôve est-il en ce passage ?... —
Derrière le comptoir une table, un quinquet ;
Tout autour, sept joueurs, en famille : un bouquet !...
Le père, homme encor vert, face patibulaire,
L'air cynique et mauvais. A ses côtés, la mère,
Matrone repoussante à l'œil gris chassieux,
Dont l'ensemble dénote un instinct vicieux.
Antithèse vivante à ces êtres immondes,
Leurs deux filles... — ma foi, sont-elles brunes, blondes ?
Qu'importe ! — Mais, « fauvette en un nid de hiboux »,
L'une, à peine vingt ans, aux yeux brillants et doux,

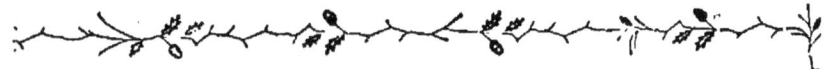

Annonce un cœur très pur sur son vierge visage ;
L'autre, belle à ravir, seize ans, pas davantage,
Inspire des pensers de tendre volupté
Par son regard humide empreint de chasteté ;
Mais, couvertes, hélas ! de loques si sordides,
De haillons si puants, que les plus intrépides
Ne pourraient qu'hésiter s'il fallait embrasser
Les lèvres de carmin que je viens d'esquisser.
Enfin, pour compléter ce tableau de famille,
Deux malingres enfants, un garçon, une fille,
L'un sept, l'autre huit ans, chétifs et souffreteux ;
Puis, un jeune homme imberbe, une espèce de gueux
Aux cheveux pommadés ramenés sur la tempe,
Et tel que des Lantier tu nous donnas la trempe.
Tous ces gens-là jouaient, chez eux, tranquillement,
Lorsque nous pénétrons dans l'établissement.

Aussitôt installés, une servante accorte
S'informe de nos goûts et bientôt nous apporte,
Avec des gobelets, un litre de vin blanc ;
Puis, prend place avec nous et s'assied sur un banc.

Nos verres pleins vidés, on passe au badinage...

Mais, esquissons d'abord le nouveau personnage
Dont je viens d'émailler ce récit graveleux :
Elle a dix-sept printemps ; elle a de grands yeux bleus
Brûlants, voluptueux, cernés de couleur bistre
Qui donne à son regard un fauve éclat sinistre ;
Sa chevelure est blonde et son teint velouté ;
Un léger incarnat rehausse sa beauté ;
Son nez est un peu fort, et ses roses narines
Aspirent... aux amours bien plutôt qu'aux *matines*...

Sa bouche, en souriant, montre des blocs d'émail
Qui semblent enchâssés sur deux rangs de corail ;
Sa taille, fine et souple, est bien prise et cambrée ;
Son cou blanc, découvert, montre une peau marbrée
Qui laisse deviner ses opulents appas ;
Sa démarche lascive, à chacun de ses pas,
Provoque des désirs rien moins que platoniques ;
Ses cheveux d'or, flottant en boucles magnifiques,
Encadrent son visage agaçant et mutin,
Qu'éclairent son sourire et ses yeux de lutin ;
Enfin, dernier détail, cette enfant si jolie
Répond au nom aimable et charmant de Julie.

Certes, tout à loisir j'en ai fait le portrait ;
Mais, dire ses discours !... Piron en rougirait !
Jamais un lupanar de crapuleux étage
N'entendit dans ses murs aussi honteux langage
Que celui que nous tint sans crainte cette enfant,
Qui soulignait ses mots d'un rire triomphant !...
Les propos les plus crus, les paroles obscènes,
Les phrases sans pudeur que des énergumènes,
Voulant s'injurier, auraient pu composer,
De sa bouche sortaient et venaient nous blaser,
Car, bien que provoquant ce verbiage, en somme,
Nous en étions honteux : mais, enfin, l'on est homme,
Un amour-propre sot vous rend plus fanfaron,
Et l'on se fait grossier pour paraître luron !
On feint de se vautrer au sein de l'immondice ;
D'être fort débauché, d'avoir beaucoup de vice,
Car on n'ose rougir devant une catin !
Chacun veut plus que l'autre avoir l'air libertin,
Et bientôt nous joignons les gestes aux paroles :
L'un lui saisit les mains ; un second les épaules ;
Celui-ci va plus bas et tâte les mollets ;
L'autre prend à pleins doigts ses deux seins rondelets ;
Un cinquième l'embrasse et pince à nu ses fesses...
A chacun elle rend caresses pour caresses
Et se livre sur nous à maints attouchements
Que nous lui renvoyons par mille agacements ;

Riant, nous dégrafons robe, jupes, corsage ;
Nous la mettons, enfin, — triste dévergondage ! —
Comme Racine a dit : « Dans le simple appareil
« D'une beauté qu'on vient d'arracher au sommeil. »
L'un d'entre nous plus loin veut pousser l'aventure :
Il la prend dans ses bras et, grâce à sa stature,
La transporte aisément sur le lit que l'on voit
Au fond du magasin ; il lui donne — et reçoit —
De longs baisers ardents, pleins de chaleur lubrique ;
Ce que ne permet pas une Maison publique
Se passe sous nos yeux dans ce vil cabaret :
L'homme met bas veston, pantalon et béret,
Et l'ignoble catin, sans honte ni vergogne,
Nue et jambes en l'air, en parfaite carogne,
Se prête, *devant tous,* en un coït impur
Qui baigne de plaisir ses yeux nimbés d'azur !...

Et, durant cette horreur, la *charmante* famille
Continue à jouer... Le garçon, joyeux drille,
S'es laffe en regardant cet ignoble tableau ;
Les filles, sans cesser de faire domino,
Lancent de longs coups d'œils vers cette scène infâme ;
Les deux jeunes enfants demandent à la femme
Ce que fait là Julie avec ce garnement;
Et la vieille répond par un ricanement...

Quant au père, impassible, il savoure sa pipe ;
Il fume, il boit, il joue et marque avec principe
Les points qu'il a gagnés avec ses dominos,
Sans s'occuper de nous, en nous tournant le dos !
Mais, lorsque vint la fin de l'immorale scène
Dont j'ai fait le récit fidèle plus qu'obscène ;
Quand nous eûmes vidé quelques verres de vin ;
Donné quelque monnaie à l'accorte catin ;
Quand nous nous dirigeons, pour partir, vers la porte,
Il se dérange, alors, avant nous s'y transporte,
Ouvre, et cyniquement nous dit : « Messieurs, bonsoir !
« Si vous êtes contents, vous reviendrez nous voir ! »

*
* *

Zola, prends ce sujet, et montre à notre race
Jusqu'où, pour quelques sous, descend la populace ;
Montre l'appât du lucre à tout le genre humain ;
Montre ce père abject qui, prévoyant un gain,
A laissé sous ses yeux commettre un fait semblable,
Ayant tous ses enfants assis près de sa table,
Et leur fait sans rougir rejeter de côté
Tout sentiment de cœur, d'honneur, de dignité !
Et lorsque de ta plume ardente et satirique
Jaillira la leçon que ce sujet implique,
Tu pourras répéter : « La plaie est mise à nu :
« A d'autres de trouver un remède inconnu !... »

Toulouse, Mars 1880.

LES DÉCROCHEUSES

ÉTUDE DE MŒURS ARISTOCRATIQUES

A Mora, du Gil Blas

... De ses aïeux on a beau faire cas,
La naissance n'est rien où la vertu n'est pas.
(THOMAS CORNEILLE).

MESDAMES du grand monde, à vous mes coups de fouet!
Oh! certes, je n'ai pas la verve d'Arouet
Pour flageller vos mœurs des traits de ma satire!
Mais, bah! la vérité sans talent peut se dire :
Je vais la mettre à nu sous mon vers disséqueur...

Je n'ai jamais pu voir sans serrement de cœur,
Dans le brillant Paris, ces petites voitures
Où de mignons enfants aux chétives figures
Sont couchés, luxueux, mais privés de santé.
Une bonne égrillarde, au maintien apprêté,
Pousse le chariot et le cher petit être ;
Souffreteux, rachitique, estropié peut-être,
Invalide innocent qui souffrira toujours,
Il hume sans poumons les parfums des beaux jours ;
Suit d'un triste regard les oiseaux qui s'envolent
Et que les clairs rayons du soleil auréolent ;
Il songe... — autant que peut le faire son cerveau! —
Se demande, en voyant tournoyer un rondeau,
En voyant un enfant d'ouvrier qui s'amuse,
Qui traîne son sarrau sur le sable qui l'use,

Pourquoi lui, bien vêtu, mais toujours voituré,
De jeux et de baisers par sa mère est sevré ?
Il voudrait vivre aussi !... Sa face maigriotte
Semble naître à l'espoir ; mais le char le cahote,
La douleur le reprend, et dans ses yeux cernés
Les désirs ébauchés meurent aussitôt nés ;
Et les rires, les cris, les courses enfantines
Au soleil, à travers les sentes purpurines,
Pour le *mal-décroché* sont des tentations,
Rien de plus... car, pour lui, point d'exultations !...

C'est dans le Parc-Monceau — ce jardin plein de rêve —
Que la procession va défilant sans trêve ;
C'est dans les grands quartiers du monde *comme il faut*
Qu'on voit le plus rouler ce moderne échafaud ;
Sur la route du Bois, et tout le long des chaises,
La voiturette passe, et l'on rit des fadaises
Qu'à la soubrette accorte un groom amoureux dit.

Et, sans s'inquiéter du chérubin maudit,
La mère, un peu plus loin, caracole et parade ;
Cause *raout, five o'clock,* Eaux, Courses, Jeux de Bade ;
Rend un bonjour rieur aux saluts des amis ;
Flirte, cancane et rit, en passant au tamis
Cette chère baronne et son récent scandale...
Puis, du bruyant Paris parcourant le dédale,
S'arrête un tant soit peu chez Worms, le couturier,
Puis, vole au rendez-vous de son... irrégulier ;
En retard, mais pensant mettre les baisers doubles ;
D'avance se grisant de ces ivresses troubles ;
Et ne redoutant pas ici l'enfantement,
Car, lorsqu'elle est aux bras de son prudent amant,
Toujours, soit en Avril, en Juillet, en Décembre,
Cupidon est vêtu de sa robe de chambre...
Et, profanant l'amour, arbre en fleurs qui bruit,
Ils prennent ses parfums sans en cueillir le fruit !...

Car, la maternité, pour ces femmes du monde,
Est objet de dégoût, besogne sotte, immonde ;
Pour elles, enfanter veut dire se salir ;
Créer, c'est être faible et même s'avilir ;
Ce n'est pas dans le ton ! cela sent la bourgeoise !...
Et si, par un hasard, le mari l'apprivoise,

C'est au commencement du sacrement d'hymen ;
Quand, ignorante encor des douleurs de demain,
Elle est à son mari, qui la choie et qui l'aime !
Hélas ! bientôt pour lui sonnera le Carême !...
Après un premier fruit on n'en veut plus avoir...
Car — phénomène étrange au dégradant pouvoir —
L'enfant, qui, chez le pauvre, unit les cœurs sensibles,
Change les durs labeurs en plaisirs indicibles,
Chez le riche, au contraire, éloigne les époux.
On ne s'en cache pas : la mère au regard doux
Vous dit en souriant avec un air tranquille
Que l'enfant, dans la vie, est un meuble inutile !...
Et rien qu'au seul penser d'un autre accouchement,
Son esprit dévoyé lui montre le tourment
Subi pendant neuf mois dans un triste esclavage :
Et les convulsions, et les longs cris de rage,
Et la chair pantelante au ventre large ouvert...
— C'est tout ce que son cœur de mère a découvert ! —
Et pour ne plus subir cette souffrance — atroce,
Mais sacrée et bénie ! — et pour rouler carosse,
Aller au Bois, au bal sans perdre sa beauté,
Voilà le pauvre époux de l'alcôve écarté,
Repoussé, refroidi, vivant ainsi qu'un hôte
Etranger au logis y vivrait, côte à côte,
Mais sans autres liens que ceux de l'amitié...
Et l'époux, qui n'a plus de sa chère moitié
Le cœur, l'amour, les sens — ces besoins de la vie —
Déserte le foyer et se livre à l'orgie...
Et Madame est heureuse ! Et l'on fait chambre à part !
Le jour, on se pavane à Longchamps en *dog-car* ;
Le soir, dans une loge aux rutilants balustres,
On montre ses appas au flamboîment des lustres,
Et les journaux *high-life* ensencent leur beauté !

C'est bien plus amusant que la maternité !...

Si cependant l'époux, aimant toujours sa femme,
Un soir, au fond du cœur sent revivre sa flamme
Et s'agenouille aux pieds de l'objet adoré ;
S'il prend ses blanches mains, s'il se sent enivré ;
S'il lui veut témoigner encore ses tendresses ;
Si, pour elle, il oublie et Cercles et maîtresses ;

Si de l'époux, enfin, il invoque le droit,
Railleuse, elle répond :

— Vous seriez maladroit !...

Et, laissant le mari découragé, qui pleure,
Elle court à l'amant prudent de tout à l'heure...
Mais celui-ci bientôt devenant inconstant,
Elle veut un plaisir encor plus attristant :
Ses sens ayant besoin de luxures moins fades,
Elle cherche une... amie... et voilà deux tribades
Qui se montrent partout avec l'air triomphant :

Elles ne craignent pas de se faire un enfant !

A ces crimes, souvent, se joint l'infanticide
Commis au su de tous !...

                    Risquant le suicide,
Dès qu'elle ne peut plus douter de son état,
Ce fin paquet de nerfs qu'une migraine abat,
Femme frêle, mignonne, et délicate, et mièvre,
Qui court au médecin pour un semblant de fièvre,
Qui semble à chaque instant aux portes du tombeau,
Pour avorter quand même est son propre bourreau !
Rien ne l'arrêtera pour vaincre sa grossesse :
Emprisonnant son corps d'un corset qui l'oppresse,
Pendant des jours entiers elle monte à cheval ;
Franchit murs et fossés ; du bain froid court au bal ;
Essayant vingt moyens qu'à l'oreille on murmure
Derrière l'éventail aux barbes de guipure ;
Voit quelque sage-femme, opprobre du métier,
Et combat nuit et jour sans demander quartier.
Tout son salon connaît cette lutte infernale ;
Mainte femme la plaint sans crier au scandale
Quand elle dit, sentant le moment approcher :

— Malheur ! je ne pourrai jamais le décrocher !...

Ah ! décrochez-vous tous, enfants de l'infamie !
Bien plus douce est la mort que l'effroyable vie
Que prépare pour vous la mère sans pudeur
Qui porte un froid glaçon à la place du cœur !

Plus tard vous jetteriez sur elle l'anathème !
Elle ternit un nom couvert d'un diadème
Qui devrait imposer à chacun le respect !
Déshonorant l'époux par un trafic abject,
Elle, qui ne connaît que mièvre affèterie,
Etiquette, plaisir, luxe et coquetterie ;
Femme riche, ignorant le sombre lendemain,
Qui foule sous ses pieds le grand devoir humain,
Elle descend plus bas, l'infâme décrocheuse,
Que la fange où croupit la morne raccrocheuse
Arrêtant le passant sur le coin d'un trottoir :

Elle a parfois un fils qui veut du pain, le soir !

Paris, 25 Novembre 1885.

LA JUSTICE DE PAIX

ETUDE DE MŒURS VILLAGEOISES

A Octave Mirbeau

La Justice de Paix était dans la Mairie
Du village nommé... Mais qu'importe le nom,
Notre récit n'étant qu'une badinerie ?
La salle n'avait rien d'imposant... certes, non :
Des murs blancs à la chaux ; pour sol, de rouges briques ;
Une tringle de bois la séparant en deux :
(*La Barre* des grands jours de séances publiques
Où quelque avocassier plaidait gorets ou bœufs) ;
Dans le fond, élevés sur une piètre estrade,
Siègent Monsieur le Juge avec Monsieur l'Huissier,
Et plus bas, devant eux, près de la balustrade,
Une table en bois blanc pour Monsieur le Greffier.
C'est tout. — Comme public, paysans, paysannes ;
Les hommes, s'appuyant sur des bâtons noueux ;
L'air crétin ou madré des faiseurs de chicanes,
Se lançant des regards louches et soupçonneux ;
Les femmes, supportant sur leurs robustes hanches
Des paniers laissant voir des canards au bec plat,
Des crêtes de poulets ou des oreilles blanches
De lapins aux doux yeux rouges comme grenat.
Et tout cela formant un parfum... supportable
Pour ces gens, ignorants de Pinaud et Lubin !
Une odeur de fumier, d'écurie et d'étable...
Pouah ! rien que d'y songer on voudrait prendre un bain !

Le Juge, cependant (un gros bonhomme chauve)
Ecoute gravement les discours des plaideurs ;
Il juge, il concilie, et, quelquefois, innove
Des arrêts imprévus de tous législateurs.
Bref, ayant renvoyé l'affaire d'une femme
Plaidant pour un vieux mur qu'on avait dégradé,
Et qui, malgré l'arrêt, braillé encore et déclame :

— Allons ! Martine, assez !... Mardi ; c'est décidé !
Inscrivez ça, Greffier ; et voyons autre chose.

Le Greffier se réveille, et, prenant un dossier,
Cherche quels sont les noms de la nouvelle cause.
Un brouhaha se fait...

                 — Silence ! dit l'Huissier.

Le scribe continue à regarder sa feuille,
La tourne, la retourne, et du bas jusqu'en haut
Promène son gros doigt ; puis, enfin, se recueille,
Tousse, et lance les mots :

                 —Gassier contre Rousseau !

— Présent ! c'est mè, Gassier !

                 — Mè v'là ! Roussiau (Magloire),

Disent deux paysans tout parfumés d'engrais.

— C'est bien ! Entrez tous deux au milieu du prétoire.
Parle, Gassier ; vas-y... dit le Juge de Paix.

—Not' Juge, v'là c' que c'est...j'vas vous conter l'histoère :
C'étiont sus le chemin qui vient de Saint-Miquel ;
Roussiau, not' femme et mè, je revenions d' la foère ;
J'avions vendu mon viau, sauf respect, dont auquel
J'avions joint un couchon ben gras, Mossieu le Juge.
Comme j'étions contents, on avait ben pinté.
Mè, je marchions devant, sans aucun subterfuge ;
Derrière mè, Roussiau, not' femme à son côté ;
Je chantions ; eux riont de mille agaceries ;

Not' femme lui disiont :

« Bon Dieu ! que t'es éfant !
Mais finis donc, Roussiau, tes polissonneries...
Sois raisonnable un brin ! »

Et Gassier s'arrêtant
Et prenant à témoin Rousseau, son adversaire :

— C'est-y ça ?

— C'est ben ça... lui répond le Rousseau·

Le Juge, intervenant :

— Achève ton affaire.

— J'étions à mi-chemin, reprend le maitre-sot ;
Not' femme tout à coup abandonnont la route,
Grimpont sus le talus et va vers le foussé,
Tout derrière la haie, ousqu'une chèvre broute.

« Où qu' tu vas ? que j'y dis.

— Parguié ! j'm'en vas pissè !
C'est-y donc défendu ?

— Ben sûr, qu' j'y dis, not' femme,
J' voulons point te priver d'aller gâter de l'iau !
C'est un de ces bésouins que Nature réclame ! »

Et je continuons not' route avec Roussiau.
Au bout de queuques pas, v'là Roussiau qui me lâche...

« Où qu' tu vas ?

— Gâter d'l'iau ! J'ons bu comme un touneau ! »

Et derrière la haie à l'instant il se cache...

C'est-y ça ?

— C'est ben ça !... répond encor Rousseau
Invité par Gassier au second témoignage.

— Greffier, notez l'aveu !... dit le Juge de Paix,
Qui ne comprend pas mot à tout ce verbiage ;
Toi, Gassier, continue.

— Adonc, dit le dadais,
J'marchons longtemps tout seul ; tout à coup, je regarde :
Personne sus le ch'min...

« Où donc qu'y sont passè ?
C'est ben long, que je m'dis ; m'est avis qu'on s'attarde :
C'est vrai qu'on a pintè, mais c'est long pour pissè ! »

Je r'venons sus mes pas, et la chèvre qui broute
Me rappellont l'endreit où not' femme a grimpé
Sus le talus qui va tout le long de la route.
J' grimpons la haie itout ; j' regardons... j' sis frappé...

Dessin de LUC. ADHÉMAR | Cliché de E. SÉDARD.

«Ah! bon Dieu! que je dis : Roussiau qu'est sus not'femme!»

(Mossieu l' Juge, pardon, mais v'là ce que je dis...
C'étiont la vérité, je l' jurons sus mon âme !)
Je m' mettons aussitôt à pousser des grands cris :

« Ah ! couchon ! ah ! salaud ! ah ! propre à ren qui vaille !
Veux-tu t'ôter de là !... Finis donc ! eh ! Roussiau !
Mais veux-tu ben finir !... Ah ! crapule ! ah ! canaille ! »

Mais j'avions beau crier, y n' gigottait qu' pus fô !
Ah ! comme y gigottait ! Non ! fallait l' voir, cet homme !
Aï donc !... aï donc !... N'en veux-tu ? n'en voilà !

« Veux-tu ben te lever ?... »

       Ah ben, oui ! c'étiont comme
Si je chantions Marlbrough sus l'air du tra la la !
J'dévalons dans l'foussé ; j'l'empoignons par sa blouse
Et j' tire que j' tirons !... Y gigottait toujours !...

« Laisse-mè donc finir !... T'as ben l'humeur jalouse ?

— Laisse-le donc finir ! dit not' femme à son tour.

— Oui, laisse-mè finir, et j' donnons ma parole
Que je te baillerons, de la main à la main,
Un biau petit jaunet d'eune demi-pistole...
Eune demi-pistole... eh ! Gassier, t'entends ben ?

— C'est-y vrai ? que j'y dis en lui lâchant la blouse...

— C'est ben vrai ! qu'y répond.

     — C'est juré ?

       — C'est juré !

— Donne, alors !

    — Non, après ! ajoute notre épouse.

— Oui, quand j'aurons fini.

     — Ben, finis... c'est ton dré !... »

Et je laissons Roussiau tous deux avec not' femme...
Je r'montons le talus et j'attendons en haut...

Et le rustaud, voyant le public qui se pâme :

— C'est-y ça?

— C'est ben ça! répond toujours Rousseau.

— M'sieu l' Juge, v'entendez !... Eune demi-pistole...
C'est promis, c'est juré !... Quand y-z-ont eu fini
J' demandons à Roussiau :

« Eh ben ! tiens ta parole ?...

— Demain, demain ! qu'y m' fait ; mon gousset dégarni
Ne contient pas deux liâs ! »

C'étiont un gros mensonge,
Mais ça pouviont êtr' vrai; pour lors, je n' dis plus rin;
Et pendant que l' ruban de la route s'allonge,
Tous trois nous gambillons tout le long du chemin.
Nous arrivons enfin !... Encore un coup, j' réclame :

« Attention, mon gars : c'est juré ?

— C'est juré ! »

Y me donnons la main, fait mignon à not' femme,
Et chacun va chez soë...

Eh ben ! là, vrai de vrai,
Depuis ce moment-là, jamais cette canaille
N'a voulu me payer l'argent qui m'étiont dû !...
Et pus fort : avant-z'hier, en bottant de la paille,
J'y demandions encore... Y m'a traité d' cocu !...

« Sacré cocu, qu'y m' fait, fouill'-toi, si t'as des poches! »

Voilà ce qu'y m'a dit, et j'en sons tout navré !
Not' Juge, faites-y des grands, des gros reproches,
Puisqu'il avient promis, juré, plus que juré !... »

Notre Juge de Paix se trouvait fort perplexe,
Le Code sur ce cas étant imprévoyant,
Et l'affaire, de plus, pouvant être complexe :
Adultère flagrant et refus de paîment.
Le crime par Gassier n'étant pas mis en cause,
Le délit seul restait. Et, se frottant le front,
Le Magistrat, pensif et prenant mainte pose,
Cherchait un bel arrêt digne de Salomon...
Il prend enfin parti :

— Ben ! et toi, la Gassière,
Que dis-tu de tout ça ? demande-t-il soudain
A la femme Gassier, qui se tenait derrière.

— Mè, not' Juge, dit-elle en élevant la main,
Je jurons que c'est vrai qu'il a juré lui-même ;
Y veut point me payer ma vartu, le voleux !
Pourtant, y m'a tout pris avec son grand : « Je t'aime ! »

Et le Juge à Rousseau :

— Mon gars, qu'est-ce qu' tu veux !
T'as promis, t'as juré : faudra payer, mon brave !

— Ben, oui, répond Rousseau ; c'est ben vrai, j'ons promis !
Mais, not' Juge, écoutez : ça n'a rien de souave...
Eune demi-pistole est trop cher comme prix ;
Ben vrai, ça vaut pas ça !...

— Soit, arrangeons l'affaire :
Gassière n'est plus belle, et, vraiment, c'est bien cher
Pour avoir écrasé quelque peu la fougère...
Dis, Gassier... un écu... bien sonnant et bien clair ?...

— Non pas !... la d'mi-pistole et pas moins, Mossieu l'Juge !
D'ailleurs, il a juré !...

— Mais, réfléchis, mon gars !
Un écu !... c'est beaucoup !... Allons, je te l'adjuge,
Et Rousseau te paira la goutte chez Bongars !...

Et les deux paysans, en se grattant l'oreille,
Se regardent, tentés d'accepter le marché...

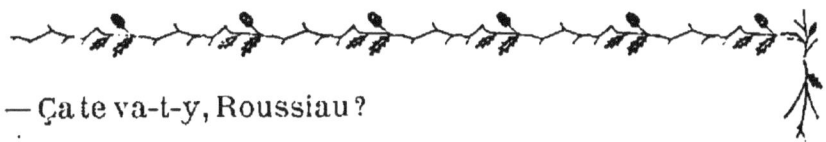

— Ça te va-t-y, Roussiau ?

— Eh parguienne ! à merveille !
Je m'en vas te payer, même, du vin bouché !...

Et, satisfaits tous trois, ils s'en furent ensemble
Au cabaret voisin ; Rousseau donna l'écu
En topant dans la main !... Depuis, à ce qu'il semble,
Le Tribunal chôma si Gassier fut cocu !...

Paris, 23 Novembre 1886.

PROCÈS DE "LA MUSETTE"

COUR D'APPEL DE PARIS

CHAMBRE DES APPELS EN POLICE CORRECTIONNELLE

AFFAIRE DE "LA MUSETTE"

(Compte rendu presque sténographié par un témoin de auditu)

Audience du Mardi 21 Juin 1887

M. LE PRÉSIDENT. — Appelez l'affaire Delavande.
L'Huissier audiencier, *appelant.* — Delavaude ! *(sic).*

(Delavande s'avance à la barre des inculpés, pendant que son avocat prend place au banc de la Défense).

Interrogatoire de l'Inculpé

M. LE PRÉSIDENT, *à Delavande.* — Vous vous appelez Delavande ?
DELAVANDE. — Georges-Louis Delavande, oui, monsieur le Président.
LE PRÉSIDENT. — Vous êtes gérant de *la Musette ?*
DELAVANDE. — Directeur-gérant, oui, monsieur le Président.
LE PRÉSIDENT. — Vous avez été condamné par la 9ᵉ Chambre correctionnelle pour outrage aux bonnes mœurs par la publication d'un numéro de *la Musette* qualifié de... d...

Delavande. — D'obscène !!!
Le Président. — Vous reconnaissez les faits qui vous sont reprochés ?
Delavande. — Oui, monsieur le Président.
Le Président. — Asseyez-vous. La parole est à M. le Conseiller rapporteur.

Rapport du Conseiller

M. le Conseiller rapporteur donne lecture d'un résumé des débats de la 9ᵉ Chambre correctionnelle (audience du 27 Avril 1887) portant jugement duquel il appert que Patay et Thomas, libraires, et la veuve Gérard, marchande de journaux, sont incriminés au premier chef, comme auteurs principaux du délit d'outrage aux bonnes mœurs commis par la mise en vente, l'exposition ou l'affichage du numéro 41 *bis* de *la Musette*, dit *polisson*, lequel constitue une publication obscène ; Barré, imprimeur, et Delavande, gérant dudit recueil, sont inculpés au second chef, comme complices dudit délit. La veuve Gérard, marchande de journaux dans un kiosque, poursuivie comme auteur principal du délit, s'étant fait défendre par Mᵉ Languillier, avocat, a été acquittée par la 9ᵉ Chambre ; Patay et Thomas, libraires, également auteurs principaux du délit, s'étant défendus eux-mêmes, ont été condamnés chacun à 16 francs d'amende ; Barré, imprimeur, complice, inculpé au second chef, défendu par Mᵉ Billard, a été condamné à 50 francs d'amende, et Delavande, gérant, complice, inculpé au second chef, défendu par Mᵉ Henri Thiéblin, a été condamné à 200 francs d'amende. Tous solidairement aux dépens. Appel a été interjeté par Delavande. La nouvelle instruction n'a rien appris de nouveau.

Deuxième Interrogatoire de l'Inculpé

M. le Président, *à Delavande*. — Avez-vous quelque chose à ajouter aux faits qui viennent d'être énoncés ?
Delavande. — Non, monsieur le Président ; j'ai un avocat...
M. le Président, *à l'Avocat*. — Vous avez la parole.

Plaidoirie de Mᵉ Henri Thiéblin

Mᵉ Henri Thiéblin, *remettant ses conclusions à l'Huissier audiencier, qui les transmet au Greffier*. — Messieurs, l'inculpé pour qui j'ai l'honneur de me présenter étant dans les conditions les plus intéressantes, je viens faire appel à votre indulgence, demander à la Cour d'étudier cette affaire avec le plus grand soin, et je conclus en demandant l'infirmation pure et simple du jugement qui a frappé M. Delavande.

M. Delavande a été condamné pour avoir publié, dans un numéro *spécial* du journal qu'il dirige, des pièces dont le caractère constituerait l'obscénité. Je ne veux pas abuser de vos instants, Messieurs, il est tard (5 heures 1/2) et je n'essayerai pas de vous démontrer que l'obscénité n'existe pas dans ce numéro. Si la Cour veut bien prendre connaissance de la collection de ce recueil, elle n'aura pas de peine à être convaincue. La Cour regardera ce journal, cette publication extrêmement intéressante, et elle saura apprécier le caractère des pièces du numéro incriminé.

Je serai bref (à mon grand regret, car j'aurais eu des choses très intéressantes à vous dire). Je dois cependant vous donner quelques explications :

La Musette a été fondée en 1883 par Delavande, ouvrier typographe, avec le concours de deux camarades, Eugène Paris et Honoré Varlet, typographes comme lui ; elle fut d'abord la récréation de l'atelier dans lequel ils travaillaient, n'ayant pour collaborateurs et pour lecteurs que les ouvriers de l'*Imprimerie Nouvelle;* leur dispersion par le chômage la répandit au dehors : elle avait du succès ; les trois amis recevaient de toutes parts des poésies faites par des typographes, extrêmement intéressantes ; ils n'eurent pas le courage de les repousser, c'eut été d'un méchant égoïsme ; *la Musette* appela à elle tous les typographes de Paris et de la province, doubla le nombre de ses colonnes, et le journal est devenu le *Journal des Typos-Poètes de France,* ainsi qu'ils s'intitulent eux-mêmes ; enfin, il se répandit peu à peu, faisant appel à tous ceux qui, dans toutes les conditions, aiment la poésie et les chansons et devenant ainsi le *Recueil mensuel des Petits Poètes et Chansonniers de France.*

Au cours de ses transformations, *la Musette* est demeurée fidèle à son programme : elle est restée une œuvre de littérature saine, élevée, chaste, n'admettant ni la licence, ni même la grivoiserie, ni la déclamation politique, sociale ou religieuse. Il y a là, dans cette collection, des pièces faibles, assurément, d'autres absolument remarquables et qui méritent les plus vifs encouragements...

Le Président *interrompt d'un geste qui semble dire* : Elevez leur une statue !

Mᵉ Thiéblin. — Non, Messieurs, je ne vous demande

pas de les envoyer à l'Académie. Mais je veux vous signaler le caractère élevé de cette littérature ouvrière...

M. LE PRÉSIDENT, *nerveux*. — Mais la littérature *n'est pas en cause ;* **les auteurs ne sont pas incriminés ;** CE N'EST PAS UN PROCÈS LITTÉRAIRE...

Mᵉ THIÉBLIN. — Je comprends l'impatience de la Cour : il est tard, elle est lasse de ses travaux ; mais je la supplie d'entendre mes explications ; je serai aussi bref que possible.

M. LE PRÉSIDENT, *sévèrement*. — La Cour n'est pas impatiente ; elle cherche un moyen de motiver votre demande.

Mᵉ THIÉBLIN. — Delavande est également poète, mais il écrit peu dans son journal : il a tout le travail d'administration à faire ; il est le collectionneur des poésies qu'on lui envoie. C'est un ouvrier laborieux, studieux, honnête père de famille, qui se trouve devant vous victime de son amour pour la littérature, et que le paiement de cette amende de 200 francs réduirait à la ruine et à la misère. Il n'a jamais eu l'intention de faire du scandale. Au cours des années 1885-86, les typos-poètes ont voulu rire, s'amuser à l'occasion du Réveillon : ils ont fait le numéro incriminé. Delavande n'y a pas écrit une ligne et il en a généreusement accepté toute la responsabilité. Dans ce numéro, ils sont sortis de leur genre habituel ; car, vous seriez étonnés, Messieurs, de la littérature particulière de ce recueil, du caractère élevé et essentiellement littéraire de ces ouvriers : dans ce recueil, je le répète, jamais de déclamations subversives, politiques ou religieuses ; rien qui ne puisse être lu par tous : c'est le journal de la famille. A l'occasion du Réveillon, dame ! ils ont un peu lâché la bride à leur Muse ; ils se sont souvenus de leurs ancêtres Gaulois et Rabelaisiens, ils ont voulu rire, et ils se sont dits : Que notre Muse ait sa liberté ! Toutefois, Delavande n'admit pas que la liberté dégénérât en licence, et il eut toujours soin de prévenir ses collaborateurs que la porte serait fermée à l'ordure et à l'obscénité. De plus, il prit toutes les précautions nécessaires pour que ce numéro, sans danger pour l'homme fait, ne devînt pas l'occasion d'un scandale en tombant dans des mains et sous des yeux auxquels le plus grand respect est dû. Hors série, en dehors de l'abonnement, annoncé à l'avance, il était imprimé sur papier rose, de manière qu'aucune confusion ne pût se produire.

Deux numéros semblables avaient paru sans être poursuivis, sinon le second, mais pour *omission de dépôt ;*

le troisième, poursuivi en même temps que le *Journal des Orphelines*, une publication véritablement scandaleuse, celle-là, a été englobé dans cette poursuite parce qu'en saisissant le *Journal des Orphelines*, on a trouvé quelques exemplaires de *la Musette* chez les marchands. Mais ce journal n'a jamais été vendu, crié, affiché sur la voie publique, comme l'exige la loi de 1882 pour constituer le délit ; on n'a pas cherché à en tirer scandale ni profit ; le rapport de M. le Conseiller, que vous venez d'entendre, vous dit lui-même que *soixante exemplaires seulement* ont été déposés chez les *douze* libraires ou marchands de journaux vendeurs ordinaires du recueil ; déposés *sous chemise hermétiquement close*, comme ceci (*il montre un exemplaire*), ce qui a permis à la 9ᵉ Chambre d'acquitter la veuve Gérard. Aucune publicité, pas de cris, pas de vente sur la voie publique, pas d'affichage, et enveloppe fermée recouvrant chaque exemplaire : peut-on dire que l'on a fait du scandale ?

La loi de 1882 a-t-elle été violée ?

Vous savez, Messieurs, dans quelles conditions a été faite cette défectueuse loi ; elle a été faite pour mettre un frein aux scandales du *colportage dans la rue*, « gens sans aveu et souteneurs se couvrant du titre de marchands de journaux ». M. Dreyfus, l'auteur de cette loi, a ainsi défini son idée à la Chambre des Députés. Cette loi a-t-elle été violée ? Pour moi, je ne le crois pas ; je réponds hardiment : Non !... Mais, je ne veux pas vous imposer ma manière de voir. Mieux que moi vous êtes à même d'apprécier : vous avez une compétence que je n'ai pas, une autorité qui me manque, une pratique que je ne saurais avoir ; je ne veux pas vous imposer ma façon de comprendre : vous pouvez penser autrement que moi, c'est question d'esthétique. La loi a-t-elle été violée ?... Pour moi, je ne le crois pas. Si vous le croyez, Messieurs, faites preuve d'indulgence ; si vous ne voulez pas aller jusqu'à l'infirmation — et vous pourriez aller jusque là — eh bien ! je vous demande, je vous prie, je vous supplie de réduire l'amende à cinquante francs.

Le numéro n'a pas été fait pour provoquer du scandale. On a voulu rire, s'amuser entre soi, à l'occasion du Réveillon. Quand on a peiné pendant une année, on a besoin de s'amuser un peu !... Et quand on lit tout ce qui se publie sans être poursuivi, quand on lit, par exemple, le *Gil Blas*, sans être pudibond, on est autrement choqué que par la lecture de la *Musette* !... Vous avez en mains le numéro incriminé ; si vous lisiez la *Justice de Paix*, Messieurs, je serais fort étonné que

cha un de vous ne s'écriât, comme je l'ai fait : « C'est un petit chef-d'œuvre ! » Un chef-d'œuvre fait par un typographe, Gabriel Ricome, que je connais, avec qui j'ai été en relations, et qui n'est pas un pornographe, mais un honnête, laborieux et intelligent ouvrier. C'est l'adaptation en vers d'un article en prose qui a paru dans la *Vie Populaire* du 4 février 1886, un journal bien connu et que l'on n'a jamais songé à poursuivre ; l'article en prose est signé d'un grand nom de la littérature contemporaine, M. Octave Mirbeau, l'auteur du *Calvaire*, et c'est cet article qui a été admirablement versifié par un ouvrier typographe qui, je le répète, en a fait un petit chef-d'œuvre.

Delavande n'a pas eu l'intention de faire une publication obscène. Nous en trouvons la preuve dans les recommandations qui sont adressées aux collaborateurs dans un numéro précédent : « ... nous publierons
« un numéro réveillonneur où le genre polisson sera
« admis. Mais gare à celui qui forcera la note en vou-
« lant rivaliser avec le personnage ci-dessous, car
« nous n'hésiterions pas à lui fermer la porte au nez. »
Or, le personnage ci-dessous, vous le voyez, messieurs, c'est un petit cochon tenant une plume. (*V. page 272*). Et l'on a fermé la porte au nez de ceux qui ont voulu rivaliser avec ce personnage.

Veut-on une autre preuve que l'on n'a pas voulu faire de pornographie ? Nous la trouvons dans une circulaire, où il est dit : « *La Musette* entre résolument
« en campagne *contre la littérature pornographique* en
« ouvrant, à l'occasion du Réveillon, un *concours de*
« *saine grivoiserie*.

« En raison même de l'opposition qu'elle veut faire
« aux plumitifs qui vivent de scandale », etc. Vous le voyez, messieurs, l'intention n'a pas été un instant de faire de l'obscénité ; au contraire, on a voulu lutter contre elle.

Au surplus, où est l'obscénité ? Si je consulte Littré au mot : *Obscène*, je vois cette définition de Sainte-Beuve dans sa *Préface de la Littérature au XVIe Siècle* : « L'obscénité consiste dans des propos ou des écrits sales et grossiers ; l'obscénité n'existe pas lorsque le même sujet est traité par des allusions fines et spirituelles ». Delavande n'a pas vu d'obscénité dans les pièces spirituelles qu'il a insérées. S'est-il trompé ? Est-il allé trop loin ? En tous cas, j'affirme qu'il n'a pas eu l'intention de faire œuvre scandaleuse.

Les deux premiers numéros passèrent sans encombre. Le troisième est l'objet de poursuites. Constitue-t-il une publication obscène? Quelle différence y a-t-il entre la gaudriole, la grivoiserie, la licence même, et l'obscénité? Cela se sent plutôt que cela ne se démontre. Deux pièces peuvent avoir des sujets à peu près identiques : pourquoi l'une sera-t-elle obscène, l'autre non? L'obscénité, c'est le mot cru, l'image brutale, le réalisme sans voile. Si une forme littéraire, un tour ingénieux de la pensée revêtent et voilent l'image et le mot, l'obscénité disparaît ; l'esprit est amusé ; c'est le rire et non le scandale qui est provoqué ; ce n'est plus aux sens que l'on s'est adressé ; il y a une pièce légère, badine, grivoise, licencieuse, si l'on veut, mais ce n'est plus l'obscénité. Tel est bien le caractère des pièces insérées dans la *Musette rose*.

Veut-on cependant que Delavande ait franchi cette limite impossible à fixer? Du moins ne l'a-t-il pas voulu. Les circulaires et les avis à ses collaborateurs, ses précautions multiples, tout démontre qu'il n'a jamais entendu faire œuvre de scandale, et cela suffit pour qu'il doive être acquitté.

Enfin, la publicité spéciale exigée par la loi de 1882 n'existe pas. Ce qu'on a voulu réprimer, c'est le scandale sur la voie publique par l'affichage, le colportage et les cris. La *Musette* n'a été ni affichée, ni colportée, ni criée. Elle n'a même reçu aucune publicité exceptionnelle. Déposée chez ses douze dépositaires habituels, elle n'a rien fait pour y attirer l'attention. Sa couleur rose était un signe distinctif nécessaire, mais non une provocation : sa première et sa dernière page sont à l'abri de toute incrimination ; elle était sous une enveloppe qui la laissait passer tout à fait inaperçue. Enfin, le Parquet peut-il avoir ainsi deux poids et deux mesures? Pourquoi poursuivre la *Musette*, lorsqu'on laisse les grands journaux, les romanciers et les cafés-concerts user et abuser de leur immense publicité et de leur réclame incessante pour produire des œuvres bien autrement dangereuses pour la pudeur et les bonnes mœurs que le journal incriminé?

La Cour ne devrait donc pas hésiter à acquitter Delavande. Une condamnation, même légère, serait une flétrissure absolument imméritée, et porterait un coup mortel à une publication intéressante, digne de toutes les sympathies et de toutes les protections.

Enfin, messieurs, je ne veux pas abuser de vos instants. Vous considérerez que Delavande n'est l'auteur d'aucune des pièces contenues dans le numéro 41 *bis* ; que c'est un père de famille, sans autres ressources que son travail ; je demande pour lui l'indulgence de la Cour et la réduction de l'amende à cinquante francs, s'il ne lui est pas possible d'infirmer le jugement.

Réquisitoire du Ministère public

M. L'Avocat Général. — J'avais l'intention de demander une aggravation de la peine. En présence des explications si nettes et présentées avec tant de clarté par l'honorable défenseur, JE NE DEMANDE MÊME PAS LA CONFIRMATION DU JUGEMENT. — *(S'adressant à Delavande)*: Mais, faites attention !... Votre avocat a dit que votre poursuite a été confondue avec celle du *Journal des Orphelines* : Non. J'ai étudié les deux affaires, et je dois reconnaître que le Tribunal a été sévère pour ce journal et indulgent pour vous. **J'ai lu, et j'écarterai de ma plainte,** la *Justice de Paix*, que nous a signalé Me Thiéblin ; mais il y a dans votre numéro des pièces : la *Cartouche*, le *Fusil à deux coups*, la *Plumassière*, qui sont autrement obscènes que les articles du *Journal des Orphelines*. Le Tribunal a été sévère, parce qu'il s'agissait de Blain, un nom néfaste et célèbre en pornographie ; il a été très indulgent pour vous, monsieur Delavande, en ne vous condamnant qu'à deux cents francs d'amende. Je vous invite à ne pas recommencer, car, si vous faisiez encore un numéro comme celui-là, le Tribunal n'aurait pas l'indulgence qu'il a eue, vu vos bons antécédents, et la Cour n'aurait pas *celle que je lui demande pour vous,* m'en rapportant à elle pour l'application de la peine.

Me Thiéblin. — Je voudrais faire remarquer...

Le Présidnt, *interrompant*. — La cause est entendue.

Me Tiéblin, *plaidant quand même*. — Le produit de la vente chez les marchands a produit 5 fr. 20 centimes : il n'y a pas eu spéculation plus que scandale.

Arrêt

Le Président, *après s'être penché vers les Conseillers de droite et de gauche* :

La Cour,

Après en avoir délibéré,

Adoptant les motifs des premiers juges,

Confirme purement et simplement le jugement dont est appel.

L'audience est levée.

LISTE DES SOUSCRIPTEURS

AU VOLUME

JOIES ET DOULEURS

LISTE DES SOUSCRIPTEURS

PAR ORDRE ALPHABÉTIQUE DE VILLES ET DE NOMS

Les noms qui ne sont pas suivis d'indication de profession sont ceux des Souscripteurs Typographes (Compositeurs ou Patrons).

Les noms en italique suivant celui du Souscripteur indiquent la Maison où ce dernier est employé. — Les chiffres précédant les noms sont les numéros d'ordre des Bons de Souscription.

Agen — Lot-&-Garonne

207 Bordes.

Alençon — Orne

372 Lepart, Alfred, conducteur. — *Herpin.*
380 Marcel, Guy. — *Herpin.*

Alger — Algérie

366 Blanc, J.
204 Lagadec.
365 Landes, Louis. — *Vigie algérienne.*

Amiens — Somme

254 Dufossé, Jules.
206 Roaux.

8 Souscripteurs, dont 7 typographes.

Angers — Maine-&-Loire

361 GUÉDON, Louis.
386 PASQUIER, Auguste.
387 POÉZÉVARA, Henri.
190 VARLET, Honoré, typo-poète, fondateur de la *Musette*.

Arras — Pas-de-Calais

208 DELAMBRE, Charles.

Audincourt — Doubs

327 APPELLIS, Paul, directeur des *Tramways à vapeur de la Vallée d'Hérimoncourt*.
328 MAGNENAT, Louis, imprimeur-lithographe.
320 TALON, Henri.

Auxerre — Yonne

99 BONNOT, Charles.
98 JANIN, Hippolyte.

Avignon — Vaucluse

342 CHAMBRE SYNDICALE DES TYPOGRAPHES.

Avon — Seine-&-Marne

374 ROYER, Louis.

Bayeux — Calvados

67 LE CONTE, François.

Billancourt — Seine

183 ROUMET (Mlle Louise), téléphoniste.

Bône — Algérie

138 BARBATO, Vincent. — *Imp. bônoise.*
370 BOURMAULT, Jules.
339 CALENDINI, Louis.

25 Souscripteurs, dont 21 typographes.

371 CAMILLERI, François.
368 CHAUBRON, Auguste.
338 DANAN.
336 LAUDICINI, Claude.
76 MARIANI. — *Imp. bônoise.*
337 NAOUN, Benjamin.
74 NICOLAS, Louis.
75 ROMBI, directeur de l'*Imp. bônoise (Rombi et Colandini).*
369 ROSSY, Charles.

Bordeaux — Gironde

202 CHAPEAU, Léon.

Bougie — Algérie

383 TISSIER, Antoine. — *Billiard.*

Bracon — Jura

353 JACQUIN, A., typo-poète.

Bruxelles — Belgique

211 ROUSSEAU, P.-J., président de la *Fédération typographique belge.*

Cauteleu-Lille — Nord

80 DEBUIRE DU BUC, homme de lettres.

Cavaillon — Vaucluse

389 GASSIER, Frédéric, propriétaire.

Chambéry — Savoie

347 GINET, A., imprimeur.

Cherbourg — Manche

362 BIARD, imprimeur.

42 Souscripteurs, dont 36 typographes.

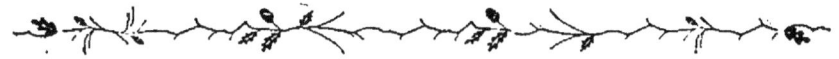

Clamart — Seine

106 BONAVENTURE, directeur de la *Fonderie Turlot*.
170 MORIVAL.

Clermont-Ferrand — Puy-de-Dôme

35 ALLÈGRE, Jules, correcteur au *Petit Clermontois*, président du *Syndicat typographique*.
33 BONFILS, Michel. — *Moniteur du Puy-de-Dôme*.
34 CANEY, Edouard.
352 et 359 CHASSARD, Frédéric, conducteur au *Petit Clermontois* (2 exemplaires).
37 FAGNOT.
32 MAÎTREJEAN, ex-président du *Syndicat typographique* (décédé).
36 MARÉCHAL, rédacteur au *Moniteur du Puy-de-Dôme*.
38 VERDIER.

Cognac — Charente

132 CHAMBRE SYNDICALE TYPOGRAPHIQUE.

Constantine — Algérie

330 BIRON, François. — *V. Marle*.
331 LUHR, Auguste. — *V. Marle*.
329 VERHOYE, Gustave, relieur. — *V. Marle*.

Constantinople — Turquie

232 GIRAUD, Ernest, secrétaire de la *Chambre de Commerce française*.

Coursan — Aude

62 DUJOL, Léonce-Noël, rédacteur au *Bavard*.

Dijon — Côte-d'Or

390 BIBLIOTHÈQUE DU SYNDICAT TYPOGRAPHIQUE ET DES INDUSTRIES SIMILAIRES.
107 BULLIARD.

61 Souscripteurs, dont 47 typographes

344 Durandeau, J., rédact^r-chef au *Réveil bourguignon*.
110 Ecaille.
111 Floret.
108 Guinot.
109 Keltz, conducteur.

Falaise — Calvados

63-64 Régnault, imprimeur (2 exemplaires).

Forges-les-Eaux — Seine-Inférieure

161 Cellier, Jules, prote-poète.

Fougères — Ille-&-Vilaine

139 Eliw-Erpiner, instituteur.

Gentilly — Seine

16 Delletéry. — *Imp. réunies.*

Junayme — Gironde

140 Chaudet, employé de commerce (remboursé).

Le Havre — Seine-Inférieure

236 Malfeyt, André, chef d'orchestre *(Gaiety-Theater)*.

Lille — Nord

91 Vandroth.

Lisieux — Calvados

160 Cuignier, Albert, ex-prote aux *Imprimeries réunies*.

Lyon — Rhône

130 Broichot.
69 Burnichon, André.
83 Carret.
84 Chalayer.
85 Cortey.

80 Souscripteurs, dont 60 typographes.

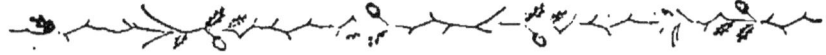

129 Cosson.
86 Gasiglia.
89 Jacquemot, C., prote à l'*Association typorgaphique*.
87 Jamme.
202 Labouret, Victor.
88 Perréal, C.
82 Sabatier, H.
363 Tagand, Emmanuel. — *Lyon républicain*.

Magny-en-Vexin — Seine-&-Oise

59 Chatelin, L. (remboursé).

Mantes-sur-Seine — Seine-&-Oise

383 Chatelin, L.

Marseille — Bouches-du-Rhône

373 Amiel, Félix, camionneur.
323 Antetomaso, Pascal, mécanicien-dentiste.
350 Audibert, Marius, conducteur.
322 Aussal, Eugène, tourneur.
319 Bassères, Emile, contre-maître au *Café de Paris*.
245 Benoît, François. — *Marseillais*.
219 Berlot, Philippe. — *Barlatier et C*^{ie}.
251 Berthillot. - *Marseillais*.
325 Berthomieu, Aimé, cordonnier.
308 Blocher (Mme Maria), directrice du *Café de Paris*.
216 Bottéro, Alfred. — *Soleil du Midi*.
252 Boulouch, Théodore. — *Marseillais*.
316 Bourgeois, Jules, rédacteur au *Petit Provençal*.
116 à 120 Bourrageas, Denis, ✻, administrateur du *Petit Marseillais* (5 exemplaires).
309 Bourrely, Pierre. — *Marseillais*.
66 Caillandre, Joseph, employé des Douanes.
307 Calvini, Joseph, maître-portefaix.
214 Camoin, Victor. — *Provençal*.

112 Souscripteurs, dont 77 typographes

218 CAMUT, Charles, ex-président de la *Chambre syndicale des Ouvriers typographes*.
194 CASTE, Jules. — *Provençal*.
271 CAYOL, Joseph, prote. — *Garry et Cie*.
261 CHAUFFARD, ex-imprimeur.
382 CHAPPE, Joseph, comptable, représentant de l'*Union des Chambres syndicales ouvrières des Bouches-du-Rhône* au Conseil du Bureau de Bienfaisance.
122 CHAULIAC, Auguste, employé (décédé).
340 CHAULIAC (Mme veuve), rentière.
274 CLAPIER (Mlle Lisa), tailleuse.
341 COIGNOT, Anatole, papetier.
198 COLOMBON, Henri, président du *Gutenberg*. — *Marseillais*
196 CORTÈS, Louis, typo au *Soleil du Midi*, rédacteur au *Réveil typographique* et à l'*Ouvrier syndiqué*.
263 COSTES, Pierre. — *Provençal*.
254 DONINELLY, Vincent. — *Marseillais*.
335 DURAND, Louis, coiffeur.
381 DURBEC, Henri, journaliste, directeur du *Phare du Commerce et de l'Industrie*.
306 DURBEC, Marius.
258 EVESQUE, Joseph, directeur de l'*Imp. de la Ruche*.
311 FABREGA, Jean-Baptiste, prote. — *Imp. du Midi*.
264 FAURE-GIGNOUX (Mlle Marie), tailleuse.
190 FERRA, Auguste, président du *Syndicat typographique*, rédacteur à l'*Ouvrier syndiqué*. — *Marseillais*.
315 FLORENS, A., chef de musique.
270 FORNI, Antoine.
260 FOUQUET, Honoré. — *Gazette du Midi*.
268 FUGIGLANDE, Emmanuel, relieur.
250 GANDOLFE. — *Sémaphore*.
246 GIBELIN, Pierre. — *Provençal*.
121 GLEIZE-CRIVELLI, Léon, professeur de diction au Conservatoire, rédacteur au *Petit Marseillais*.
156 GODEFROI, Alphonse, typo et rédacteur au *Petit Marseillais* (décédé).
269 GUICHARNAUD, Pierre, conseiller général. — *Provençal*

141 Souscripteurs, dont 94 typographes.

303-304 GUTENBERG, groupe amical, d'études techniques et de propagande intellectuelle des *Travailleurs du Livre* (2 exemplaires et la *Couverture* du volume).

305 et 313 HATON, Martial, typo-poète (2 exemplaires et 100 francs).

364 HIBERNAC, Alphonse, directeur des magasins *Au Bon Fermier*.

192 ISNARD.

193 JASSAUD, ex-président du *Gutenberg*. — *Journal de Marseille*.

197 JOSEPH, Louis.

355 JUPAIN, René, employé. — *Aschero et Sacomant*.

356 LAGORIO, Jean-Baptiste, typo, cavalier au 1er Régiment de Hussards.

217 LÉAUMOND, Frédéric, ex-président du *Syndicat typographique*. — *Marseillais*.

188 LYONS, Edouard. — *Marseillais*.

195 MAILLE, Antoine. — *Provençal*.

318 MANHÈS, Félix.

255 MARIN, Auguste, publiciste-poète.

257 MARTIN, Alexandre. — *Soleil*.

256 MARTIN, Remy.

332 MICHEL, Antoine.

125 MICHELESI, Sylla, rédacteur au *Petit Marseillais*.

317 MONTEUX, administrateur des magasins *Au Réveil du Lion*.

155 MOTTEROZ, Antoine, professeur.

314 NOBLE, Jean, employé.

310 PALLIAS, Charles. — *Soleil*.

123 PELOUX, employé. — *Marseillais*.

259 PERRIN, François, prote. — *Imp. de la Ruche*.

215-248-249 PERRIN, Marius, ex-typo, négociant (3 ex.).

247 POLIANO, *dit* POULIAN, Jean. — *Olive*.

126 RAYNAUD François, ✠, prote. — *Samat*.

253 REINAUD, Marius.

302 RICHAUD, François. — *Imp. du Midi*.

189 ROBERT, Louis. — *Marseillais*

174 Souscripteurs, dont 115 typographes.

312 ROCHER, Joseph. — *Aschero et Sacomant*.
385 ROMANINI, Philippe, lithographe.—*Imp. de la Ruche*.
262 ROMEU, Jules, professeur de musique.
301 ROUBY, Marius. — *Imp. du Midi*.
266 SAINT-PAUL, Bernard, facteur, ex-président de l'*Union fraternelle des Facteurs des Postes*.
124 SAMAT, J.-B., directeur des *Publications populaires*.
191 SÉNÈS, Toussaint. — *Aschero et Sacomant*.
326 SÉROU, Louis, comptable. — *Imp. de la Ruche*.
321 TEISSIER, Félix.
127 THIBERT, Jean-Baptiste, coiffeur.
348 X..., (bon remis au *Petit Marseillais* pour être vendu au profit d'une famille malheureuse recommandée par ce journal, n° du 21 février 1890).

Mazamet — Tarn

133 GARY, Louis, négociant.

Meulan — Seine-&-Oise

165 RAFFY.

Monaco — Principauté

280 AMERIO, Jean. — *Martin*.

Montpellier — Hérault

266 GELY, Auguste, mercier.
367 RICOME, Auguste, entrepreneur de bâtiments.
267 RICOME, Gabriel, musicien au 2e régiment du Génie.
 41 SICARDI, A.
137 VIGUIER, négociant en vins.

Neuilly-Plaisance — Seine

157 ALKAN aîné, ex-typo.
158 POINSIGNON.

195 Souscripteurs, dont 124 typographes.

Nice — Alpes-Maritimes

287 Barnoin, Louis.
272 Bellumore, Antoine.
276 Béra, Félix.
288 Berton, Barthélemy.
300 Cevasco, Pompée.

297 Davezac, Jean.
282 Eynaudi, Jules.
299 Faraud, Joseph.
290 Firpo, François.
283 Fossat, Désiré.

273 Franco, G., prote à l'Imp. V.-E. Gautier et Cie, où travaillent 27 souscripteurs.

285 Franco, Victor.
278 Gavarry, Antoine.
286 Ghiermo, Victor.
295 Gonin, Henri.
275 Labarrière, Henri.
277 Maïssa, Fortuné.
291 Martin, Louis.
289 Maurel, Léon.
279 Mazza, Antoine.

103 Pendanx, Auguste.
281 Pesce, Etienne.
296 Pianco, Odino.
284 Pierre-Pierre, Léon.
292 Poullan, Jules.
293 Quinet, Michel.
298 Sapetti, Frédéric.
294 Vial, Antoine.

Niort — Deux-Sèvres

334 Chambre Syndicale Typo-Lithographique.

Nogent-sur-Marne — Seine

210 Bodson, H., conducteur.

Nouzon — Ardennes

112 Jacquemart, comptable.

Orléans — Loiret

205 Desroches.
150 Goblet, Oscar.

228 Souscripteurs, dont 155 typographes

LISTE DES SOUSCRIPTEURS

Paris

- 2) ANDRIEUX, Armand. — *George.*
- 238 ANGELÉ, Eugène.
- 2 ANGENOUST. — *Imprimeries réunies.*
- — ARQUIN, Paul. — *Chaix.*
- 72 BALLY.
- 49 BARRÉ, R., directeur de l'*Imprimerie Nouvelle.*
- 229 BASCOUL, Maurice.
- 226 BAUDE, Charles, employé.
- 172 BERDOULET, chansonnier.
- 21 BERTHAUT, Daniel, ex-imprimeur, rentier.
- 221 BERTON, Martin, ex-garçon de bureau au *National.*
- 94 BESSON, restaurateur.
- 55 BLACHE, Etienne.
- 350 BLAIZE, Jean, littérateur.
- 3 BLANC, Elie. — *Imprimeries réunies.*
- 231 BLOIS, A.-F. — *National.*
- 171 BLUM, Joseph. — *Soir.*
- 18 BOIRON.
- 187 BOLBACH, employé.
- 56 BONEL. — *Imprimeries réunies.*
- 73 BOYENVAL, relieur.
- 7 BRANCHE, Albert. — *Imprimeries réunies.*
- 240 BRICHER.
- 212 BULPORT, Charles-P.
- 115 CAGNANT.
- 104 CALVAUNA, Ampeglio. — *Lanier.*
- 222 CAZENAVE, Félix, typo au *National*, rédacteur au *Tam-Tam* et au *Réveil typographique.*
- 102 CENDRÉ, correcteur. — *Lanier.*
- 211 CHAMBELLAN, sténographe.
- 134 CHAMBERLIN.
- 43 CHAMBRE SYNDICALE TYPOGRAPHIQUE PARISIENNE FÉDÉRÉE, rue de Savoie, 15.
- 209 CHARBONNIER, correcteur. — *Schiller.*

260 Souscripteurs, dont 177 typographes.

230 CHARPENTIER, Eugène.
179 CHARRIÈRE, Pierre, employé.
6 COCARDAS, correcteur (décédé).
22 COCKX, négociant.
154 COGNET, Louis, chauffeur-chansonnier. — *Larousse.*
175 CORDOVA, Edouard. — *Imprimerie Nouvelle.*
235 DALIER, Louis.
17 DARMOIS, Louis.
243 DARRICHARD, Louis.
31 DECROIX, Charles. — *Imprimerie Nationale.*
93 DE GONET, Gabriel, éditeur-chansonnier.
100 DELAMARE, Charles, représentant de commerce.
105 DELPUECH.
180 DETHAU, Edmond, employé.
213 DUCHATEAU, Henri.
5 DUFFIEUX. - *Imprimeries réunies.*
233 DUMAS, Emile, employé.
181 DUMONT.
147 DUVAL, Louis, employé.
173 ERNST.
11 FALLET, fondeur.
377 FAVRE, Louis.
169 FAŸ (Mme), gagnante de ce *bon*, offert à la *Lyre bienfaisante* pour sa tombola au profit des familles des victimes de l'incendie de l'*Opéra-Comique.*
185 FAYET.
26 FIQUET, imprimeur.
19 GEORGE, Louis, imprimeur.
151 GÉRARDS, Emile, inspecteur des *Catacombes et Carrières,* chansonnier.
9 GIOBBÉ, E.
— HARY, Alexandre (décédé).
237 HENNEQUIN, Edgar-Jean-Baptiste.
378 HOLZAPFEL, Auguste.
71 IMBERT, Eugène, chansonnier, ex-président de la *Lice chansonnière.*

292 Souscripteurs, dont 196 typographes.

95 Jacob, Léon, négociant.
29 Jollivet, fruitier.
176 Jorre, employé.
14 Joyeux, A.-Junius, prote.
140 Klein, Eugène.
90 Keufer, Auguste, secrétaire-délégué du Comité Central de la *Fédération française des Travailleurs du Livre*, gérant de la *Typographie française*.
186 Lairez, Emile, employé.
45 Lanier, Gustave, imprimeur.
44 Lanier père, imprimeur.
15 Lejeune, ex-secrétaire-délégué de la *Chambre syndicale typographique parisienne fédérée*.
101 Léon, Antoine, modeleur.
48 Lephilipponat, fondeur. — *Deberny*.
47 Lepreux, conducteur. — *Imprimeries réunies*.
223 Leriche, Gustave.
164 Leroux. — *Maréchal*.
145 Limat, Louis, artiste lyrique, régiss^r à l'*Eden-Concert*.
8 Loiseau, Eugène, conducteur. — *Impr. réunies*.
143 Loubignac, A., typo-poète. — *Imprimerie Nouvelle*.
57 Marchand, Alexandre. — *Imprimeries réunies*.
28 Martin, Isidore. — *Imprimeries réunies*.
46 Masson, pressier, président du *Syndicat des Ouvriers Imprimeurs et Conducteurs*. — *Imprimeries réunies*.
163 Mautin, Georges.
152 Maynier-Michelland, typo au *Radical*, rédacteur au *Réveil typographique*.
51 Médoni, Albert, artiste à l'*Odéon*; professeur de diction; directeur du journal *Le Cours*.
182 Meunier, employé.
10 Moisset, photograveur.
239 Molac neveu, Charles.
234 Molac oncle, Charles. — *Journal officiel*.
343 Muller.
225 Normand, employé.

322 Souscripteurs, dont 212 typographes.

23 OBERLÉ, cafetier.
376 PAILLOT, Narcisse, conseiller prud'homme.—*Temps.*
228 PAPION, Eugène.
61 PARET, fondeur.
96 PARIS, Eugène, correcteur-poète, fondateur de la *Musette.* — *Imprimerie Nouvelle.*
241 PENIN, Auguste.
54 PEQUERET, Adolphe, typo-poète. — *Impr. réunies.*
166 PERRUCHE, Etienne.
53 PETIT.
81 PETITJEAN, Albert.
114 PIERRET, P.-A. — *Lanier.*
65 PIKOULSKY. — *Imprimeries réunies.*
58 PION, Louis, fondeur.
4 PLACE, Henri, correcteur, directeur du *Journal du Peuple.* — *Imprimeries réunies.*
159 PONS, Germain, *dit* DUVAL, artiste lyrique.
242 PRIVÉ.
79 RABEUF. — *Grande Imprimerie.*
42 RAOUL, comptable. — *Imprimerie Nouvelle.*
178 RAPILLOT, Auguste, employé.
177 RAYEZ, L.-J.-H., typo à la *Nation,* directeur de l'*Aurore sociale.*
— RIZET. — *Imprimeries réunies.*
113 ROBERT, chansonnier.
167 ROBERT, Gabriel, poète.
30 ROBERT, Victor, typo-poète.
333 ROLAND, Lucien.
148 ROMAIN, Francis, employé-poète.
220 RONDEL, artiste peintre.
224 SALIN, employé.
227 SEBOURQUE, Louis-Auguste (décédé).
135 SEQUIÉS, chansonnier.
375 SIEFERLÉ, Albert.
184 SOISSONS.
50 SOMMET, débitant de tabac.

355 Souscripteurs, dont 229 typographes

92 THIÉBLIN, Henri, avocat près la Cour d'appel.
25 THIRION, A. — *George.*
1 TOURTAUD, Robert. — *Imprimeries réunies.*
244 VANDAL.
24 VASSEUR, Théodore, minerviste. — *George.*
174 WIGGISHOFF, Charles, employé.
153 ZAMOR, Emmanuel, artiste peintre, poète.

Philippeville — Algérie

360 LUCCHESI, Adolphe.

Reims — Marne

13 CHALAMEL, G.

Rennes — Ille-&-Vilaine

68 CHOCQUE, Paul, employé aux Ateliers du Chemin de fer de l'Ouest, poète.
144 FÉLIOT, comptable au Chemin de fer de l'Ouest.
97 FONTAINE, employé au Chemin de fer de l'Ouest.

Riom — Puy-de-Dôme

39 BLAZEIX, conseiller municipal.

Roquesteron — Alpes-Maritimes

379 FOUCACHON, Prosper, directeur de l'*Impr. Modèle.*

Rouen — Seine-Inférieure

200 GRENET, président du *Syndicat typographique.*

Saint-Brice-en-Cogles — Ille-&-Vilaine

52 CHEVREL, Léopold, minotier.

Saint-Etienne — Loire

307 CHAMBRE SYNDICALE TYPOGRAPHIQUE STÉPHANOISE.
146 GAGNE, Charles.

373 Souscripteurs, dont 238 typographes

Saint-Lô — Manche

384 KIST, Gustave.

Saint-Quentin — Aisne

27 SAINTE, capitaine au 87e Régiment de Ligne, poète.

Sousse — Tunisie

136 VIEUVIGNON, officier de police judiciaire à la Justice de Paix.

Troyes — Aube

391 BIBLIOTHÈQUE DÉMOCRATIQUE.
345 BRÉGNARD, Charles, rédacteur en chef de la *Lune troyenne*.
324 GROS, Charles, professeur de littérature au Lycée.
12 MORIN, Louis, typo-poète, rédr à la *Lune troyenne*.
346 ROUSSELLE, J., instituteur à l'Ecole de la Vacherie.

Valenciennes — Nord

351 JOUGLET, Bonaventure. — *Impartial du Nord*.

Vannes — Morbihan

162 PARIS, Fernand, typo-poète.

Vermand — Aisne

349 FERLAMPIN (Mlle Julia), propriétaire.

Versailles — Seine-&-Oise

142 BUNOUT, Achille. — *Cerf*.
70 COURTEVILLE, Edouard, publiciste-poète.
78 FILLON, plombier-zingueur.
168 GILLET. — *Cerf*.
131 HAUVET, professeur.
141 LANGLOIS, Gustave. — *Cerf*.
77 PLET, Félix, restaurateur.
60 VACHER, Jules, pharmacien-poète.

392 Souscripteurs, dont 245 typographes.

Vevey — Suisse

40 MADER, J. — *Loertscher.*

Villeurbanne — Rhône

128 BERROND.

**Trois cent quatre-vingt-quatorze Souscripteurs,
dont deux cent quarante-sept Typographes.**

Aux remerciements bien sincères qu'implique la publication de cette liste, il convient d'associer quelques noms qui ont plus particulièrement contribué à l'exécution de l'œuvre. Ce sont :

GEORGES DELAVANDE, qui, en me donnant la publicité de *la Musette,* m'a recruté une bonne part de souscriptions, et en me prêtant les vignettes dudit journal m'a permis de faire un volume ayant certaine originalité typographique. Je ne parle pas de ses bons avis, qui n'ont pas de prix.

PIERRE CAMBON, l'habile dessinateur, qui a mis son talent à ma disposition pour illustrer ce volume d'un portrait parfait d'exactitude, et d'une couverture qui sera appréciée.

FÉLIX GRAS, papetier, mon oncle, qui, par maints petits services manuels, inappréciables, m'a souvent sorti d'embarras et fait réaliser certaines économies dans la confection du livre.

JOSEPH EVESQUE, imprimeur, mon camarade d'apprentissage, qui m'a donné carte blanche dans son atelier pour la composition des titres et autres détails.

Henri Colombon, Aug^te Keufer, Francis Romain, Antoine Bellumore, G. Franco, Louis Morin, mes zélés et dévoués propagandistes.

Enfin, les journaux la feue *Musette*, la *Typographie française*, la *Typologie Tucker*, les *Coquelicots*, l'*Aurore sociale*, le *Grillon*, de Paris ; l'*Intermédiaire des Imprimeurs*, de Lyon ; le *Journal des Muses*, d'Elbeuf ; la *Lune troyenne*, de Troyes ; le *Buvard*, le *Petit Typo marseillais*, le *Démocrate*, l'*Ouvrier syndiqué*, de Marseille, qui ont bien voulu accueillir mes réclames et gracieusement les insérer.

A tous ceux, enfin, qui m'ont prêté un appui, moral, matériel ou financier, c'est du fond du cœur que je dis ce simple mot, qui résume toutes les expressions de gratitude :

MERCI

Gabriel Ricome.

ERRATA

Page xvi ligne 2 : 349   *au lieu de* 343.
» 16 vers 13 : raconter   »   racont::.
» 21 » 8 : **Devoir!**....   »   **Devoir!**...
» 36 ligne 2 : aimée   »   aimee.
» 38 vers 11 : gâté   »   gàté.
» 52 » 10 : Où   »   Oû.
» 77 ligne 9 : Albert   »   Auguste.
» 103 » 12 : **Remember**   »   **Remenber.**
» 107 » 2 : *même*   »   même.
» 129 ligne 10 : ajouter les titres : **Récapitulation — Projets de Bonheur.**

» 132 vers 29 à 34 : Vingt-un ans après, le vendredi 17 janvier 1890, je revis Rose, non pas fille perdue, mais honnête épouse et mère de famille. Ses prétendus amants n'avaient existé que dans la coupable imagination de ceux qui nous ont séparés. S'ils ont réussi à apaiser nos sentiments, ils auraient bien pu chercher pour cela autre chose qu'une calomnie aussi infâme, dont j'ai souffert pendant vingt ans. Je ne sais comment exprimer ma joie d'avoir à faire cette réhabilitation, malgré qu'elle détruise l'exactitude de l'une de mes pièces de vers, écrite avec le plus de souffrance de cœur.

Page 141 vers 20 : Et c'est là le Bonheur! *au lieu de* Et c'est là Bonheur!
» 168 » 34 : Chascun qué m'a régarda, *au lieu de* admira (hiatus).
» 169 » 34 : Chacun qui m'a regardé, *au lieu de* admiré.

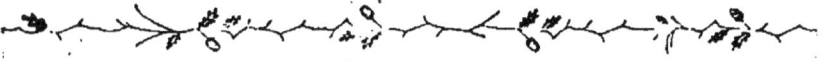

»	170	vers	1 : Un jour	*au lieu de*	Un jou.
»	187	ligne	7 : Strasbourg	»	Strasboueg
»	187	»	11 : République	»	Bépublique
»	188	»	12 : encor	»	en or.
»	199	»	3 : (A. DE MUSSET)	»	(V. HUGO).
»	223	vers	10 : Assidûment	»	Assidument
»	287	»	25 : Worth	»	Worms.
»	313	ligne	17 : 201	»	211.

Ajouter à la liste des Souscripteurs les noms suivants, reçus après la clôture :

392 MIRAMONT, J., gérant du *Petit Provençal*, Marseille.
393 CAVALLIER (Mlle Claire), propriétaire, Marseille.
394 BALDRICH, E., typographe, Paris.
395 BREST, Marius, Marseille. — *Gazette du Midi*.
396 GOUDAR, Etienne, papetier-imprimeur, Marseille.
397 ROYER, Albert, Marseille. — *Gazette du Midi*.
398 X..., bon remis au *Syndicat de la Presse marseillaise* pour sa Tombola annuelle au profit de sa Caisse de Retraites.
399 TOINON, Henri, Marseille. — *Imprimerie de la Ruche*.

Total exact : 402 Souscripteurs

dont 252 Typographes.

TABLE DES MATIÈRES

Faux Titre I
Noms d'Imprimeurs II
Titre III
   Portrait de l'Auteur
Dédicace V
Prodrome VII

Ire PARTIE. — JOIES ET DOULEURS

Au Lecteur 3

Joies

Musette (à G. Delavande, directeur de *la Musette*)   7
Ma Chambre de Garçon 9
Un Buste, *sonnet* (à M. H. Bontoux, statuaire ; à Mme Baumann-Aguillon, professeur de déclamation) 12
Bord de Mer (à des amis disparus) 13
Gratitude (à M. E... A...) 16
Dragées (à ma filleule Octavie E...) 20
Mariage (à ma cousine Victorine Ricome) 22

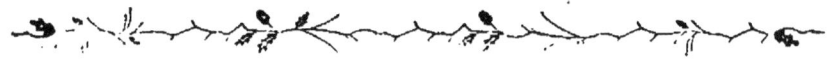

Douleurs

SUR UNE TOMBE, *élégie* (à feu L.-E. Milano, dit Milan, des *Touristes du Midi*)	27
PREMIER CHEVEU BLANC	29
TRISTESSE, *sonnet* (à Mlle Wilhelmine du Chesnay)	30
ORPHELINE, *sonnet* (à Mlle Clémentine C...)	31
PSYCHOLOGIE (à Victor Robert)	32
FOLLETTE (à ma Mère)	36
VEILLÉE FUNÈBRE, *élégie* (à mes amis Delavande et son Epouse)	38
FATALITÉ, *stances* (à Auguste Keüfer)	40
Lettre d'Auguste Keüfer	42

Travail

LE PUNCH FÉDÉRAL (au Comité Central de la *Fédération française des Travailleurs du Livre*)	45
VIVE LA FÉDÉRATION ! (aux Typographes fédérés de Paris)	47
LE GROUPE GUTENBERG, *de Marseille* (aux Travailleurs du Livre de Marseille	51

Liberté

GARDONS-LA ! *chant* (à feu Gilly la Palud)	57
EXCUSES, *sonnet* (à Mme veuve Gaston Crémieux)	59
L'OISEAU MORT (à Clovis Hugues)	60
INSTRUISONS ! (à Léon Gleize-Crivelli)	63

Patrie

UN DÉVOUEMENT, *poème* (à Jules Vacher)	69
LA CANTINIÈRE, *poème* (à Louis Morin)	73

Amitié

ERRATUM, *sonnet* (à Jean Blaize)	79
La Sève, *note*	80
VIE PUBLIQUE & VIE PRIVÉE (à Germain Pons)	81
ADIEUX D'ARTISTE (au même)	82
LE THÉATRE MICHEL A ALBERT MÉDONI	84
TOUSSAINT (à Trois petites Amies)	87
A THÉOPHILE HACQUARD, *quatrain*	89
A FRANCIS ROMAIN, *quatrain*	89
MALENTENDU (à Mme Noémi M..., veuve G. C...)	90
DÉSIR (à la mignonne Blanche Cuignier)	93

Galanterie

CALEMBOUR (à Mlle Rose Roman)	97
MÉPRISE (à Mlle Marie L...)	98
PARFUMERIE, *sonnet* (A Mlle Charlotte A...)	99
DEUX ACROSTICHES : *Madrigal ; Aveu craintif* (écrits pour Albert C...)	100
EX ABRUPTO (à Mlle Louise Roumet)	101

Amours & Amourettes

BAL DE MALMOUSQUE (à Mlle Blanche A...)	105
DÉSILLUSION (a la même)	107
TRIN DE SAINT-GINIEZ, *idylle* (à Adrien Sylvestre, Blanche A... et Juliette S...)	108
TRIN DU VALLON DE L'ORIOL (à Mlle Blanche A...)	110
HASARD (à la même)	112
CHARITÉ (à la même)	114
WERGISS-MEIN-NICHT ! (à Mlle Louise W...-L...)	116
REMEMBER ! (à la même)	117
QUINZE AOUT, *sonnet* (à Mlle Marie L...)	120
CAFÉ-CONCERT (à la même)	121
CAPRICE (à Adeline Du Quenne)	123
UN CHEVEU, *sonnet* (à Mlle Louise Roumet)	125
ESPOIR (à la même)	126

Mai !...

MAI !... (à Elles !...)	131
OUI !... (à Mlle Zélia R...)	136
PLAISIRS DE COQUETTE (à Mlle Marie L...)	137
BONHEUR (à la même)	140
TRIOMPHE (à la même)	142
ENCOR LUI !... (à la même)	143
MOIS MAUDIT !... (à Auguste Marin)	145
RENOUVEAU !... (à Eux deux)	147
VILAIN MOIS DE MAI (à Paul Chocque)	150
RÉCAPITULATION (à Gabrielle Dussol)	153
PROJETS DE BONHEUR (à Mlle Marie Faure-Gignoux)	156

Chansonnettes

LES ABEILLES, *bluette*	161
LE MARCHAND DE PARAPLUIES, *scène type*	163
OOU CABANOUN, *ronde provençale* (à Henri Colombon)	166
Traduction de la précédente	167
Note sur la même	172
LA POÉSIE DU JOUR, *satire* (à la Censure)	173
NAÏV', MAIS PAS BÊTE ! *chansonnette* (à Mlle Berthe Lafourcade)	175
PARIS-TRAMWAY, *grande scène d'imitations et transformations* (à Mlle Mathilde Irizzagga)	177
LE DRAPEAU DE MA VOISINE, *chansonnette* (à Gabrielle Dussol)	191
J'AI RÊVÉ DE VOUS ! *romance bouffe* (à l'ex-typo Louis Chevalier)	194
LA TYPO-SYNDICO MARSEILLAISE, *chanson* (à Charles Camut)	196

Correspondance

LETTRE D'UN SOLITAIRE (au Théâtre Michel)	201
BAVARDAGES (à Joseph Veyries)	204

Mélanges

Tribulations d'un Habit noir, *monologue*......	211
Le Sauvage, *monologue* (à Louis Limat).........	216
Chômage & Misère (aux Marseillais).............	218
Sombre Histoire, *monologue*......................	222
Anniversaire de Molière, *poème* (à Auguste Moreau et Adolphe Carcassonne).........	225
Désespoir (à Sarah Bernhardt)...................	231
Négoce & Poésie (à Albert D...).................	233
Cri du Cœur.....................................	236
Æternum Vale ! *élégie* (à feu Victor Hugo)......	237
Le Plaisir, *poème* à feu Jacques Cazotte........	239
Mes Rimes (au *Journal des Muses*)...............	245
Deux Inconnues, *légende russe* (aux Typographes du *Soleil du Midi* et de la *Gazette du Midi*).	249
« La Musette » en Correctionnelle (à Me Henri Thiéblin).....................................	251
Notes et Lettre complétant la précédente........	255
Une Sorte (à Martial Haton).....................	258
Fiançaïos, *chanson* (à Mlle Marie Faure-Gignoux).	260
Traduction de la précédente....................	261
Merci ! (à Mlle Clary)..........................	264
Le Noël du « Gutenberg », (à Henri Colombon)..	265
Henri Colombon, note...........................	266

IIᵉ PARTIE. — POÈMES RÉALISTES

A mes Lecteurs & Lectrices......................	269
Au Café...	273
Prostituée, *étude de mœurs bourgeoises*..........	275
Vengeance & Pardon..............................	278
Un Assommoir, *étude de mœurs populacières*.......	280
Les Décrocheuses, *étude de mœurs aristocratiques*	286
La Justice de Paix, *étude de mœurs villageoises*...	291
Dessin de Luc. Adhémar.........................	294

Appendice

Cour d'appel de Paris (Affaire de La Musette)......	301
Interrogatoire de l'Inculpé...............	301
Rapport du Conseiller...................	302
Deuxième interrogatoire de l'Inculpé....	302
Plaidoirie de Mᵉ Henri Thiéblin.........	302
Réquisitoire du Ministère public.........	308
Arrêt....................................	3'8
Liste des Souscripteurs.............................	311
Errata...	329
Table des Matières.................................	331

M rseille. — *Impr. de la Ruche,* J. Lvesque & Cie, rue P radis, 6.

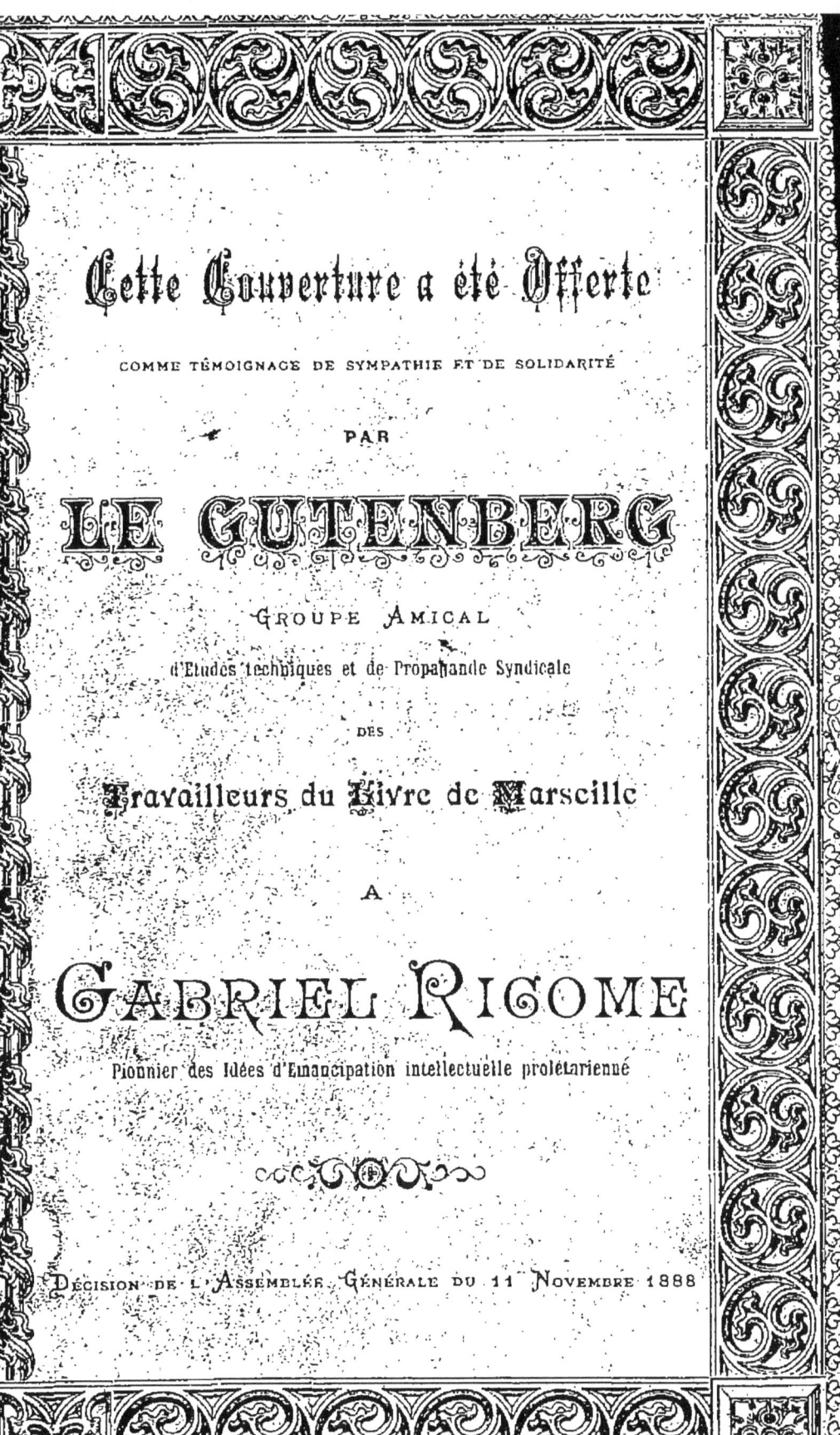

Cette Couverture a été Offerte

COMME TÉMOIGNAGE DE SYMPATHIE ET DE SOLIDARITÉ

PAR

LE GUTENBERG

GROUPE AMICAL

d'Etudes techniques et de Propagande Syndicale

DES

Travailleurs du Livre de Marseille

A

GABRIEL RIGOME

Pionnier des Idées d'Emancipation intellectuelle prolétarienne

DÉCISION DE L'ASSEMBLÉE GÉNÉRALE DU 11 NOVEMBRE 1888

www.ingramcontent.com/pod-product-compliance
Lightning Source LLC
Chambersburg PA
CBHW070858170426
43202CB00012B/2108